U0583360

《中国语文》七十年纪念文集

张伯江　方　梅　主编

社会科学文献出版社
SOCIAL SCIENCES ACADEMIC PRESS (CHINA)

目录
CONTENTS

访谈录

编者的话

朝花夕拾

序 言

方 梅

2022年7月，《中国语文》创刊七十周年。在这个特殊的日子，很荣幸，编辑部的同事们可以与老编委、老作者一起回顾我们经历的过往，聊一聊我们与学界的共同家园——《中国语文》。

《中国语文》这七十年，是中国语言学的发展历程，是一代又一代学者的治学之路，是一代又一代《中国语文》的编者的倾心付出。每一期杂志都记录着中国语言学的脚步，记录着编者与作者的风雨同舟。

《中国语文》的编者，通过这本杂志为学界服务；也在服务学界的岁月中，受教于《中国语文》的学术传统和严谨学风，努力践行求实创新的一贯追求。

本书中的作者，有我的大学老师，有同辈的学界中坚，有学界新秀。书中还收录了一些记录《中国语文》成长历程的图片、吕叔湘先生与《中国语文》前辈主编们工作交流的书信和给《中国语文》年轻编辑的书信，还有对《中国语文》第一代编辑和编辑部老领导的采访录音整理。读着各位同道的回忆，整理这些珍贵史料，感慨万千。

在《中国语文》这七十年中，我在编辑部服务了三十五年。遵嘱为序，与有荣焉。

同道笔谈

我学术研究起步的地方和学术生涯不断延伸的重要园地

——我与《中国语文》

曹剑芬

我在《中国语文》上刊发的论文并不多，但《中国语文》是我学术生涯真正起步的地方——用今天的时髦话来说，是我开启追梦征程的地方，也是见证我学术研究逐步深入和学术生涯不断延伸的重要园地，确实让我体悟良多。

我是1964年毕业分配到语言研究所二组的，但是，直到1975年才开始接触业务工作。先是借调到词典室参加《现代汉语词典》修订工作；1976年又调到由原三组分离出来的语音实验室（现在语音研究室的前身），直到1998年退休。如果再加上返聘和这些年来的一直退而未休，兜兜转转，迄今为止，我在语言所从事语言学研究已将近“一甲子”了。其实，1976年转调语音实验室，当时一些同事和朋友是为我捏着一把汗的，在那个年代，且不说这样的“大改行”需要克服跨越文、理鸿沟的困难，更主要的是，为了能够阅读相关领域的文献资料，我必须从零开始学习英语，这对于一个已近“不惑”之年的人来说无疑是在冒险。然而，对于怀揣当年大学课堂上留下的未解之谜——不理解老师介绍的赵元任所说的吴语里的古全浊声母是“清音浊流”究竟是怎么回事——的我来说，进入语音实验室才算正式开始学做语言学的研究。[①] 掐指算来，从 1976 年起我在语音研究室度过的时光亦已将近五十载矣！在这期间，我的研究工作可粗略地归纳为两大块：一块是关于普通话的实验研究，尤其是关于汉语韵律特征和韵律结构的研究；另一块就是关于汉语，尤其是吴语里古全浊声母语音实质的实验研究。第一块是集体项目，是研究室下达的、必须全力以赴的硬任务。这部分研究，一方面是配合杨顺安的计算机语言合成系统工作，为研制我国第一个普通话音节合成系统准备数据和规则；另一方面，是应当时言语工程学界的要求，研究计算机语音合成和自动识别中迫切需要解决的语音学问题。研究室承担的这些集体项目是国家社科基金重点资助项目，特别是其中有关汉语普通话韵律特征和韵律结构的研究，更是一项白手起家、最初由我开始摸索的艰巨任务，当时真是"压力山大"。第二块是关于吴语里的古全浊声母语音实质的实验研究，跟上文提到的那个大学课堂上留下的未解疑团有关。不过，那是非正式的个人课题，只能利用休息时间见缝插针地进行。然而，我的学术生涯真正开启的领域恰恰是在这片业余耕耘的"自留地"上，那就是刊载于《中国语文》1982 年第 4 期上的《常阴沙话古全浊声母的发音特点——吴语清浊音辨析之一》。之所以这么说，有两个原因。第一，解开"清音浊流"之谜原本就是我学生时代留下的一个夙愿，终于有机会借助语音实验来探讨个究竟，也算是个圆梦之举。所以，这方面第一篇论文的发表，算是开启了追梦征程。第二，出乎意料的是，这篇文章刚一面世，便引起了不小的风波。一时议论纷纷，有的认为既然赵元任已有定论，就没有必要再讨论了。有的认为我这是"文革"思想的遗毒。有的跟我说："小曹，你怎么敢？……"可是，当我问如何理解"清音浊流"时，他却又顾左右而言他。我这才明白，原来因为这是权威定论，大家都不能碰的；而我，一个初出茅庐之辈，竟然懵里懵懂地闯入了这个"禁区"。同时，编辑部还通知我说，准备在《中国语文》开辟一个专栏来讨论这个问题。可是不知道为什么，开辟专

① 这跟 20 世纪 50 年代我在南京大学经历过的一段美好但被迅速叫停的短暂培训有关。此事说来话长，简而言之，就是中国科学院语言研究所曾经跟南京大学签过一个学生培养协议，但这个协议不久就被教育部叫停了。而我，因此接触了机器翻译和语音实验的概念，所以后来才会萌生用实验来解惑的念头。否则，恐怕我也不会甘愿在不惑之年去冒跨越文理鸿沟必然会经历的那么多风险，当然也就不会有我与实验语音学的结缘。

栏的事后来却没了音讯。再后来，又过了好久，我从上海的一个朋友处获悉，原来是在上海召开的第一届吴语学术研讨会上，由某大学组织了一批研究生进行了背靠背的批判。那位朋友还开玩笑地跟我说："这是缺席审判，而我是代你受过（挨批）啦！"（因为她赞同我的观点）在此事件中，尽管我不知道编辑部究竟出于怎样的考虑，但我更愿意相信，这也许是出于对一个涉世不深的作者的保护吧。我想，当时编辑部可能承受着来自内外两个方面的压力，[①]而同时又得坚持贯彻学术争鸣的方针。其实，当时我自己倒也不怎么在意这些议论，傻乎乎地心想，专栏讨论不就是摆事实讲道理嘛；何况，对于"清音浊流"，人们多半也只能意会，却未必真的理解它究竟是怎么回事，而我至少握有基于仪器实验显示的客观事实啊。想到这里，反倒更加坚定了继续探索的信心。因为，在当时的中国语言学界，人们对语音实验尚不怎么熟悉，[②]尤其是应用现代实验方法来研究语音的古今演变，就更是一件罕见之事。显而易见，对于这种新出现的事物人们需要有个认识过程。更何况，就是我自己，当时对"清音浊流"的语音实质的认识也还相当粗浅，虽说通过仪器分析获得了相对客观的证据，但一时也还无法说清楚"清音浊流"的这个"浊流"究竟何在，以及为什么它会导致听起来很"浊"的感觉。

事实证明，随着改革开放，人们接触的新事物越来越多，学界也有不少学者逐渐接受我的看法。尤其是当年曾参与批判的一些研究生自己也开始从事实验研究，还常与我切磋交流。于是，这场不大不小的风波也就逐渐淡去。现在看来，这实际上也算得上是那个特殊时期的一次新旧学术思想或者治学态度的碰撞吧。

科学研究贵在质疑和探讨，因为有了质疑，才会促使人们去做新的探索。在《常阴沙话古全浊声母的发音特点——吴语清浊音辨析之一》一文遭遇种种质疑之后，我越来越意识到，这不仅仅是新旧学术观点或者治学态度之间的分歧；更主要

① 实际上，我的这篇论文的雏形叫作《清浊小议》，那是在北京市语言学会第一届年会上的报告。记得当时中国人民大学有位老先生就对我的看法很不以为然，特地利用会议茶歇的机会当面奚落我一番。尽管他的遣词非常婉转，不过谁都听得出来他是什么意思。所以，我觉得此时编辑部可能承受着来自内外两个方面的压力。

② 据说早年在语言所，语音实验曾被讥讽为"雕虫小技"，20 世纪 60 年代，实验室同人合作研究写成的《普通话语音实验录》（未刊稿）就一直未能发表。我曾见过该未刊稿，八开本，厚厚的五大卷，图文并茂，内容涵盖普通话元、辅音和声调的实验材料和实验方法以及相关的实验结果和文字说明。直到"文革"结束之后的 20 世纪 70 年代末，这些内容才得以陆续分别刊出。

的是存在术语概念上的混淆不清。实际上，吴语古全浊声母的今读问题属于汉语史上最著名的"浊音清化"的历史音变问题，从以往的种种争议来看，导致这些纷争的一个重要原因，就在于术语概念上的混淆。"清浊"跟"带音和不带音"的区别是两个不同范畴的概念，前者属于音系学的范畴，着眼于这两类声母在区别词（字）义上的彼此对比（contrast）关系，即功能对立关系；后者属于语音学的范畴，着眼于这两类声母辅音实际音值的客观生理和物理性质的区别。然而，人们却往往会混淆这两个不同范畴的概念。这是个历史遗留问题，由于传统音系学（如汉语音韵学）跟语音学不但长期混用"清浊"这一术语，而且并不了解它们的发音机制，所以一说到"清浊"，人们只是纠结于"带音"还是"不带音"，却不会去探究是否还可能存在其他语音性质的作用。事实上，如果从发音生理上看，"清浊"对立不仅仅是声带振动不振动的问题，还同喉部的发声方式（phonation types），即发声时声门的状态、声带的紧张度等有关[①]。于是，我又尝试运用刚刚学习到的发声方式等相关原理，[②]对吴语清母和浊母的发声方式进行分析对比。结果表明，不送气的清母和浊母在除阻以前的发声方式是截然不同的，而在除阻阶段它们并没有本质区别，所以在声谱上看不到"浊流"或"浊送气"。据此实验结果，写成了《论清浊与带音不带音的关系》一文。这回再次得到《中国语文》的支持，刊载于 1987 年第 2 期上，从而将这个问题的探索稍稍向着纵深方向推进了一步。如果说 1982 年的那篇论文所展示的还是相对宏观的、比较容易捉摸的证据，那么 1987 年的论文所提供的是相对微观的证据，已经涉及较深层次的理论探讨了。所以说，《中国语文》实际上见证了我在这个问题上的研究足迹，是支持我学术研究逐步深入的重要园地。

1987 年，我有幸作为访问学者赴美进修，并在加利福尼亚大学洛杉矶分校（UCLA）的语音实验室从事访问研究。在彼得·拉德弗格德（Peter Ladefoged）的

① 其实，这并不是汉语里特有的现象，而是一个语言共性问题，它是由古时人们的认识水准决定的。现代语音学和音系学早已突破这种认识局限。

② 在此期间，恰逢国际著名语音学家彼得·拉德弗格德应邀于 1983 年到访语言所，从他所做的关于 phonation types（发声方式，也叫发声类型或发声状态）的学术报告中，我认识到人在发音时由于声门状态的不同而会导致嗓音的变化，这种变化（譬如音乐上常见的气声 / 气嗓音）一般没有语言学意义，但在有些语言里具有系统的区别音位的作用，会导致音系上的"清浊"对立或"松紧"对立。

指导和伊恩·麦迪逊（Ian Maddison）的悉心帮助下，利用当时我们国内尚不具备的仪器和方法，通过对吴语南北各两个代表方言十余个发音人实验数据的统计分析，进一步证实了吴语的“清浊对立”的确还涉及这两类声母辅音发声状态的区别。那就是：尽管这两类声母的字，在独立单念或在语流中重读时，辅音发音期间都不存在声带振动，但是，在持阻期间，浊类声母辅音的声门孔径比相对的清类声母的要大，而且声带相对松弛，所以，除阻就导致后接韵母元音起始阶段系统的气声（即气嗓音）化。这就是尽管在浊声母的声谱上明明看不到“浊流”或“浊送气”，但它听起来却让人感觉很“浊”的缘故。由此可见，吴语声母“清浊”对立的语音基础的确已经涉及发声方式的区别了。根据这个实验结果撰写的《汉语吴方言发声类型考察》（An Exploration of Phonation Types in Wu Dialects of Chinese）一文，先后在语言所 1988 年的《语音研究报告》（英文版）和加利福尼亚洛杉矶分校 1989 年的《语音研究报告》（*Working Papers of Phonetics*）上刊载，最终我修订全文，发表在美国《语音学杂志》（*Journal of Phonetics*，1992 年，第 20 卷第 1 期）上。该文一经发表，立刻受到国外许多同行学者的关注，或被相关语言学手册或专书收录，或被用作教材。① 显然，如果没有之前在《中国语文》刊载的那两篇论文的相关研究基础，我就不可能在短期内探索到这个深度。

我 1989 年回国之后，因研究室集体项目的需要，这个研究课题被紧急叫停了。但是，我心中依然时时挂念着这个尚未完全解开的谜。因为我很好奇，为什么“浊音清化”如此势不可当？它究竟出于怎样的触发因素？它在吴语方言里的特殊表现又说明了什么？所以，那时尽管集体项目的任务很重，但我依然关注着学界有关吴语浊声母研究的报道。直至退休之后的 2010 年，应“海峡两岸传统语言学研讨会”之邀，我又重新拾起这个中断了二十多年的研究思路，并分析综合了此后其他学者的研究资料，在会议上作了《汉语古今声母与声调演变关系一瞥》的报告（全文刊载于 2012 年出版的《历史语言学研究》第五辑）。随着学界对这个问题的探讨带

① 后来，我在 ResearchGate 上发现，在我上传的诸多论文中，这一篇以及后来相关的几篇论文的点击率是最高的。当然，这是后话，暂不详述。直到前不久，还有一些国外学者就此主题在 ResearchGate 上跟我交流，因为浊辅音的清化是个语言共性问题，所以才会引起国内外许多学者的关注。

来的日渐普遍的影响，我又先后从现代语音学的角度进一步分析了“浊音清化”的语音基础，并对中古全浊声母在现代方言平面上语音变化的不同层次进行分析考察。2011 年和 2013 年，我先后应邀参加了“第七届国际吴语方言学术研讨会”和“汉语方言古全浊声母的今读类型与历史层次研讨会”，分别发表了《从吴语“浊音清化”的语音表现看古今声母与声调演变的内在关系》（全文刊于 2013 年出版的《吴语研究》）和《浅谈古全浊声母清化的语音基础及历史层次》（全文刊载于 2015 年出版的《历史语言学研究》第九辑）。至此，我研究工作中的这一大块，已经在最初探讨“浊流”何在的基础上，通过分析“浊流”的作用原理，追根溯源，把对吴语古全浊声母发音问题的研究，逐步推进到了对汉语“浊音清化”的促发因素及其演变发展进程的探究。而这一切，显然都离不开最初在《中国语文》上刊载的那些文章的影响，是《中国语文》为我后续研究的不断深入提供了切磋交流的园地。

至于我研究工作的另一大块，就是关于普通话语音的实验研究，若论研究精力的耗费和研究时间的付出，要比前一块多得多。而且，这部分研究大多是为配合言语工程和二语教学等方面的应用需求而作，所以绝大多数研究成果发表在语言学界同人较少接触的其他刊物上。不过，从与吴宗济先生合作的《实验语音学知识讲话》（《中国语文》1979 年第 5、6 期连载）开始，到先后独立发表的《北京话复合元音的实验研究》（《中国语文》1984 年第 6 期）和《连读变调与轻重对立》（《中国语文》1995 年第 4 期），再到《汉语声调与语调的关系》（《中国语文》2002 年第 3 期），这一系列基础理论性论文的影响，依然有赖于《中国语文》的传播。这不但有助于跟语言学界同人之间的切磋交流，而且也促进了汉语方言，乃至民族语言韵律特征和韵律结构的研究。由此可见，《中国语文》同样为我这部分研究的不断深入提供了重要园地。

值此《中国语文》七十周年之际，仅以这段体悟，聊表庆贺之意！

感谢编辑部新老同人的辛勤付出，祝愿《中国语文》创造更加光辉灿烂的明天！

卅载同行 初心不渝

曹志耘

我知道《中国语文》这个刊物，是20世纪70年代末在山东大学中文系读本科期间。当时我们班里有个同学订阅了一份《中国语文》（那个年代不少本科生都会订阅文学或学术期刊）。他本以为《中国语文》是关于我们中国语言文学专业的期刊，拿到手后发现里面尽是些语言文字领域的学术论文，基本上都看不懂。毕业时他就把那几期杂志送给了我。

我第一次在《中国语文》上发表论文，是在1984年，那时我还在读硕士。这也是我第一次正式发表论文。不过那篇文章主要是钱曾怡老师写的。1983年4月，钱老师带着罗福腾和我两个硕士生去山东诸城等地调查方言，那也是我第一次正式参加方言调查，所以印象特别深。我们住在诸城县政府招待所里，每天到一位姓逄的老大爷家里去调查诸城话，逄大爷就坐在炕上发音，我们几个坐在炕下的小板凳上记录。不知是因为上火还是过于紧张劳累，调查过程中我老是流鼻血，常常是一手擦鼻血一手记音。这件事后来竟被钱老师用作激励晚辈学生的典型案例。那次的调查结果写成《山东诸城五莲方言的声韵特点》《山东诸城方言的语法特点》两篇论文，分别发表在《中国语文》1984年第3期和1992年第1期上，均由钱老师和我们两个学生合作。2002年，我们还合作出版了《诸城方言志》一书。

我第一次单独在《中国语文》上发表论文，是在1988年，题目是《金华方言的句法特点》。我的硕士学位论文（1985 年）是研究金华汤溪方言的，1987 年，我在《语言研究》上发表了《金华汤溪方言的词法特点》一文，句法特点是其姊妹篇。那时，中国社会科学院青年语言学家奖金（后更名为“中国社会科学院吕叔湘语言学奖”）设立不久，我初生牛犊不怕虎，想拿这两篇论文去参评，不过句法特点一文没赶上评审时间，后来就以词法特点一文获得 1988 年度的中国社会科学院青年语言学家奖金二等奖。

迄今为止，我在《中国语文》上总共发表了 10 篇论文，包括合作的。从时间上看，贯穿了我自学生时代至退休年龄的整个学术生涯。在这将近四十年的时间里，每当我在研究中产生迷惑或困扰的时候，总是要拿起《中国语文》，希望从中得到启发，明确前进的方向。每当我在研究中取得自以为比较重要的成果时，总是会想到《中国语文》，希望能够借由这个重要的平台跟大家分享，向大家求教。在我的心目中，《中国语文》有如高山景行，它一直引领着中国语言学的学术正道，也一直指引着我的学术方向，激励着我前进的步伐。

就我个人而言，《中国语文》给我感触较深、影响较大的有以下几个方面。

一是以质取文，奖掖后进。《中国语文》作为我国语言学界最顶尖的学术刊物，名家大作云集，版面又很有限，难免会让那些初出茅庐或尚无名气的年轻学人望而生畏甚至裹足不前。不过就我个人的经历来说，我觉得《中国语文》不但不搞论资排辈，以名取文，反而是特别关注年轻人的研究成果，特别注重提携和培养年轻学者。有时即使年轻人的论文还不够成熟，也会提出详细的修改意见帮助其提高质量，直至使其达到发表的水平。前些年，我有几个在读博士生自行给《中国语文》投稿，没有任何推荐或关说，结果竟被录用了，这种情况在当今国内学术界可能还是比较少见的。能够在《中国语文》上发表论文，对一个初涉此行的年轻人而言无疑是一个巨大的鼓舞和激励，甚至会直接影响他今后的学术道路。我本人的经历也可证明这一点。

我还记得的一件事是，2002 年，《中国语文》编辑部在南昌举行了“庆祝《中国语文》创刊五十周年国际学术研讨会”。在那次会议上，每个大会报告之后设有一个点评环节。作大会报告的自然是提交了重要论文的著名学者，按理说应该请更重量级或至少是旗鼓相当的学者作点评吧（我记得许嘉璐先生就是点评人之一），会议主办者却命我为李如龙先生的大会报告作点评，当时真是既深感荣幸又诚惶诚恐。我想这也是《中国语文》有意摔打锻炼年轻人的举措吧。

《中国语文》对年轻人的培养有时还体现在其他方面。记得是在20世纪80年代，有一位著名学者在《中国语文》上发表了一篇关于汉语方言儿化韵的论文，我和罗福腾师兄读了后有些不同看法，于是合写了一篇商榷文章，寄给《中国语文》。不久后编辑部通知我们文章拟录用了，我们自然感到十分高兴甚至有些得意。不过，编辑部经过慎重考虑后，最终还是没有把它登出来。事后我才意识到写那篇文章时年轻气盛，言辞过于偏激，确实不该贸然发表。《中国语文》编辑部决定“按下不表”，实际上也是对我们的爱护和保护。今天想想如果真的登出来了，我这一辈子心里都会感到不安的。

二是摆事实，讲道理。李荣先生曾说，“研究语言，研究方言，跟研究其他事物一样，无非是六个字：摆事实，讲道理”，“理论出于事实，并且受事实的检验”，“语言学的理论必须建立在语言事实的基础上”。（《方言研究中的若干问题》，《方言》1983年第2期）我国语言学界素有摆事实、讲道理的学风，这固然与老一辈语言学家的学术理念和表率作用密切相关，也与《中国语文》长期以来的倡导和坚持有很大的关系。《中国语文》作为我国最权威的语言学期刊，对本专业领域的人来说，在学风、文风乃至体例格式等各个方面都有着示范引领和规范约束的作用。

就我个人来说，我在《中国语文》上发表的几篇论文，无一例外都是描写介绍汉语方言具体语言现象，或在此基础上进行概括分析的。其中有的限于单点方言，如《金华方言的句法特点》《吴语汤溪方言合变式小称调的功能》，有的则涵盖大方言区或整个汉语方言，如《吴徽语入声演变的方式》《汉语方言平去声的全次浊分调现象》，有的也会涉及语言结构、语音演变的重要问题或一般理论问题，如《汉语方言中的调值分韵现象》《吴语汤溪方言古阳声韵和入声韵的演变》《吴语汤溪方言的量词调及阴去化的性质》。不管怎样，我都是以亲手调查或搜集整理的方言事实为基础，在摆事实的基础上再讲道理。例如《吴语汤溪方言古阳声韵和入声韵的演变》一文，第一节介绍汤溪话的韵母系统，第二节逐摄逐韵作汤溪话古阳声韵和入声韵的古今语音对照，归纳古今演变规律，第三节讨论演变动因和过程等问题，进而得出一些基本观点。

三是国字招牌，使命担当。《中国语文》由中国社会科学院语言研究所主办，与生俱来就带有国家性质、权威性质。它也是我国创刊最早、历史最长、影响最大的语言学期刊，因而有着不同于普通期刊的使命和作用。《中国语文》在长期的办刊过程中，始终自觉积极地担当国字招牌的使命，在保证学术性和高水平的前提下，努力服务国家语言文字工作，支持国家语言战略，关注社会语言问题，并引领中国语言学沿着正确的道路前进。

这方面的表现在创刊初期和早期尤为显著。例如创刊号（1952 年第 1 期）上的文章就涉及文字改革、汉字拼音化、识字教育、语文教学等当时的重大热点问题，罗常培先生的文章直截了当就叫作《语文研究应联系实际并照顾全面》，当然也有丁声树先生的《谈谈语音构造和语音演变的规律》、中国科学院语言研究所语法小组的《语法讲话（一）》等学术性的文章。1978 年复刊以后，虽然还带有当时较重的政治色彩，但联系实际、服务社会的特点仍然是十分明显的。例如，复刊后第一期（1978 年第 1 期）开篇即为《语文工作要抓纲快上》的社论（“社论”这种文体似乎消失已久了）。1978 年第 2 期开篇则为叶圣陶先生的《大力研究语文教学 尽快改进语文教学》，我手头正好有一本该期杂志（不知是从哪里得来的），有个无名氏在这篇文章的标题旁写道：“叶老的发言提出了当前语文教学方面的许多实际问题，非常引人深思。语文工作者读一读肯定很有益处。”文章的指导启发作用可见一斑。叶圣陶先生的文章是在北京地区语言学科规划座谈会上的发言，在该文之后还刊登了黎锦熙、唐兰、许国璋、张家騄先生关于语言学科、文字学科、外语教学、语言科技等问题的发言。现在想来，这种关乎国家、社会以及学科整体问题的研讨，其实是非常重要、非常有用的。

2021 年 5 月 9 日，习近平总书记在给创刊七十周年的《文史哲》编辑部全体编辑人员的回信里，提出了当今我国哲学社会科学工作的一个重大课题，即：“增强做中国人的骨气和底气，让世界更好认识中国、了解中国，需要深入理解中华文明，从历史和现实、理论和实践相结合的角度深入阐释如何更好坚持中国道路、弘扬中国精神、凝聚中国力量。”[1] 毫无疑问，研究中国现实，解决中国问题，总结中国经验，应该是我国人文社科所有专业、所有刊物的共同使命，共同责任。我注意到《中国语文》近期也发表了多篇相关文章，例如《中国语言学的体系建设和时代使命》（2021 年第 3 期）、《中国共产党与百年语言文字事业》（2021 年第 4 期）。

“中国语文”的字面意思可能是“中国的语言文字”。《中国语文》杂志的英译是 *Studies of the Chinese Language*（中国语言的研究）。但作为一块国字招牌，我以为也可以进一步阐释为“中国的语言研究”，即我们是在中国大地上，基于中国语言的事实，针对中国语言的问题，为中国的学术进步、文化建设和社会发展而研究中国的语言文字。以我的理解，这正是《中国语文》的初心，当然也是整个中国语言学的优良传统。

---

① 《习近平书信选集》第 1 卷，中央文献出版社，2022，第 327 页。

我和《中国语文》

戴庆厦

我是《中国语文》的忠实读者和热情支持者。

1952~1956年上大学期间，我就喜欢上《中国语文》了。那时，每期的《中国语文》我都要读，缺期的我还极力想方设法到旧书店或托人到外地买上。后来一直是如此。如今我藏有一套完整的《中国语文》，成为我必读的语言学杂志，帮助我思考语言学问题，做好语言学的教学和研究。我还要求我的博士生们必须读三本语言学杂志:《中国语文》《民族语文》《当代语言学》，告诉他们《中国语文》办得好，有事实，有理论，是反映我国语言学研究前沿水平的一份杂志，能够从中学习到研究方法，得到有用的新语料，还能获取语言研究的新动态。我还积极为《中国语文》写稿，有幸在《中国语文》上先后发表了11篇论文，有闽语仙游话研究的，有藏缅语研究的，有汉语和非汉语比较的，还有语言应用研究的；还担任了21年的编委。

《中国语文》重视挖掘新的语言事实，从语言事实中提取规律、总结理论，还不忽视对现代语言学理论的借鉴。这个方向我非常赞同。我国是一个语言资源大国，有挖掘不尽的语言资源，包括丰富多样的汉语方言、少数民族语言，还有浩瀚的汉文文献，可供语言研究使用。我国语言资源的丰富性及其价值，怎么估计都不会过分。我们可以利用自己得天独厚、近水楼台的语言资源，揭示语言新的规律，总结新的理论，发展语言学学科，解决现代化进程中群众的语言应用问题，还可以为相关学科的建设提供语言参照。因而，从我国的语言实际出发，发现语言的新规律、新问题，是建立具有中国特色语言学理论的必由之路，也是中国语言学家不可推卸的责任。创刊以来，《中国语文》立足本国语言，发表了大量有原创性的论文，为建设具有中国特色的语言学学科做出了突出的贡献。

我主要做汉藏语系语言研究，除了研究藏缅语的语言外，还做过一些汉语和非汉语的比较。我通过自己的研究实践，深深体会到语言的博大精深，要精准认识语言，必须从不同角度、使用不同方法逐步深入，不能困于单一的角度、方法上。不同的理论、方法往往是互补的、相互借鉴的。人类语言有共性又有个性，既要认识语言之间的共性，又要把握其个性。由于语言特点不同，要有个性化的对策，不能一刀切。比如，20 世纪 80 年代我曾经做过藏缅语述宾结构的研究，那时只根据语言的共性理出了一些容易看得到的特点。近期，我从语言类型和语言转型的角度又思考了藏缅语述宾结构的类型学特点，发现藏缅语由于受到从黏着型向分析型语言转型的制约，不同语言的述宾结构出现了不同的特点，包括显性特点和隐性特点，都留有分析性强弱不同特点的烙印。此外，藏缅语的使动范畴、疑问范畴、否定范畴、复辅音声母、前缀、一个半音节、a 音节、四音格词等的特点和演变，都会强烈地受到分析性强弱的制约。我们可以通过不同语言分析性强弱差异的相互反观，发现语言的新特点和新规律，推动语言的研究。《中国语文》坚持开放包容的学风，重视从不同角度、运用不同方法研究语言的理论方法，因而越办越好。

汉语是世界上使用人口最多、功能最强的语言之一，汉语研究得如何，事关整个世界。我国的汉语、汉字研究，长期以来一直处于世界的最前沿，受到国际语言学界的认可。《中国语文》在促进汉语研究上做出的突出贡献，世界公认，受到称赞。

语言有差异性又有互通性，在研究中能够相互借鉴。我国的非汉语研究，长期以来在理论方法上不断地从汉语研究中汲取养料，包括理论和方法，推动了研究的发展。非汉语的研究成果中，含有大量汉语研究的影子。我的博士生在论文开题、论文写作的过程中，都要认真查阅、学习汉语相关专题的研究成果，从中汲取经验。当然，汉语的研究也需要得到非汉语特别是汉藏语其他亲属语言的反观。这是因为汉藏语系语言发展不平衡，存在不同的层次，不同语言之间存在有规律的变化，你中有我，我中有你，因此能够通过不同语言的对照得到启发，发现汉语单一语言研究所看不到的特点和规律。

进入新时代，我国的语言学研究将会有更大的发展。衷心希望《中国语文》今后越办越好！

《中国语文》与我

丁邦新

人间万事皆有缘分，我从 2000 年起，接受中国社会科学院语言所的邀约，担任《中国语文》的编委，转眼二十年过去了。

我是台湾“中研院”历史语言研究所的老人，这个所跟中国社会科学院语言所有千丝万缕的关系；为语言所服务在心理上就像为历史语言研究所服务是一样的。历史语言研究所的《集刊》是我前半生最看重的刊物，只要自觉有一点分量的文章，都希望能在该集刊上发表。1989 年退休来美任教以后，渐渐把注意的中心转到《中国语文》之上。如果要选一个代表中国语言学界的优秀刊物，自然非《中国语文》莫属。既然把《中国语文》看得如此之重，能够作为编委之一自然是我的荣誉。

作为编委，除了偶尔为刊物审审稿件之外，自己认为好的文章自然该在刊物上发表。我从 2000 年之后渐渐注意汉藏语同源词及语言层次的问题，前后各有两篇文章发表在《中国语文》。

《汉藏系语言研究法的检讨》，《中国语文》2000 年第 6 期，第 483~489 页。

《论汉台语中辨认同源词与借词的方法》，《中国语文》2017 年第 5 期，第 515~521 页。

前者检讨汉藏语比较研究的方法，认为“在亲属关系不明确的语言之间，部分对当的关系究竟是同源词或借词引起很大的争论，在这个问题上到现在没有良好的解决方法”。十七年后，我对这个问题有新的发现，找到了辨认同源词跟借词不同的方法。其中最重要的三点是：某种语音对当不可能是借词，一致性的不整齐对当是同源词，转折的对当是同源词。这就是上述的第二篇文章。

另一个问题是语言的层次问题，也有两篇文章在《中国语文》上发表。

《〈苏州同音常用字汇〉之文白异读》，《中国语文》2002年第5期，第423~430页。

《汉语方言中的历史层次》，《中国语文》2012年第5期，第387~402页。

前者根据陆基的《注音符号·苏州同音字汇》（1935），对照赵元任先生的《现代吴语的研究》（1928），指出陆基的书里有整套的卷舌声母，代表赵先生所说的旧派。同时能分辨读音跟语音，前者就是文言音或文读，后者就是白话音或白读。可见苏州话的文言音代表的是早期的读音，白话音代表的是晚期的读音。

为什么会有旧派、新派的区别？一个简单的原因是语言本身的演变；另一个原因是强势方言的影响。汉语方言里整体文白异读的现象并不一致，官话、吴语、晋语、客家话、赣语、湘语、粤语大体跟北京音一样，文读未必是读书音，而是一种口语，时间或早或晚。当两种白话音融合的时候，用其中一种强势的白话音来读书，因为用这种白话音读书，慢慢就成为文读。这种情形包括所有片面的文白异读，只有某些声母、某些韵母，或某些韵尾的字具有两读，而不是全面。这是两种白话音的混合引起的现象，其中也许还有更早期的底层。底层的语音或多或少，有的可以说定，有的难以论断。另一种情形较为全面，就像闽语跟儋州话，白读是本有的，文读真的是所谓读书音，由于科举盛行，文读是为了读从强势方言借进来的语音，以及离标准音远的地方引进的形形色色的外来方言。

由此引起更多深入的问题：为什么汉语方言有历史层次？为什么有人认为汉语方言的层次是语言中特有的现象？历史层次代表什么意义？历史层次就是指文白异读吗？文读就是文言音或读书音，白读就是白话音或语音吗？方言的文白异读只有两层吗？如果不止两层，那么可能有几层？又是怎么形成的？文白在同一个方言中共存，彼此的影响如何？会不会因彼此影响而产生新的第三种读音？方言之间的层次会不会对应？对应代表什么意义？究竟哪一个读音是原有的，文读还是白读？很多人相信白读是原有的，因此一定早于文读，这个说法有根据吗？为什么闽语方言中的文白异读全面而且相当整齐，而官话方言则零碎而有局限？有人说北京话的文读音是本地的，而白读音是从外地借来的，这个说法正确吗？有人提出相反的意见，我们如何取舍？闽语正好相反，文读音好像是外来的，而白读音则是本地原有的，这个说法正确吗？

《汉语方言中的历史层次》就是为了解决这些问题而写，当然也在《中国语文》发表了。

二十年来只发表了这么几篇文章，但是对我而言，已经把我在这两方面的看法贡献给了《中国语文》，希望没有辜负了编委的荣誉。

《中国语文》的大格局

董秀芳

我知道《中国语文》这个刊物是在1994年我大学本科四年级时。那时我已确定被母校河北师范大学保送到四川大学中文系现代汉语专业读硕士研究生。我跟老师请教，要读研究生应该做哪些准备，老师说应该看一些专业刊物，首先推荐的就是《中国语文》。从那时开始，我就成为《中国语文》的忠实读者。在我学术成长的过程中，《中国语文》一直引领着我，那上面的文章带给我启迪，成为我的学术标杆，那上面的作者的名字成为我仰慕的对象。《中国语文》这个老师教会了我很多。多年坚持下来，我慢慢地从《中国语文》的读者幸运地成为《中国语文》的作者和审稿人，2021年又荣幸地成为《中国语文》的编委。感谢《中国语文》给予了我学术知识，也给予了我成长的机会。值此《中国语文》七十华诞之际，特向《中国语文》献上我最衷心的祝福和最诚挚的感谢！回顾过往，与《中国语文》相关的点点滴滴，让我铭感于心。谨以我记忆中最深刻的若干片段表达我对《中国语文》的感激。

一　研读《中国语文》

我在学生时代读《中国语文》的时候，基本上每篇文章都看。看得懂的就全文一字一句读下来，做好读书笔记。读不太懂的，也硬着头皮浏览一遍，把结论记一下，了解一下大致的研究对象、研究方法和主要发现。看到文章中参引比较多而自己不知道的文献就按图索骥找来阅读，弥补自己知识上的短板。我觉得《中国语文》就像名字一样大气，上面刊登的文章类型全面，覆盖了中国语言文字研究的方方面面。研读《中国语文》让我获得了全面的“营养”，并快速地进入了语言学之门。认真研读《中国语文》两年左右的时间，我就感觉到自己对语言学的了解有了很大的进步，对国内语言学的一些主要议题和研究成果有了宏观的印象，也形成了一些自己的想法，可以在一些学术场合提出比较好的问题并能参与到一些学术讨论中去，所发表的意见能得到学术前辈的肯定，这样自己对语言学的兴趣和研究的信心也增加了。不爱表扬人的、我的博士生导师朱庆之老师曾经对别的老师说我“懂得多”，让我很是开心，我想这个“懂得多”很大一部分来自对《中国语文》的研读。可以说《中国语文》是我学术成长路上的指路人。而在我尝试写语言学论文时,《中国语文》上文章的结构和格式也成为我师法的对象。当了导师之后，我也总是告诉自己的学生要好好读《中国语文》上的文章，因为这是了解前沿研究的重要窗口。

二　莽撞的投稿与《中国语文》的大度

我在读硕士研究生时，就想着给《中国语文》投稿，但最初的很多投稿都没成功，现在想来非常惭愧。惭愧的是年轻时的我太莽撞，往往没有下太大功夫，有了一点想法就很快写成文章，很多时候对文献的调查不够充分，对事实的挖掘不够深不够透，文字也没有充分打磨，就急急忙忙投给了《中国语文》。年少无知的自己真是太急躁，甚至可以说太不懂事了，不知自己那时候寄出的那些不像样的文章给《中国语文》编辑部增加了多少无谓的负担。如果人不是从二十岁往五十岁活，而是从五十岁往二十岁活，那他一定能少犯很多错误。今日之我为往日之我脸红，如果我以现在的认知穿越回二十多岁，我一定不会去冒失地投那些不成熟的稿子。即便《中国语文》的编辑们把我加入“粗糙稿件作者”黑名单，我也毫无怨言。但是，《中国语文》是大度的和宽容的，编辑部并没有因为我经常投一些满是瑕疵的稿子就对我形成定见而不再理睬我的稿件。当我从哈佛大学访学回国，向《中国语文》投了《“都”的指向目标及相关问题》后，我很快就接到了用稿通知，因为这篇文章有新见，论证也是比较严密的。这成为我发表在《中国语文》上的第一篇文章（2002年第6期）。

这段漫长的从读者到作者的转变之路也让我吸取了不少经验教训，让我逐渐改掉急于求成的毛病，学会沉潜下来，用高标准来要求自己，注意细节的完善。虽然直到现在，我也仍经常存在失误，但毕竟有了很多的成长。

从我自己的投稿经历，我认识到，《中国语文》采用稿件的唯一标准是质量。《中国语文》没有任何门户之见，《中国语文》也没有关系和“后门”可走，只要稿子写得真正好，《中国语文》就会采用。质量不高的稿子，投得再勤也只是白白浪费编辑部的资源。如果被《中国语文》退稿，我们就一定要好好反思自己的文章哪里写得不够好，要平心静气，修改再修改。

三　《中国语文》的青年学者论坛

虽然一开始觉得《中国语文》似乎高不可攀，但成为《中国语文》的作者之后，慢慢发现《中国语文》实际就像一个德高望重的长者，是平易近人的，对青年学者是爱护有加的。《中国语文》很早就开始组织青年学者论坛，我有幸参加了首届和第二届《中国语文》青年学者论坛。在青年学者论坛上，主编和副主编以及编辑部的主要成员都到场，毫无架子，让青年学者唱主角，他们则在一旁认认真真地听青年学者讲自己最近的研究计划。我在首届青年学者论坛上报告了自己对上古汉语叙事语篇中省略规律的一些初步想法，得到了编辑部老师们的肯定和鼓励。后来我又进行了很长时间的思考和打磨，文章终于完成了，这就是被《中国语文》接受的论文《上古汉语叙事语篇中由话题控制的省略模式》（2015年第4期）。可以说，这篇文章从构思时起就得到了《中国语文》的关注和帮助，并最终幸运地刊登出来。这篇文章中的一个观点带有一点假说的性质，是在材料基础上的一个合理猜想，虽然不是确凿无疑，但文章能够被接受，以我的理解，在一定程度上体现了《中国语文》对青年人的大胆想法的鼓励和包容。

四　为《中国语文》做点事

我从《中国语文》受惠很多，因此从心底里愿意为《中国语文》做点事。当《中国语文》让我审稿时，我觉得这是一项光荣的任务，每次都认真地去完成，从来没有推辞过。帮助过我的那些审稿人我无法回报，那就让我同样地去帮助别人吧。向那些高尚的审稿人学习，用开明的眼光看待稿子，不狭隘，不偏私，不埋没好的稿子，特别是保护并鼓励一些新锐的思想，尽量帮助作者完善稿件，这是我作为审稿人的想法。

2021 年我受聘担任《中国语文》的编委，心情非常激动，格外珍视这个荣誉，为有机会服务于《中国语文》而感到高兴。

在我从青年到中年的人生旅途中，我经历了从《中国语文》的读者到作者再到审稿人和编委的过程，与《中国语文》产生了这样多的联系，这是多么幸运的事！在我学术成长的路上，《中国语文》一直相伴左右。感恩《中国语文》的陪伴，就如同感恩良师益友！

五　赞美《中国语文》的大格局

如果允许我为《中国语文》献上赞美之词，我首先想到的是“大格局”。《中国语文》的大格局体现在内容之广、品质之高，也体现在用稿的公平、编辑的用心，还体现在眼光的高远与前瞻，一直引领着中国语言学的风气。

正因为一如既往的卓越，《中国语文》成为中国语言文字研究者最为向往和珍惜的园地，让我们在这片园地上共同耕耘，与《中国语文》一起为了中国语言学更美好的未来而努力奋斗！

我与《中国语文》的点滴回忆

冯春田

日月不居，斗转星移，《中国语文》创刊即将七十周年了。2021年末我收到《中国语文》编辑部的来信，信中说："2022年适逢《中国语文》创刊七十年，我们拟编辑纪念文集，以赓续传统，启迪后学。今特约请您以'我与《中国语文》'为主题惠赐相关回顾文章，您的经历和体悟将是我们珍视的财富。"

编辑部约写《中国语文》创刊七十周年纪念文章，对我而言是莫大的荣幸！但落到实处时，我却有些犯难。因为，《中国语文》创刊以来即引领学术，服务于国家与社会的语言文字事业，伴随、培养、扶持了一代代语言学人，当今有许多著名学者和中青年才俊活跃在国内外语言学界，由这些学者撰写回顾、纪念文章，能够更好地呈现他们富有启迪的经历和深刻的见解。而我水平有限，虽受惠于《中国语文》和国内多家语言学刊物，却始终缺乏主动的沟通与交流，更难有学术上的深邃体悟，因此我写主题为"我与《中国语文》"的纪念文章，实不相称。于是，我致信编辑部，说明难以写出略微像样的文字，意在知难而退。不料，编辑部诸位先生又特别回信告知："稿件的字数没有特别限制，文体亦无特殊要求，请您随心写作，非常期待冯老师赐稿。"这样，我便再无可推托。那么，就以自己发表在《中国语文》的几篇文章为线索，写出"我与《中国语文》"的点滴回忆，以示纪念吧。

1978年，我没有遵从母校老师要我考回北京大学的叮嘱，报考了山东大学古汉语专业研究生。1981 年毕业后到地方社科院工作，头几年除完成集体研究项目外，我就阅读名家语言学论著和分析上古汉语材料，并写出详细的读书笔记。当时学界对出土文献的关注度不高，利用这类材料研究汉语的不多，我把分析云梦睡虎地秦简语言现象的笔记条理成文章，如选择（反复）问句、“以 X 为”式与“以为”及其转化等，投寄多家语言学刊物并陆续发表，其中《睡虎地秦墓竹简某些语法现象研究》发表于《中国语文》1984 年第 4 期。这篇文章涉及禁止副词“毋”和“勿”的问题，有关内容吕叔湘先生《论“毋”与“勿”》（1921）、丁声树先生《释否定词“弗”、“不”》（1935）等曾作出过精辟分析，但拙文的观点与吕先生的结论不尽一致。虽然我认为编辑部采用这篇文章是出于对青年作者的爱护和扶持，但这毕竟是我在《中国语文》发表的第一篇文章，我因此深受鼓舞，大大增强了研究兴趣和信心。

后来我对语料的调查逐步向后延伸，一段时间内的关注点转移到近代汉语，在吕叔湘等先生开拓性研究的基础上，探讨唐五代至明清时期的语言问题，有数篇文章投到《中国语文》。其中，《试论结构助词“底（的）”的一些问题》（《中国语文》1990 年第 6 期）是基于汉语历史语料的发掘，对结构助词“底（的）”加以考察，有的内容与朱德熙先生《说“的”》（1961）、《论句法结构》（1962）等对现代汉语结构助词“的”的分类有所不同，但朱先生看了这篇文章后给予鼓励，并强调现代汉语研究要与汉语历史研究结合起来。张伯江先生后来在《〈中国语文〉四十年》（《中国语文》四十年纪念刊，1992 年第 6 期）的文章里，又特别提到拙文。此外，《合音式疑问代词“咋”与“啥”的一些问题》（《中国语文》2003 年第 3 期）、《疑问代词“作勿”、“是勿”的形成》（《中国语文》2006 年第 2 期）等，也都是在吕叔湘等先生研究的基础上，提出了自己的意见或观点。这几篇文章先后在《中国语文》顺利发表，使得我的研究成果能够面向学界并接受读者的批评。

《聊斋俚曲的一些方言词音问题》（《中国语文》2001 年第 3 期）一文，则是基于语言材料的发掘和认识，侧重对汉语历史方言词汇的研究。对近代汉语，尤其是明清时期字词音的分析，研究者笼统地称之为“语音研究”。其实，尤其是近代汉语以来，字词的读音包括两类不同性质的音：一类是属于当时汉语语音系统之内的；另一类是词汇音变的结果，后者已经不能反映单纯的音系变化，不应混淆。拙文除了分析一些具体的方言词音外，也试图以实例来说明因词汇变化而导致的字词音变不属于音系变化。这篇文章在投稿时，还有个小插曲：在此之前，我曾提交《中国语文》另一篇稿子，但是审稿期过了一段时间却没有音讯，当时我以为没有通过评审，再加上有段时间信件经常遗失，于是就又投了这篇讨论方言词音的稿子。后来，中国社会科学院的一位学者因学术活动到济南，言谈中我随便提到投稿的事，这位先生回北京后很快就来了电话，告诉我："主编说，你有两篇稿子通过了评审，现在都在他手上，上哪一篇你自己选吧。"于是，"方言词音"这一篇就登上了《中国语文》。

以上举出的拙文在《中国语文》发表的例子，看起来平淡无奇，却给我留下了深刻的记忆。这类看似平常的事例，体现了《中国语文》不平凡的品格，体现了《中国语文》编辑们高尚的境界和优良的学风。

《中国语文》在作者和读者心目中有很高的学术地位，影响很大，是名副其实的顶级期刊。在《中国语文》创刊七十周年纪念日即将到来之际，我谨向编辑部诸位先生表示诚挚的敬意和谢忱！衷心祝愿《中国语文》百尺竿头更进一步！

一份对我最重要的学术刊物

江蓝生

在语言学研究的道路上，对我影响最大的人是吕叔湘先生，对我影响最大的刊物是《中国语文》。

说起我跟《中国语文》的关系，要从1978年准备考研说起。那年国家宣布恢复研究生考试，我决心一搏，争取这宝贵的深造机会。那时我在中学教书，除了教两个班的语文，还兼做年级主任，工作非常繁忙；周日有做不完的家务，只能利用晚上时间复习功课。为了提高复习效率，我除了重温大学有关语言学方面的课程外，还从图书馆借了好几大册《中国语文》的合订本，从中挑选一些重要的文章阅读。这对我帮助很大，不仅了解了当时的学术动态、热点问题，也初步明白学术文章的大致写法。当古汉语的试卷发下时，我发现其中有一道题跟《中国语文》上的一篇文章的内容关系很密切，我恰好仔细看了那篇文章，这道题无疑是得高分的，也许正是这个机缘使我侥幸以较好的成绩被语言所录取，《中国语文》是我的贵人。

1983年，建国门内的社科院大楼落成，语言研究所要搬离借用的原地质学院主楼，需要处理一批旧的书刊。我闻讯后前去挑选，首选就是过期的《中国语文》。想必是早有人捷足先登，我到场时只有为数不多的、年份月份不全的“剩汤”了。我首先挑选了1956~1957年的三个合订本，又好不容易凑齐了1964年的6期（1963年开始为双月刊，此前为月刊）。其他都是不成套的零散的单本，我也都捡漏似的一概搜刮，有 1957 年 1 月号、1958 年 1 月和 5 月号、1959 年 4 月号、1960 年 11 月号、1963 年 3 月号、1965 年 5 月和 6 月号。最早的一本是 1953 年 11 月号，连封底一共 35 页，纸质粗糙，外观简朴单薄。1960 年 11 月号连封四都登着正文，真是惜纸如金。

我视这些早期的《中国语文》为宝，有时会拿出来浏览一番，里面有我国许多语言学前辈和大家的文章，如 1963 年第 3 期至 1964 年第 2 期分 6 期连载了王力先生的《中国语言学史》；在 1958 年 5 月号的《文风笔谈》栏下，依次建言的是：丁声树、王佐良、老舍、吕叔湘、朱德熙、吴晓铃、陆志韦、郑奠、胡裕树、姜亮夫、唐兰、高名凯、傅东华。真是群英荟萃。早期《中国语文》的内容紧密配合国家语言文字规范化工作，发表了为数众多的有关简化汉字、推广普通话、制定和推行《汉语拼音方案》方面的文章。如黎锦熙《汉语拼音方案草案目前的两大任务》（1958 年 1 月号）、魏建功《从“国语运动”到汉语规范化》（1959 年 4 月号）。早期的《中国语文》也刊登了不少专题研究文章，反映了新中国语言学事业的兴起和发展，有一些学术文章即使今天读来也很有深度，给人颇多启发。最使我吃惊的是，早期的《中国语文》刊登了一些与大师商榷的文章，而且往往放在打头的显赫位置。例如 1964 年第 1 期发表了施文涛《关于汉语音韵研究的几个问题——与陆志韦先生商榷》，第 3 期发表了洪诚《王力〈汉语史稿〉语法部分商榷》，第 6 期连发了两篇与王力先生《中国语言学史》商榷的文章，这放在今天，很难想象。《中国语文》慧眼识珠，1964 年连着两期刊登了社会青年郑张尚芳描写温州音系和温州方言连读变调的文章，使他就此登上学术舞台，并在后来脱颖而出，成为一名优秀的语言学家。总之，早期的《中国语文》质朴无华，从形式和内容，都浸透着浓浓的时代色彩，读之如与前辈对话，常有春风拂面之感。

20 世纪八九十年代，语言学刊物的种类很少，《中国语文》《方言》《国外语言学》《语言学论丛》《古汉语研究》《语文研究》成了我每期必读的刊物，其中，《中国语文》的学科涵盖面广，好文章多，既是我获取学术营养的主要渠道，也是我发表研究成果的首选园地。经统计，从 1983 年到 2021 年 38 年中，我在《中国语文》上发表了各类文章 24 篇。内容有古白话词语考释，近代汉语虚词考源，词汇化、语法化、构式语法专题研究和理论研究，文献语言年代鉴定和书评，语文词典编纂等。记得 1982 年吕先生叮嘱我：“你研究生时期主要学习词汇，这是可以的；但从今后长远来看不能只及一点，不及其余。应该搞一些语法、语音问题，要了解整个历史演变的过程，纵的、横的都要有较全面的认识，当然自己的研究要有重点。现在有些人把自己画在一个小圈子里，这种现象很不健康。”我谨记先生的教导，试着从词汇到语法，从语义到语音、语用，从虚词到句式，从通语到方言，从古代、近代到现代，从个案研究到演变规律的理论探讨，一步一步地扩大视野，探索前行。我的某些不成熟的研究成果登在《中国语文》上，给了我接受学界同人检验、批评的机会，促使我深入思考，把问题深入下去。例如，我在《中国语文》1995 年第 3 期发表了一篇考证复数词尾“们”的来源的文章，认为“们”和“什么”的“么”的本字都是“物”。应该说这个结论是有见地的，但是该文的论证不够充分，未能得到同行的确认。这促使我继续思考，更广泛地挖掘文献和活的方言材料，搞清西北方言文白异读的音变规律，又向一些方言学专家请教，终于将这个问题的论证推进了一大步。时隔 23 年，我在《中国语文》2018 年第 3 期发表了《再论“们”的语源是“物”》一文，重点从语音演变的角度论证唐代以来文献中的复数词尾标记“弭、伟、每、懑、门、们”等的语源都是“物”。这些读音不同的复数词尾标记之间不是连续式音变的关系，而是不同演变路径的同源音类的叠置。非鼻音韵尾的“弭、伟、每”是秦晋等北方系官话内部的文白读叠置，鼻音韵尾的“懑、门、们”标记的出现，则是音节内部的元音韵母受 m 声母顺向同化而增生出鼻音韵尾的结果。文章还以江西安福话、现代晋语和西北方言中的复数词尾作为“物”源说的活的证据。此文发表后得到许多同行的首肯，还有的学者告诉我西南官话中也有以“物”用作复数词尾的现象。我深感《中国语文》这块沃土在学术上滋养了我，它既是培育者、推介者，又是我学术历程的记录者和见证者，我对它深怀感恩之心。

关于我和《中国语文》，还有一件事不能不提。1988 年我当上语言研究所副所长，有一天在走廊里遇到《中国语文》的编辑饶长溶老师，他劈头就跟我说，你不要以为自己当了副所长就为自己的同学（也是所里研究人员）推荐文章。我听了摸不着头脑，就向他解释我并没有做此事，也不知道这位同学要投稿。他知道是误会后补充说，《中国语文》有个不成文的规矩，任何人都不能倚仗权势向我们推送文章（大意）。这些没来由的话让我听了不很舒服，但是他对我的这番教训牢牢地印在了我的脑中。这么多年以来，即使在当副院长时我都从未为自己、为他人投稿打过招呼递过话，我自己的稿子都是按照规矩投的。实行网上投稿制度后，我的文章也都是在网上投的稿。对于饶老师当年的逆耳忠言，我应该感谢才是。

随着国家文化学术事业的繁荣发展，最近这些年来语言学刊物的数量种类增加了不少，有些新刊物以高起点亮相学术舞台，一些老刊物也在提升质量上颇有建树，一时间形成了众刊质量竞争的局面，这对于推动我国语言学事业的健康发展是一件好事。作为《中国语文》的铁粉，我希望它能以自己七十年的深厚积淀和良好的人脉，站在当代学术的潮头，守正创新，继续担负起引领我国语言学事业不断前进的排头兵的重任。

好杂志就是一所大学校

——为《中国语文》创刊七十年而作

李宇明

《中国语文》创刊七十年，对我而言，于公于私都值得纪念。

我是《中国语文》的忠实读者。1980 年，我在大学三年级，就开始订阅《中国语文》。四十多年来，我期期都读，自己喜欢的文章还要精读，读后再读。

读《中国语文》，就像读一部“当代中国语言学史”，使我及时了解中国语言学的前沿在哪里，哪些领域可以研究，每个领域都关心些什么问题，哪些学者在研究哪些问题，哪些语言学组织在进行什么学术活动。

读《中国语文》，就像读一部“语言学教科书”，有理论，有方法，有材料；有热点问题和学术讨论；篇篇都是研究案例，讲述各种研究方略，展示各种论文体例，展现各种学术风格。

读《中国语文》，就像在学林“元宇宙”中向名家请益，与学友神交。一份好杂志，就是一所大学校，四十多年来我一直受教于《中国语文》。我觉得，阅读专业杂志，是获取学术信息最为便捷的途径。一个课题，他人数年探索思考，终有所得；而读者在数刻钟内就能知人所思，“掠人之美”，将其内化，“据为己有”，这是最佳“生财之道”。除此之外，我还觉得，阅读专业杂志，是学人身份的一种标志；阅读专业杂志的习惯，是对学人身份的一种维护。

我不仅是《中国语文》的读者，也是作者。读者和作者都是学术共同体不可缺少的成员，读者是学术产品的消费者，作者是学术产品的生产者。1987年，我与我的学生魏世根合作撰写的《笔误原因调查》，发表在《中国语文天地》第6期，算是《中国语文》的“准作者”。这篇文章本是投给《中国语文》的，但因水平还不够，就发表在《中国语文天地》。《中国语文》杂志社曾编辑过一本名为《中国语文通讯》的杂志，刊载还有些价值的《中国语文》的“剩余”稿。1980年《中国语文通讯》更名为《中国语文天地》，1990年停刊。

我真正成为《中国语文》的作者是在1990年，当年第2期刊登了我和唐志东合作的《三岁前儿童反复问句的发展》。三十多年来，《中国语文》共刊发我（包括与友合作的）大小文章16篇：

李宇明、唐志东：《三岁前儿童反复问句的发展》，1990年第2期；

李宇明、唐志东：《儿童反复问句和“吗”“吧”问句发展的相互影响》，1991年第6期；

李宇明：《毛泽东著作设问句研究》，1993年第6期；

李宇明：《非谓形容词的词类地位》，1996年第1期；

眸子（李宇明）：《读〈汉语集稿〉》，1996年第5期；

李宇明：《疑问标记的复用及标记功能的衰变》，1997年第2期；

李宇明：《动词重叠的若干语法问题》，1998年第2期；

李宇明：《拷贝型量词及其在汉藏语系量词发展中的地位》，2000年第1期；

李宇明：《论“反复”》，2002年第3期；

李宇明：《规范汉字和〈规范汉字表〉》，2004年第1期；

李宇明：《论中国语言资源有声数据库的建设》，2010年第4期；

李宇明：《中国语言生活的时代特征》，2012年第4期；

李宇明：《形译与字母词》，2013年第1期；

李宇明：《汉语的层级变化》，2014年第6期；

李宇明、施春宏：《汉语国际教育“当地化”的若干思考》，2017年第2期；

李宇明：《论普通话的推广方略》，2022年第4期。

回顾这些文章的发表，感慨万千。这些文章之中，包含着历届编辑部师友的厚爱，包含着他们花在选稿、审稿、加工、校对、寄发上的心血和时间。前十年发的文章与后二十多年发的文章，数量差不多，这一方面说明做学问还是要趁年轻，年轻人精力充沛，没有学术包袱，能够心无旁骛做学术；另一方面也表明《中国语文》历来重视培养年轻人。我的前两篇文章与唐志东兄合作，我们那时才三十五六岁，儿童语言又是新兴研究领域。《非谓形容词的词类地位》的理论背景是功能语言学，用连续统的观念就空间、程度、时间三个维度考察非谓形容词与名词、一般形容词、动词等的差异与联系，发现非谓形容词的空间性、程度性和时间性的值都几近于零，其地位处在名、形、动三大词类的临接点上。此种地位造成了非谓形容词的高增殖率、功能的易游移性以及与名、形、动三个词类构词方式相仿而词性有异等特点。这篇文章发在1996年的首期首篇，是我的荣幸，也是《中国语文》对年轻人的极大信任。

同年第5期，我以笔名“眸子”发表的《读〈汉语集稿〉》，是《中国语文》编辑部的命题作文。《汉语集稿》是陈亚川先生与其夫人郑懿德女士的论文集，台湾文鹤出版有限公司1992年出版，北京语言学院出版社1993年出版。陈亚川先生是中国语言学会常务理事、秘书长，中国语文报刊协会副会长，北京语言文化大学杂志社社长，《语言教学与研究》和《世界汉语教学》杂志主编，为中国语言学的发展做出了重要贡献。当时，陈亚川先生重病在床，编辑部希望能让他在世时看到一篇评论文章，于是找到我这个“快手”，要我几天内交稿，赶上第5期刊发。亚川先生1996年11月3日逝世，我不知道他是否在人生的最后时刻看到了这篇文章，但我从编辑部那里学到了该如何尊重学者、对待朋友，这是很好的“学术思政课”，让我终身受益。

《中国语文》不仅是编辑出版一本杂志，还出面组织多种学术活动，其中对做语法学的来说，最重要的学术活动就是现代汉语语法学术讨论会，会后出版论文集《语法研究和探索》，作为杂志社编的“中国语文丛书”。1981年5月底，首次现代汉语语法学术讨论会在北京密云举行，吕叔湘、朱德熙等老一辈学者都参加了。1984年7月，我有幸列席了在延吉举办的第三次现代汉语语法学术讨论会。1988

年 5 月，我列席了在北京槐树岭举办的第五次现代汉语语法学术讨论会。列席学界盛会可以目睹大家风采，这些大家真人比“文章人”有趣得多；而且也能了解如何做学术发言、进行学术讨论；还可以与同辈交往，出道时的友情最长远，他们很多成为我终身学友。

1994 年 10 月，第八次现代汉语语法学术讨论会在苏州大学举行，我成为正式会议代表，宣读了题为《论形容词的级次》的论文。1996 年 8 月，第九次现代汉语语法学术讨论会在黑龙江大学举行，我宣读了题为《动词重叠与动词带数量补语》的论文。这两篇论文分别收入《语法研究和探索》第八辑和第九辑。这个讨论会到现在已经举办二十多次，更年轻的一代成为会议主体。会议在继续，传统在继承，人才在成长，事业在发展。

2021 年 5 月，《中国语文》成立新一届编委会，我有幸成为编委，与《中国语文》有了读者、作者之外的第三层学缘。过去多从读者、作者的角度看《中国语文》，若从编者的角度看，就更加理解《中国语文》原主编沈家煊先生在 2012 年庆祝《中国语文》创刊六十周年学术研讨会上所致的开幕词。沈家煊先生指出，《中国语文》创刊四十周年时吕叔湘先生提出了两个“结合”和两个“并重”，即“务实和创新相结合，理论与应用相结合；微观研究与宏观研究并重，借鉴与继承并重”，这仍然是指导我们做研究和办刊物的方针。

庆祝《中国语文》创刊五十周年国际学术研讨会 2002 年 6 月在南昌大学举行，我书面提交了会议论文《清末文字改革家论语言统一》(《语言教学与研究》2003 年第 2 期，百期纪念刊)。庆祝《中国语文》创刊六十周年学术研讨会 2012 年 6 月在北京举行，我在会议发言中，赞扬《中国语文》推进了学科的进步，培养了大批的学术人才，办刊的六十年反映了中国语言学前进的六十年，也是中国语言学学人成长的六十年，并希望《中国语文》更多关注语言文字的应用(《中国语文》2012 年第 4 期)。在庆祝《中国语文》创刊七十年的今天，我从读者、作者、编委的角度来叙述我与《中国语文》的学缘，来看她对中国语言学界所发挥的“大学校”功能。

当前，我国的语言生活正在发生重大变化，为语言学提出了一系列新课题。在诸多学科都在研究语言问题的今天，语言学需要加强交叉学科建设，整合不同学科的语言研究成果，并为科学共同体做出语言学的贡献。在铸牢中华民族共同体意识、构建人类命运共同体的进程中，在促进语言智能、数字社会的发展中，需要语言学发挥更大的社会作用。希望《中国语文》在两个“结合”、两个“并重”中引领中国语言学开拓进取，提出更多的原创性的概念、理念、理论和学术范式，推进语言学的发展，促进社会进步。

我与《中国语文》

李佐丰

在我的学习、工作中，相伴时间最长的刊物，是《中国语文》；使我的交往面拓展最广的，也是《中国语文》；记录了我在专业工作上成长的，还是《中国语文》。

最早阅读《中国语文》，是在20世纪50年代末期。由于刊物办得好，尽管有的文章不能全看懂，但仍时常翻看，于是对它有了兴趣。由于兴趣和工作需要，便买来《现代汉语语法讲话》。我很喜欢这本书，反复阅读，书中画满了红线。我的语法基础以及对语法的兴趣，跟此书密切相关。它给我的学习、工作带来了长远的影响，直到现在，我仍然时常翻阅，是位良师益友。从开始阅读《中国语文》算起，《中国语文》与我相伴的时间已经超出一个甲子。除了它，再没有一个刊物与我有这样长的相伴时间。

对于《中国语文》，起初是阅读，后来是投稿。在我的心目中，《中国语文》学术地位高，权威性强，大家当然都希望在上面出现自己的名字。从事语言学工作的人那样多，在上面发文章自然就很难。有人对我说，在《中国语文》上刊发文章要排队，有时要排几年的队，所以我一直没有在上面宣示个人研究心得的奢望。20世纪90年代初期，在一次研讨会上，在《中国语文》一位编辑的鼓励下，抱着试试看的心理，我将在会议上的发言稿投寄给《中国语文》。幸运的是，居然刊发了。再后来，随着研究工作的进展，我除了投稿，还参加审稿。起初的审稿并不是匿名，后来更加完善，改为匿名。除了阅读、投稿、审稿，我还多次参加《中国语文》举办的纪念会、研讨会。跟《中国语文》的这些交往，开阔了眼界，结交了朋友，也增加了学术上的收获。

在《中国语文》上，我先后刊发过四篇论文。这四篇论文，记录了我在汉语史专业工作方面的成长，主要表现为三种不同的内容：实词、同义词、虚词。早年我受到的语法教育说，汉语的语法特点主要表现在词序和虚词这两个方面。古汉语中跟虚词有关的著作多，我读的也相对较多。可能一则是这方面的研究者和成果多，作者又多是自己心目中的权威，觉得在这方面自己很难做些什么。再则，窃以为实词或许也应该是古汉语语法的一个重要方面，所以在思考先秦汉语语法时，便把精力投向了实词。读研究生期间，我考察了不及物动词构成使动的情况，以后范围扩大到各种实词，其中观察较多的是动词。经过十多年的努力，到了 20 世纪 90 年代初，便有了那本《文言实词》。这是一本全面但粗线条地介绍先秦汉语实词的书。书中的一个重要内容，便是谈及物动词和不及物动词。在此内容的基础上略加增减，就是我刊发在《中国语文》的第一篇论文：《先秦的不及物动词和及物动词》（1994 年第 4 期）。以往区分及物动词和不及物动词的常见方法，是根据带宾语的数量：经常带宾语的，是及物动词；而经常不带宾语的，是不及物动词。我在论文中提出了另一种思路：将宾语分为直接、间接、使动三类，根据动词带宾语的特点来区分及物与否。经常带直接宾语的是及物动词，经常带另外两种宾语的是不及物动词。这样一来，使动便不再是活用，而是不及物动词的正常用法。

后来我参加了古汉语教学的讨论，便有了在《中国语文》上的第二篇论文《古代汉语教学中的使动与活用》（1996 年第 2 期）。这篇论文，仍可以看作实词研究，只是侧重于谈教学。

在实词的基础上，我把对先秦汉语思考的重点又延伸了一些：同义词、虚词。先秦汉语的语义特点，时常会表现为句法特点。对实词语法特点的考察，常会跟实词的语义特点联系在一起。语法特点也好，词义特点也罢，都是成系统的。离开语法系统，很难认识局部的语法特点；离开词义系统，同样也很难认识个别的词义。

在词义系统中，一个重要的方面就是同义词。所以如果思考词义，考察同义词便是个重要内容。中国传统语言学历来重视语义的研究，这种研究的一个重要方面，便是词义的训释，例如《尔雅》、古籍的注疏，其中最常见的关系，便是同义词。故而想要在系统中思考词义，考察同义词是个重要课题。我在《中国语文》的第三篇论文，便是考察同义词的结果。起因是一位朋友邀请我研究先秦汉语的量词，于是我就同时考察了一下先秦汉语表示多数的几个词。这便有了在《中国语文》上刊发的第三篇论文《上古汉语中表示人数众多的几个词》（2014 年第 1 期）。这篇论文主要想说明，上古汉语表示多数，有自己的特点，跟现代汉语和许多民族语言都不相同。

虚词的研究，我觉得最好不要一下铺开，而是把它的范围缩小些。柳宗元在《复杜温夫书》中说："但见生用助字，不当律令。""慎思之，则一益也。"可见唐代时，"也、矣、焉"等助词已是学习的难点；而认真思考它，则有益于对上古汉语的认识，于是我把注意力限定在助词。助词是表现语法关系的词，对于它的研究时常就是对语法的研究。先秦汉语的语法是个系统，助词也是个系统，它们的特点存在于句子、小句、短语和词这四者之中，所以对助词的研究，往往是在以上四者的基础上进行的。这样一来，对助词的研究，有时要暂时离开助词，而去考察语法系统中的其他语法要素，然后再回到助词。在助词中，"焉"是个较难认识的词。实词研究暂告一个段落后，从 20 世纪 90 年代开始，我一直断断续续地思考"焉"这个词。单单考察"焉"，很难解决它，后来便把它跟"弗"、主语等联系起来，这样便有了在《中国语文》上的第四篇论文：《先秦汉语的零代词》（2019 年第 3 期）。论文名字是零代词，其实它是研究助词"焉"产生的结果。如果不满足于译注式的方法，又想要研究助词"焉"，零代词可能是绕不过去的一个环节。

感谢《中国语文》对我长期的帮助、鼓励和信任，希望它办得好上加好，并成为更多人的良师益友。

青年朋友的良师益友

林华勇

一　心之所向

如果要选一种学术刊物，代表中国语言学界最高水平的话，《中国语文》一定是首选。一直以来，《中国语文》杂志被认为是中国语言学界最具权威性的学术刊物，是中国语言学发展的风向标和一面旗帜。但这样一来，杂志就容易与青年朋友尤其是青年学子拉开距离，产生距离感，让他们觉得权威刊物“高高在上”，误以为跟《中国语文》打交道，得特别小心翼翼，谨小慎微。然而，根据我自己的经历，这完全是错觉，青年朋友完全可以把好文章交给《中国语文》。《中国语文》是青年朋友值得信赖的良师益友。

《中国语文》迎来了七十周年庆，我们想借此机会，感谢《中国语文》对我们的栽培和帮助。希望借机回顾与《中国语文》的往事，帮助青年朋友拉近与《中国语文》心理上的“距离”，也梳理一下自己对主攻方向——方言语法研究的一些想法，也许对青年学子有些帮助。

上本科时，开始知道《中国语文》。马庆株老师课后常跟我们聊天，他说他考取朱先生的硕士研究生以前，就常读《中国语文》，从中汲取语言学的营养。马老师常给我们讲朱先生的故事，转述朱先生的话。他所收集的朱先生治学语录，先后收进《语法研究入门》（吕叔湘等著，马庆株编，1999）及《语法分析讲稿》（朱德熙著，袁毓林整理注释，2010）中，其中有不少话，我听他反复讲过，也耳熟能详了。从本科生开始，对《中国语文》就十分向往。有一次一大清早，我陪马老师去社科院语言所交《著名中年语言学家自选集》的书稿，那次是离《中国语文》编辑部最近的一次了，可惜没有留影。

2002年，我回到广东，跟随施其生老师读博，学习做方言语法。从南开到中大，空间距离上离《中国语文》就更远了。在《中国语文》发文章，就成了埋在心坎儿里的心愿，不敢贸然行动。一直等到毕业，到了华南师范大学石牌校区工作后，才有勇气投出第一篇稿子。后来我与我的硕、博士生合作，也在《中国语文》发表论文。我常鼓励他们——你们比我强多了，我博士毕业两年后才敢往《中国语文》投文章，而你们居然在读硕士、博士阶段就做到了！

从天津回到广州，从本科生到博士生再到高校讲师，终于从读者变成了作者，整整花了12年的时间。这个过程有点儿长，却是一步一个脚印，慢慢走过来的。

二　从读者到作者

至今还清楚记得第一次拿到《中国语文》录稿通知的情景。谈廉江方言言说动词语法化的论文，是我的博士学位论文《广东廉江方言助词研究》（2005）中的一小节。博士学位论文写完后并不急着投稿，而是琢磨、修改了好一段时间，觉得很难继续往下改了。直到我去了华南师范大学工作后，才惴惴不安地投给了《中国语文》。结果没有等很久，就收到了《中国语文》编辑部的回信，信封、用稿通知及意见的用纸都是编辑部专用的，信笺上的“中国语文”等字是紫色的，意见的最后盖有“中国语文编辑部”的大红印章。

论文发表后，心情十分激动。但平静下来后就开始反思：如果文章一直没能发表呢？要是投给了综合类刊物呢？思来想去，我得出了两点：第一，青年朋友的成长，特别需要像《中国语文》这样一个公平、公开的平台，只看文章质量，正所谓“英雄不论出处”；第二，对自己反复推敲、琢磨过，材料确凿，反映了普遍规律且具有一定理论思考的文章，要有信心。这第一点，正是《中国语文》权威性的表现——自信和担当，以培养青年学者为己任。相比之下，有的综合类期刊因为语言学专业的人少，语言学论文会影响其引用率，明确表示基本上不刊发语言学的论文。这样的刊物实在难担学术责任，辜负了“权威”“重要”“核心”之类的名号，甚至是“综合”二字。

拙文发表后，方才读到方梅老师的《北京话里“说”的语法化——从言说动词到从句标记》(《中国方言学报》2006 年第 1 期)。没能及时引用，一直引以为憾。但我估摸着方老师在考虑北京话的时候，我也在考虑廉江话的相关问题，的确是巧合，想到一块儿去了。《中国语文》同一年接连刊发了谷峰《从言说义动词到语气词——说上古汉语“云”的语法化》(2007 年第 3 期)、张安生《西宁回民话的引语标记“说着”、“说”》(2007 年第 4 期)等论文。再后来，黄燕旋《揭阳方言言说动词“呾”的语法化》(2016 年第 6 期)、邓思颖《粤语里的“说”类动词》(2018 年第 4 期)等讨论方言言说动词相关问题的论文也陆续在《中国语文》刊发出来了。此外，汪维辉先生更早前在《中国语文》发表了《汉语“说类词”的历时演变与共时分布》(2003 年第 4 期)。《中国语文》刊发了从不同角度阐述言说动词的相关文章，推动了言说动词及其演化研究。而我纯粹属歪打正着，做方言的时候一不小心与学术界同频共振，抓住了一个热点问题。后来，我发现了拙文存在不足，忽视了廉江话其他形式言说动词的语法化现象。于是从信息来源的不同方式出发，区分了粤方言言说性语气助词“转述”和“直述”的功能，发表在语法化会议的论文集上。由中山大学主办的《汉语语言学》(第二辑)专门刊出了一组“言说动词”的文章(第五届方言语法博学论坛的主题)，希望能进一步引起学界的兴趣和关注。

截至目前，我与合作者在《中国语文》发表了七篇小文章，分别讨论言说动词“讲”、趋向动词“来”“去”、名词“头先”和形容词“正”、第三人称代词“佢”、短语重叠式、重行体范畴(区分修正和非修正)等语法化及多功能词的功能分化问题。除了郭必之和马喆两位，其余合作者都是我的研究生。这些文章集中谈的是多功能语法形式(包括了多功能词和重叠)——先是从方言中挖掘和描写相关形式和意义，然后利用现代方言共时或结合方言历史语料，重构这些多功能语法形式所表示的意义之间的相互联系（接触或演变关系）。其中，讨论贵港客家方言的修正重行与非修正重行问题的文章，第一作者为刘玲博士（发表时为博士生）。在此要特别感谢我的博士生导师施其生教授。施先生指导我们，常常是四两拨千斤，关键处稍微那么一点拨，我们就知道前进的方向了。也特别感谢我的研究生，教学相长，我与他们共同学习，共同进步。其中，修正重行和非修正重行两个范畴的区分，就是我们在四川岳池和广西贵港实地调查时发现的。2017 年暑假一共就调查了两个点，没想到两个点都有细分重行体的形式，这算我们团队的一个小小的发现。

如果有些论文有价值，也只能算抛砖引玉，把问题提出来，供大家讨论和思考。学术不能满足于发表。以上七篇论文所讨论的问题，我们还进一步做了一些思考，发表在其他刊物上。如对言说性语气助词的功能进一步分为“直述”和“转述”两类；讨论贵港客家话句末助词“去”的功能并进行仔细描述，认为句末“去”的用法，与语言接触有关，但仍不能否认汉语自身的因素；讨论重叠式反复问句，认为重叠的两个基本功能是“状态化”和“量化”；思考如何充分、科学地描写方言语法的问题；讨论修正重行和非修正重行在南部方言的形式及分布情况；等等。希望这些小文章能继续引起大家的关注，发挥方言“宝库”的作用。

学术乃天下之公器。朱德熙先生曾说：“文章一发表，人家读了，就掌握了你所论述的东西，文章里的东西就成了公共财产，你就一无所有了。因此必须不断地研究和探索，不断地发现和解决新问题。”（朱德熙，2010：244）朱先生这段话，我在南开求学时马老师也时常说起。在《中国语文》发表文章当然值得高兴，但不能高兴过了头，好事变坏事。

三　下一步：重回描写

中山大学位于岭南，从事方言研究的条件较为便利。下一步的工作，我们是希望重新回到描写本身，进一步关心如何充分、科学地对方言语法现象进行描写，关注描写的细节，从中发现并坐实某些演化的路径，寻找更多的可靠的语言演化的事实和规律。目前已初步有了一些想法。

方言中的语法现象十分丰富，有的看似“千奇百怪”。比如短语重叠、名词重叠、重叠式反复问句现象，再如小称、体貌、处置式等语法范畴，句末助词如传信（/示证）语气助词等，有许多值得研究之处。汉语方言语法形式丰富，是语言接触、语法化理论、语义地图模型等理论方法试验的理想场所，也是生发汉语理论和方法的沃土。而方言语法的首要任务，仍是要充分、科学地对方言语法现象进行挖掘和描述，在描写细节中寻求解释的方法和路径；重视语言事实，并从中生发出有关理论和方法。正如吕叔湘先生所说：“理论从哪里来？从事例中来。事例从哪里来？从观察中来，从实验中来。”（转引自江蓝生《试谈吕叔湘先生的治学之道》，《今日语言学》2017 年 3 月 8 日）

与标准语语法和历史语法相比较，方言语法处于“洼地”。汉语方言语法的基本面如何，存在哪些基本的情况？尚不得而知。粤方言语法是研究得较为充分的，有影响力的著述不少。但粤方言语法的基本面目如何？不能光看广州或香港粤语，还要经过面上深入比较才能有充分的认识。从目前看，粤方言的语法也不是铁板一块，内部的差异比想象中的要大。因此，方言语法要跟标准语语法、历史语法打好配合，做出应有贡献，还得做好描写的基本工作。这样才能实现朱德熙先生的愿望（朱德熙，1993）：

……长期以来对方言语法研究、历史语法研究和标准语语法研究三者之间的密切联系缺乏清醒的认识。这三方面的关系可以说的话很多，我在这里把自己三十年来在研究“的”字的过程中已经觉察到的疏忽和失误提出来，这也许可以作为今后语法研究工作中的一点小小的借鉴。

朱先生认为学术界对方言语法、历史语法和标准语语法三种研究之间的密切关系缺乏清醒的认识。而缺乏清醒认识的最直接表现，就是缺少像朱先生的研究成果那样的三者之间密切结合的研究成果。

不能要求研究历史语法和标准语语法的同行，转做方言语法研究，但他们可以关心并利用方言语法研究的成果。这一方面，朱德熙、吕叔湘等先生起到了很好的表率作用。这需要方言语法研究者提供大量准确、充分的方言语法描写，他们最好能进一步与研究历史语法和标准语语法的同行对接，让他们结合方言进行标准语语法研究和历史语法研究，甚至是进行跨语言比较的演化、类型学等方面的研究。我想这种做法会得到《中国语文》的支持。

我们特别关心从共时比较的角度，探讨如何从共时静态的角度，充分、科学地描述方言事实，并结合动态演变的角度，从共时或历时的描写细节中，重构不同形式及意义间的演变关系。我们总结了学术界较为通行的做法，提出静、动态相结合的方言语法共时描写框架；提倡对关键的问题，通过建立最小差比对的办法，进行“测试式描写”，提高描写的充分性和科学性（林华勇等，2021）。

未来的工作，希望重回描写，更关注描写，把方言语法的工作做得更扎实，更细致，以便将来能更好地展开标准语语法、方言语法和历史语法三者之间的紧密合作。

朱先生晚年身体力行，多次结合方言和汉语史来讨论标准语语法问题。尤其是结合共时和历时（即提倡“泛时”研究）的观念，经过多年的实践，学界已有所改观，并已取得了一些成果，如现代汉语学界张敏、陈前瑞、范晓蕾等的研究。比如范晓蕾最近对“了$_1$”“了$_2$”的观察和分析，令人耳目一新。但像此类主动联系、充分结合方言的汉语语法研究，实在还很少见！期待未来有更多的青年学子，能自觉地结合方言的情况，进行真正广泛意义上的汉语语法的研究。我们相信，合理或有效的解释模式或概括方法，不应仅仅对标准语或汉语史研究有用，也应兼顾解释方言或历时演变的事实，这样才能进一步逼近汉语的真相或规律。

四　向《中国语文》学习如何务实创新

2005 年博士毕业参加工作至今，不知不觉已 17 年了。每一阶段的探索前行，《中国语文》都发挥了重要的作用。非语言学同行的专家教授，他们虽然不懂语言学，但都知道《中国语文》的权威性。所以我特别感激《中国语文》，只要有自己觉得还有点儿新意的稿子，都优先考虑投给《中国语文》。

我当然也常收到《中国语文》的退稿。虽然有些稿子自我感觉还算是不错的，但退稿意见往往敏锐而深刻，总能令人心服口服。所以还是要从论文质量上去寻找原因，要精益求精，在务实的基础上要有所创新。

《中国语文》的风格是务实严谨、锐意创新。我遭遇退稿的大多数原因，自己总结了一下，主要在于创新性不足。这正是我们需要向《中国语文》学习的地方。对于有所创新的文章，《中国语文》给予了相当大的耐心和积极的指导。比如我们最近在《中国语文》发表的关于区分修正重行和非修正重行的文章，我们前后收到了两次修改意见，这是以前没有过的。第一次意见主要是针对语言事实及接触影响的方向的，第二次意见主要是针对重行体范畴认识上的。两次意见都十分中肯，甚至可以说是“直击要害”。两次修改，都实实在在促进了稿件的质量，都预留了十分充足的时间。这充分体现出了《中国语文》对质量的要求以及对青年学子的耐心。《中国语文》实在是青年朋友的良师益友，令人肃然起敬。

重视创新，就要重视培养新人。《中国语文》十分重视与青年学者面对面的交流。《中国语文》青年学者论坛目前已举办了七届。第八届本来计划于 2020 年在中山大学举行，但由于疫情，会期只好一推再推。我自己有幸参加了三届。这是来自《中国语文》的鼓励：“加倍努力，好好干！”

榜样的力量是无穷的。《中国语文》善待青年学者，为青年学者创造了展现才华的绝佳平台。将心比心，我们也尽量与人为善，善待比我们更年轻的朋友——这十分重要，因为没有年轻人的学科，没有未来。如果青年朋友觉得语言学的写作、发表、找工作比其他学科难太多，看不到希望，那么，我们就应该思变，要对语言学的现状和未来进行反思了。

近些年，承蒙信任，我参与了一些杂志的论文评审工作。在评审过程中，我尽量抱着去学习、发现作者优点的态度。有闪光点的文章，应该有继续完善、提高甚至发表的机会。允许发表不同的学术观点，才会有争鸣；有争鸣，才会有进步。另外，作者也应该客观地去面对批评，有的意见虽然近乎严苛，但至少反映了专家的意见。能改则改，改完后论文又进一步完善了。如果不能改，思考过后可以继续加强论证，继续坚持自己的观点。

中山大学中文系在2021年创办了《汉语语言学》集刊，目前已出版了两辑。中大的语言学是有光荣传统的，但目前困难重重。好在团队比较年轻，有朝气。我们希望向《中国语文》及编辑部学习如何务实创新，努力为中国语言学界服务，成为青年朋友的朋友。如我们利用粤港澳大湾区合作的优势，共同发起"方言语法博学论坛""中国语言学岭南书院"等活动，为青年朋友创造学术交流的机会。

《中国语文》永远是我们心中的榜样！但愿我们能与各位青年朋友们一起，不负时代，不负韶华，把语言学的文章扎实地书写在祖国大地上。

参考文献

林华勇、颜铌婷、李敏盈，2021，《粤语句末助词"佢"的非现实性——兼谈方言语法范畴比较中存在的问题》，《语言研究集刊》第二十八辑，上海辞书出版社。

吕叔湘等著，马庆株编，1999，《语法研究入门》，商务印书馆。

朱德熙，1993，《从方言和历史看状态形容词的名词化》，《方言》第2期。

朱德熙著，袁毓林整理注释，2010，《语法分析讲稿》，商务印书馆。

《中国语文》

——我探索旅途的良师益友

陆丙甫

《中国语文》跟我的语言研究生涯，关系密不可分。特别是曾长期担任《中国语文》主编的吕叔湘先生，是我语言学研究的启蒙老师。

我的语言学兴趣，始于1969年到贵州黔东南苗族侗族自治州的天柱县“石洞人民公社”一个侗族、苗族聚居区插队落户的时候。在学习侗族语言的过程中，觉得不能靠死记硬背，要找点规律，就开始阅读汉语语法的书籍。但这方面当时能找到的书非常少。1973年上海人民出版社出了本《汉语提带复合谓语的探讨》的现代汉语语法书。这大概是十年动乱中出版的第一本现代汉语语法专著。我看到后兴奋不已，细细阅读；读后却大失所望，也很想把一些想法跟人谈谈。

因为以前看过吕叔湘的《文言虚词》，觉得此书简明易懂，写得极好，就给先生写了封信，想听听他的意见。不料过了不久，就收到吕先生回信。他在信中肯定了我的一些想法，并询问了我的学习情况。此后跟吕先生通过几次信。他鼓励我继续自学下去，并给了我一些有关学习的建议。他认为看语法教科书帮助不大，因为其中所说只是些条条，分析的只是些最基本的现象，从中能学到的只是些名词术语而已，实际生活中的语言远比教科书上所说丰富得多，因此要多看研究性文章。

几个月后，吕先生替我弄到了从创刊开始直至十年动乱中停刊的全套《中国语文》。我去北京吕先生家取书时，他让我在他家住了几天，抽空跟我聊了许多语法问题。其中交谈时间最长的一次，他花了半天时间，介绍了中心词分析法和层次分析法的矛盾。这个题目引起我极大兴趣。此后我长期思考这个问题，至今还未放下，成了我进入语言学界的第一个并且是终生的课题。

此后几年，我把《中国语文》一期期看下去，收获巨大。《中国语文》是我语言学学习过程中对我帮助最大的“伴侣”。

在阅读《中国语文》时，特别注意到吕先生在《中国语文》1962年第11期中的《关于“语言单位的同一性”等》一文，该文提道：

> 什么叫“层次”？层次跟同一性又有什么关系？$2H+O \rightarrow H_2O$ 这个式子里两处的H不同，两处的O也不同，因为所处层次不同，在前一场合是氢原子和氧原子，在后一场合则为水的分子的组成部分，处于不同的化学状态。另一方面，在3X（3X–1）这个式子里也有两个层次，可是括弧里面的3和X跟括弧外面的3和X似乎没有什么不同，括弧里面3和X的关系跟括弧外面的3和X的关系也没有什么不同。语言里的层次是哪一种层次呢？还是两种层次都有呢？或者跟这两种层次都不一样呢？

这段话使我脑洞大开，启发我后来提出“轨层结构”的概念。

我在北京拜见吕先生时，他还给了我一本英语诗集、一本他翻译的小说《伊坦－弗洛美》及英语原版，还有一本名为 *The Gift of Tongue* 的语言学通俗读物。他让我试着把这本通俗读物翻译成汉语。每翻译一部分就给吕先生寄去，他每次都认真地提出很多修改意见，帮助我学习英语。

此书大概吕先生已经看过，有些地方有下画线。画线的文字中有一段话对我影响深刻，至今未忘。就是谈到语言的功能时，指出“人们使用语言，与其说是表达自己知道些什么，还不如说是掩盖自己不知道什么”。我在翻译练习中把原文翻译成“与其说人们使用语言是为了表达自己知道些什么，还不如说是为了掩盖自己不知道什么”。这是比较接近原文语序和用词的“硬译”。吕先生把“人们使用语言”

提到句首，把原来的两个长分句，改为三个较短分句，并且删掉了两处的“为了”，使人顿觉清通许多。

这段话之所以给我留下深刻印象，其中一个原因是吕先生的修改效果明显。这启发了我在后来的研究道路中，能够尽量独立思考。遇到自己不理解的新理论，能保持谨慎的态度。不仅思考语言问题如此，其他方面也是。后来我就这方面的体会发表了一篇《试论经学注释法对思想的禁锢》的文章，这可说是学习语言学中的一个副产品。

因为对整套《中国语文》中的文章，特别是语法方面的文章，几乎都读了，就对这个刊物特别关注。《中国语文》1978 年 5 月复刊，我感到极为兴奋。在《中国语文》复刊第一、二期读到朱德熙先生连载的《“的”字结构和判断句》一文后，感到其令人耳目一新，对其产生极大兴趣。细细阅读后，有不少体会，就写了一篇读后感，投稿给《中国语文》，并在次年就发表了。这是我发表的第一篇语言学论文。此后就不断给《中国语文》投稿。研究生期间，在导师胡裕树先生的指导、激励下，给《中国语文》投稿多篇，发表了三篇。我也由此从它的热诚读者升级为忠诚读者兼忠诚作者，再后来也成了审稿者；我跟《中国语文》结成了终生之缘。

《中国语文》复刊后的第一期发表了吕先生的《漫谈语法研究》一文，我认真阅读了。其中谈到一般修辞（消极修辞）跟辞格修辞（积极修辞）的区分，把消极修辞的适合语境和清通、平实比作服装的得体、合身、整洁，这是写作的基本要求。此文又把积极修辞的生动、有力等比作“在领子或袖口滚一道花边，或者在胸前别个纪念章什么的，是锦上添花的性质”，而且还指出，积极修辞既然锦上添花，就不宜多用。记得吕先生在其他场合，也说过辞格修辞如果多用，就成了京剧舞台上的大花袍了。另外，这篇文章提到，“修饰语和被修饰语之间的‘的’字，用和不用，在大多数场合不取决于语法（尽管有‘的’与否是两种结构），而取决于修辞”。

这些，使我看到了消极修辞的重要性和其研究的巨大潜力，我后来写作时就尽量在消极修辞方面多下功夫。这也启发了我后来对“的”字的研究，以及近年从“结构难度计量”的角度去比较消极修辞效果的研究。

20 世纪 80 年代，举国上下，百废待兴，在这一片生气勃勃的气氛中，《中国语文》和读者、作者的关系也特别密切，注意发掘、培养年轻人。1980 年，当时的编辑于根元和施关淦来上海筹备“现代汉语语法学术讨论会”，跟我见了面，问我有什么稿件。我就把《主干成分分析法》给了他们，此文虽未能在《中国语文》发表，但他们本着扶助青年研究者发展的热情，仍把文章推荐给《语文研究》，并且次年就发表了。我在《中国语文》发表第一篇文章时，还是一个工人。这种不拘一格发稿的情况，不在少数。至少在我熟悉的朋友中，金立鑫也是如此。他在《中国语文》发表第一篇文章时，也是个业余研究者，这大大激发了他业余研究的信心和决心。

我硕士毕业成为教师后，就参加《中国语文》杂志社主持的“现代汉语语法学术讨论会”，有几次的会议论文被收入会议论文集《语法研究和探索》。此后《中国语文》负责语法部分的编辑，也一直能跟作为读者、作者、审阅者的我保持较为密切的关系。

回顾我语言研究的历程，可以说如果没有《中国语文》杂志社的支持和激励，我是不能取得目前所有的进展的。

回顾《中国语文》走过的七十年，吕叔湘先生以身作则为《中国语文》奠基的良好学风和优秀传统，使得《中国语文》能在中国语言学的进步中始终发挥了关键性引领作用。祝愿《中国语文》今后能继续保持并发扬光大一贯的优秀传统，在中国的语言学研究事业中发挥更大的作用。

愿《中国语文》保持对年轻学子帮助、扶持的好传统

陆俭明

我与《中国语文》是有很深的感情的。因为我在学术上得以成长，有所发展并取得一些研究成果，首先是由于得到我的老师朱德熙先生的教诲与悉心指导，而《中国语文》对我的帮助、扶持也起了重要的作用。

我与《中国语文》发生联系是在1959年。我的处女作《现代汉语中一个新的语助词“看”》就发表在《中国语文》1959年10月号（总第88期）上。当时我还是大学本科三年级学生。北大中文系汉语教研室1958年编了一部《现代汉语》教材，我看到书中谈论“连动结构”时，所举实例中有“试试看”这一例子。这引发我思考：“试试看”里的“看”还表示实际的行为动作吗？“试试看”是连动结构吗？不过仅有此想法而已。后来读到1955年出版的《汉语的词儿和拼写法》（第一集）一书中林汉达先生的文章《动词的连写问题》，其中谈到动词重叠时说：“声音重叠的动词，原来就是一个单音词儿，为了语气关系或为了叫听话的人听得更清楚些，就把这一个音节重复一下，就形成了两个音节，甚至重复两次成了三个音节。”所举的例子是“让我看”“让我看看”“让我看看看”。林汉达先生显然将“让我看看看”里的“看看看”也看作动词“看”的重叠形式。我就怀疑：为什么只有“看”可以“重复两次成了三个音节”，而其他任何单音节动词都不能重复两

次成为三个音节？譬如“听”“写”“走”等就没有“听听听”“写写写”“走走走”这样的重叠形式（如果有，那是叠用，不属于重叠）。而这又让我想起了《现代汉语》教材中“试试看”的例子，觉得“看看看”其实跟“试试看”，另外还有“听听看”“想想看”“走走看”等是同一种格式，都是单音节动词重叠式加上“看”，而且觉得这里的“看”跟“用视觉器官感知客观事物”的“看”从意义到语音都不同了——这里的“看”表示尝试义，是个轻音节。这样的想法就引发我对“试试看”“听听看”“想想看”“走走看”等格式中的“看”的研究。我先搜集现代汉语的语料，之后又追溯历史，经研究分析认为这种格式里的“看”已虚化为表示“尝试”义的语助词了；最后写成文章。当时我也没有跟别的同学商量，更没有找老师指导，写完后就邮寄给《中国语文》编辑部了。没想到仅仅过了半个月，就接到《中国语文》来信，约我去他们编辑部谈谈。我当然很高兴。那时语言所属于中国科学院系统，而中国科学院就在北京大学东边。我就按来信上给的地址去了《中国语文》编辑部。接待我的是劳宁先生。说明了来意就只是站着，有点拘谨。劳宁先生马上从邻座拿了把椅子来让我坐下，还给我倒了杯茶，很随和地问我是哪儿人，哪一年进北大中文系的，今年多大了，我一一作了回答。劳宁先生的热情和他那平易近人的态度，让我完全放松了。接着他就从一个大信封口袋里拿出我那篇稿子，谈我的文章，第一句话就是“你这篇文章有发表的价值，但我们还有些想法，得跟你商量商量”。接着他就指出我的文章还需要怎么修改，包括前后内容如何进一步调整，引《红楼梦》例子最好用哪个版本，表述如何再简洁些，等等。他叫我不要着急，回去慢慢修改，修改好了再邮寄来。劳宁先生的谈话让我受到极大鼓舞，这让我在研究和写文章上获得很大教益。

1961 年秋天，我去朱德熙先生家向朱先生请教一些教学上的问题。适逢陈章太同志在朱先生家。朱先生连忙向我介绍：“这是语言所《中国语文》编辑部的陈章太同志。”又向他介绍我：“这是我们教研室陆俭明同志，我们都随他们的同学叫他‘老六’。”我听到“陈章太”三个字立刻想起去年年底曾收到过他一封短信，内容是：“俭明同志，你和侯学超同志合写的文章《对〈关于“和”的用法〉的一些意见》一文，我们准备刊用。欢迎你们今后继续投稿。”落款是“陈章太”。原来眼前这一位就是陈章太同志。我立刻伸出手与他握手。他握着我的手说："哦，你就是陆俭明！我知道你 1959 年在我们《中国语文》上发表过谈论语助词'看'的文章。去年年底我也还给你写过信。欢迎你继续给我们投稿。"是年我和侯学超合写的两篇文章先后在《中国语文》1961 年第 2 期、第 5 期上发表。

1963 年我和郭锡良先生曾带领 61 级语言班学生前往"拼音扫盲模范县"山西万荣县实地调查、了解拼音扫盲情况，历时一个月。回来后写了篇文章《对语言学面向农村面向实际的一点体会》，不久就去湖北江陵参加农村社会主义教育运动（一般称"四清"运动）。一年后回来，我对那篇文章又作了些修改，之后就邮寄给《中国语文》，结果在 1966 年第 2 期上发表了。1966 年 5 月"文革"开始了，一切学术研究都停止了。

1976年"文革"结束，教学、科研都趋于正常。为了将失去的时间"抢回来"，从 1977 年至 1985 年，我们几乎天天"开夜车"至深夜两点，除了上课备课，主要就是搞研究。从 1979 年开始，几乎每年都在《中国语文》上发表文章。其中有两篇文章的发表给我留下极为深刻的印象。

一篇是《汉语口语句法里的易位现象》。1979 年 9 月中旬将文章邮寄给《中国语文》后，月底就收到修改意见。修改意见是《中国语文》主编吕叔湘先生亲自写的，写得很具体，特别是某些段落的调整，还附加了"调整的说明"。这让我感到特别温暖，备受教育。该文就发表在《中国语文》1980 年第 1 期上。

另一篇是《分析方法刍议——评句子成分分析法》。《中国语文》1981 年第 2 期发表了华萍（即邢福义）同志批评"暂拟汉语语法体系"分析方法的文章《评"暂拟汉语语法体系"》，立刻引发汉语学界全国性的析句方法大讨论。4 月的一天，收到《中国语文》编辑部饶长溶先生的来信，约我在成府路东口的一个餐馆见面，并共进午餐。他约见我的目的是要我参与析句方法讨论，要约我写文章。那顿中午饭我们两个人吃了一斤饺子，饶长溶同志请客。我们一边吃一边谈，他要我进一步评说句子成分分析法，指出该分析方法的局限性，但希望站位要高一点。我答应了，并跟他说"我尽力"。后来写成了《分析方法刍议——评句子成分分析法》，发表在《中国语文》1981 年第 3 期上。在写作过程中与饶长溶同志进行过多次交流。文章除了具体分析、指出了句子成分分析法的种种局限外，特别指出："评论句法分析方法的优劣，其根本依据是看它对语言事实的解释能力如何，即对语言事实解释的广度与深度如何。……句子成分分析法对语言事实的解释无论就广度和深度说都是极有限的，其根本原因是这种分析方法严重忽视了语言的语法结构的层次性。"文章最后指出，"我们研究的路子应该多些，宽些，切忌只满足于某一种分析方法"。上述观点，就是在饶长溶同志的"站位要高一点"的点拨下逐渐形成的。我文章原本有个注，说明这一点，因饶长溶同志坚决不同意而去掉了。

我深深体会到《中国语文》不只做约稿和组织、编辑文章的事，更重在对年轻学子业务上的鼓励与扶持，帮助他们成长。说实在的，《中国语文》增强了我在现代汉语语法研究上不断探索的勇气。从1959年至2020年，我总共在《中国语文》上发表了27篇文章，其中16篇是在20世纪八九十年代发表的。进入21世纪，我更多关注语言应用问题，特别是语文教育和汉语二语教学，在汉语语法本体研究方面关注少了，从2000年到2020年，在《中国语文》上只发表了5篇文章。而《中国语文》对我的帮助、扶持则永远牢记在心头。

愿《中国语文》保持对年轻学子帮助、扶持的好传统。

我和《中国语文》

马庆株

我和《中国语文》结缘的背景，是1956年2月国务院发布《关于推广普通话的指示》，中国文字改革委员会公布《汉语拼音方案》第一个草案，征求意见，正值初中展开把语文课分成汉语、文学两门课的教学实验。我对汉语、文学都很感兴趣，课余时间常到河北区文化馆阅览报纸和杂志，开始接触到了《中国语文》杂志。我初中、高中都就读于天津十中（时为河北省重点、天津市重点），校长高去疾先生曾任北京一中校长，高校长号召高中毕业班学生考北大。但我毕业时被保送去了师范学院。

《中国语文》1952年7月创刊，当时由中国文字改革委员会和中国科学院语言研究所合办，是兼顾普及和提高的综合性刊物。这份杂志“通天接地”。“天”是罗常培、魏建功、丁声树、王力、吴玉章、吕叔湘、朱德熙、周祖谟、陈望道、黎锦熙、陆志韦、林焘等大师，这些闪光的名字是我读中学时从《中国语文》等杂志上陆续知道的；“地”是广大读者；当中是其他作者。《中国语文》不断把读者培养成作者。《中国语文》当时设了语文评论、文字改革问题讨论、中国语文研究、语文知识讲话、语文教学、语言学译述、报道、消息、信箱、语文书刊评论、语文笔记等栏目。其中不乏雅俗共赏、具有可读性的文章，有中等文化程度就可以看下去。所刊文章如果说五十年代主要体现普及与提高相结合的话，那么到了20世纪

60 年代学术性便十分显著地增强了。20 世纪 60 年代初我在天津师范学院中文系，经常向现代汉语教研室主任龚继华教授请教语言学问题。龚老师建议我看《中国语文》，读名家的书，建议我准备考现代汉语专业研究生，于是我一工作就从微薄的工资里挤出钱来订阅《中国语文》、《拼音》(后改为《文字改革》)、《语言学资料》、《诗刊》，还买了一些工具书和参考书。我是中学语文教师，一家 4 口挤在 11 平方米的一间斗室，床铺是上下层，写字台上摞书架，还有炊具等，拥挤不堪。1970 年同事建议我把包括《中国语文》在内的好几年的杂志都处理了，但我实在舍不得，觉得说不定将来有一天会有用的，便把《中国语文》《语言学资料》，张志公主编的《汉语》《新华字典》都保存下来了。1978 年，盼来恢复招收研究生的一天，我用珍藏的《中国语文》等作为备考材料，在众多非常有竞争力的第一志愿考生中成为唯一胜出者，被北京大学录取，幸运地成为朱德熙先生和林焘先生的入室弟子。我去高校长家汇报，我实现了他的愿望。在天津师院也一下子引起轰动，许多兄弟院校教师来找天津师院龚老师取经。后来天津师大也申请到了汉语博士点。研究生要学会研究，朱先生反复告诫我们一定要“取法乎上”。要取法乎上，就要读《中国语文》和《中国语言学报》上大师的论文。这些论文是示范性的研究，提供了研究的范本和学习的楷模，为我们架设了通向最高学术殿堂的阶梯。《中国语文》刊载的大师的论文高屋建瓴，极富启发性，我折服于他们高远的见地和雄辩的逻辑，读后真是感觉达到了“会当凌绝顶，一览众山小”的境界。

《中国语文》创刊七十周年了，编辑回忆纪念文集，我作为六十六年的老学生、老读者和四十一年的老作者，有很多话可说。一言以蔽之，曰：感谢。

《中国语文》是我在语言学界亮相的舞台。这份杂志奖掖后进，嘉惠后学，哺育我成长，她特别重视培养年轻作者。我的语法研究处女作、在北京大学攻读硕士学位研究生第二学年时写的学年论文《时量宾语和动词的类》，在北京大学中文系 1980 年“五四”科学讨论会报告后，经朱德熙先生指导并反复修改，发表于《中国语文》1981 年第 2 期。这篇论文是当时首届研究生中最早发表在《中国语文》上的论文之一，当年在人文社会科学类论文中引用指数进入前 50 名，这给了我极大的鼓舞。这是我在语言学界的第一次成功亮相，为我赢得了北京大学优秀研究生的荣誉称号。在北大研究生毕业后，朱先生让我到南开大学跟中文系主任邢公畹先生继续学习。因为我有《中国语文》上发表的这篇文章，邢先生对我非常重视，让我能顺利地进入南开大学工作，还使我有幸成为“文革”后国内培养的研究生里最早（1983 年 2 月）加入中国语言学会并成为该会正式会员的语言科学工作者。从此，我作为正式代表连续出席中国语言学会十几届年会，成为参会次数最多的几个人之一。连续参加高水平学术会议促进了个人学术水平的不断提高。

我有两篇论文，《中国语文》拟采用，但很遗憾没有给《中国语文》。

一篇是中国语言学会第三届年会（1985 年 7 月 28 日至 8 月 2 日，昆明）论文《自主动词和非自主动词》，本来是投给《中国语文》的，但原稿避开了例外，举例也不多。主编吕叔湘先生审读后提出具体的、十分中肯的指导性修改意见，让我正视例外，要求对例外做出说明。新提出的小类宜于补充举例，例词最好每个小类都举到 50 个。（吕先生的指导令我非常佩服，以至于在我已经拥有商务印书馆第 1~6 卷《吕叔湘文集》的情况下，当《吕叔湘全集》出版后，我又购买了第 1~19 卷整套《吕叔湘全集》）我按照吕先生的指导意见认真修改，补写了文中篇幅最大的一节“语义特征及其与动词分类的关系”，于是全文篇幅增大了很多，我担心《中国语文》容纳不下这么大篇幅的论文，当《中国语言学报》索要这篇文章时，我没有征求《中国语文》杂志的意见就给了《中国语言学报》。朱德熙先生也说：“动词里确有这两类，文章的基本观点可以成立。但问题是要搞得更细一些。”（《中国语言学会第三届年会纪要》，《中国语文》1985 年第 6 期，第 468 页）所以施关淦副主编说吕先生白给提修改意见了，我这是欠了《中国语文》的账。吕先生的精心指导大大提高了我这篇论文的学术水平和可信度。这篇文章在当年人文社科类论文中，引用指数也进到了前 50 名，还获得了北京大学王力语言学奖。虽然没有发在《中国语文》上，但也必须感谢吕先生和《中国语文》杂志编辑部。

另一篇是中国语言学会第四届年会（1987 年 12 月 25~31 日，广州）论文《能愿动词的连用》，在会上宣读后朱德熙先生给了肯定性评价：“研究词序牵涉到层次。研究词序可以分组考察。按相对的次序来分组，可以缺位，但要有次序，这个办法是有效的。”（《中国语言学会第四届年会纪要》，《中国语文》1988 年第 2 期，第 150 页）于是《语言研究》杂志最先主动索要，我就马上把这篇文章给了《语言研究》。《中国语言学报》说中国语言学会年会论文应该让《中国语言学报》优先选用，《中国语言学报》第4期已经计划用这一篇了，撤下还得补上一篇，怎么办？最后我换了一篇给邢公畹先生博士生讲授专业课“语法分析的理论和实践”的讲稿《顺序义对体词语法功能的影响》。《中国语文》施关淦先生说我又欠账了，告诉我《中国语文》影响大，可以把它要回来给《中国语文》。我说给出去以后再变卦，要回来不大好，以后有好稿子再给《中国语文》吧。第五届年会（1989 年 11 月 21~25 日，杭州）论文《数词、量词的语义成分和数量结构的语法功能》给了《中国语文》，被 1990 年第 3 期用作首篇。主要因为发表在《中国语文》和《中国语言学报》上的几篇文章，在国务院 1991 年纪念学位条例颁布十周年前，北京大学中文系在语言类专业 1981~1990 年共十届毕业博士、硕士中，把我推荐为唯一的“做出突出贡献的中国博士、硕士学位获得者”候选人。北大中文系副主任王理嘉教授又专程到南开大学找到中文系主任罗宗强教授，商量调我回北大任教事宜，但罗主任要留着我给南开大学申报汉语博士学位授权点，没有放我回北大。罗主任要求我申报国家社科基金课题，1992 年申报成功后，我在职称为副教授时就因为做出突出贡献而被推荐享受国务院政府特殊津贴。我能这么受重视与《中国语文》和主编吕叔湘先生对我的厚爱、培养分不开。

邢公畹先生也十分认可我发表在《中国语文》和《中国语言学报》上的论文，认可我的语法研究思路。邢先生在我还没有取得博导资格的时候就让我给他的博士生主讲了 4 个学分的专业课程“语法分析的理论和实践”。邢先生还向王力语言学奖评委会推荐了我发表在《中国语文》的首篇文章《数词、量词的语义成分和数量结构的语法功能》和发表于《中国语言学报》的另两篇论文。

中国语言学会年会论文是《中国语文》杂志的重要稿源，拙作中国语言学会第九届年会（1997 年 8 月 11~15 日，南昌）论文《结构、语义、表达研究琐议——从相对义、绝对义谈起》发表于《中国语文》1998 年第 3 期。此文亮出了语义功能语法旗号。我特别感谢《中国语文》认可我们的研究思路，在普遍联系中研究汉语语法，而不是孤立地分别研究。我们坚持务实研究，守正创新，继承前辈学者学术思想，结合语义表达研究汉语语法结构的成分的类和组合关系的类。这可以说是语法研究的永恒主题。北大博导钱军教授2003年在布拉格查理大学《布拉格数理语言学报》发表介绍语义功能语法代表作的长篇书评。2007年国家汉办公布的《国际汉语教师标准》，对国际汉语教师的第一条要求就是“注重结构、语义、功能相结合的汉语语法教学”。经教育部主管部门批准，我们于2009年11月24日在民政部注册成立了中国语文现代化学会语义功能语法研究专业委员会（批准号：3190-3），北京师范大学刁晏斌教授和首都师范大学史金生教授先后任该会理事长。时任《中国语文》主编的沈家煊先生光临指导该专委会举办的学术讨论会，并做大会学术报告，使与会者深受教益。

拙作中国语言学会第十六届年会（2012年8月21~23日，昆明）论文《整合创新，促进中国语文现代化——汉语拼写方案的必要性、科学性和可行性》被《中国语文》吕叔湘先生诞辰一百一十周年纪念专刊（2014年第6期，总第363期）采用，该文又收入教育部语言文字信息管理司编《整合创新 开启未来：国家语委科研成果论文选编》（语文出版社，2017）。该文提出的汉语拼写方案的实施将是基础性、前瞻性、战略性的举措，有望助力汉语走向世界，开启汉语国际化的美好前景。毫无疑问我的这篇论文在学界会有争议，但《中国语文》不忘初心，很好地贯彻了“百花齐放，百家争鸣”的方针和新时期语言文字工作方针政策。

《中国语文》杂志为培养年轻作者，自1981年起组织举办现代汉语语法学术讨论会，这是作者会，是高水平学术会议，隔年一次。会后有的论文被《中国语文》采用，如第八次现代汉语语法学术讨论会（1994年10月，苏州）论文，拙作《多重定名结构中形容词的类别和次序》（为吕叔湘先生90华诞而作），收入《中国语文》1995年第3期。另外精选一部分编入中国语文丛书《语法研究和探索》，该丛书在2011年语法讨论会三十周年时已经出到第十五集；这时还出了精选集，每位作者只选1篇，拙文《指称义动词和陈述义名词》入选。取法乎上，参加学术讨论会就要选价值最高的会——中国语言学会年会和现代汉语语法学术讨论会。我从1986年起参加了多次现代汉语语法学术讨论会，我的多篇论文荣幸地入选这高层次的学术会议论文选集。1992 年 10 月 25~28 日，我在南开大学荣幸地参与承办了第七次现代汉语语法学术讨论会。这两个会每年都会遇上其中之一，或者中国语言学会年会，或者现代汉语语法学术讨论会，给我们创造了与同行经常见面的机会，大大促进了同行会上会下的交流，使与会者了解学术动态，获取许多学术信息，获得启发和学术营养；督促我抓紧语法学术研究，帮我们提高了学术水平；是良师益友，给了我向同行学习和展示研究成果的最佳平台，给了我实现和提升人生价值的空间。我于 1996 年被遴选增列为中国少数民族语言专业的博士研究生导师，1997 年领衔为南开大学申报汉语言文字学博士学位授权点，集中、突出地罗列发表在《中国语文》杂志和《中国语言学报》《语法研究和探索》上的多篇论文。这些充分显示了南开大学团队及我本人的研究实力，因而申报不出所料地成功了，我自然成为汉语言文字学博士生导师。随后，我又参与申报中国语言文学一级学科博士学位授权点和博士后科研工作流动站并取得成功，于是成为语言学及应用语言学博士生导师、汉语言文字学和语言学及应用语言学专业的博士后合作导师。在世纪之交匿名评选著名中年语言学家时，我又得到 16 位资深著名语言学专家的一致推荐。我以发表于《中国语文》《中国语言学报》的论文为前期成果，成功申报教育部重大课题，多次获得国家社科基金项目以及天津市社科基金项目，荣获国家社科基金项目课题、天津市社科优秀成果 3 次一等奖、2 次二等奖与 4 次三等奖。两进人民大会堂，接受国家社科基金项目优秀成果奖、全国高校人文社科研究优秀成果二等奖颁奖。被评为全国语言文字先进工作者、天津市劳动模范、天津市语言文字先进工作者、天津市语言文字工作先进个人、天津市“十五”立功先进个人。荣任中国语言学会第六、第七、第八届常务理事，天津市语言学会第四、第五届会长，中国语文现代化学会第四、第五届会长，中国修辞学会会长（2010~2014），西南交大、西南科技大、华中师大、吉林大学、黑龙江大学、东北师大、河北师大、天津师大、陕西师大等校客座 / 兼职教授。担任《南开语言学刊》主编（2002~2015）、中国人民大学复印报刊资料《语言文字学》学术委员、《汉语学报》《汉语学习》《东方语言学》《澳门语言学刊》等刊编委。这都离不开《中国语文》对我论文的指导和认可。

《中国语文》是没有围墙的大学校，一贯以培养后学为己任，重视年轻人有新意的来稿，对有修改基础的论文提出具体的指导性修改意见，嘉惠后学。朱德熙先生 20 世纪 60 年代的研究生于细良的论文《疑问代词的任指用法》发表于《中国语文》1965 年第 1 期，该文的基本论点进入了许多现代汉语教材。他读研时就写出这样精彩的令人佩服的论文，大大增加了我肩上的压力。20 世纪 80 年代我指导的进修教师聂文龙的语法习作《存在和存在句的分类》发表于《中国语文》1989 年第 2 期。20 世纪 90 年代南开大学宋玉柱教授的研究生雷涛《存在句的范围、构成和分类》，发表于《中国语文》1993 年第 4 期。我担任研究生导师以后，向研究生们推荐阅读《中国语文》《中国语言学报》《语法研究和探索》，要求参考文献不得遗漏这些刊物上的相关论文。研究生袁明军听我的现代汉语动词研究课，发现非自主动词讲得不全，遗漏了一类，我便鼓励他把他的新发现写出来，于是他写了《非自主动词补议》，我觉得不错，便帮他修改后推荐给了《中国语文》，发表于 1998 年第 4 期。史金生的博士学位论文《现代汉语副词的语义功能研究》的一部分《语气副词的范围、类别和共现顺序》发表于《中国语文》2003 年第 3 期，该博士学位论文出版时题为《现代汉语副词连用顺序和同现研究》，得到商务印书馆语言学出版基金的支持。史金生博士毕业后到中国社会科学院语言研究所，在沈家煊学部委员指导下做博士后研究，史金生《从持续到申明：传信语气词“呢”的功能及其语法化机制》，载于《语法研究和探索（十五）》，荣获中国社会科学院青年语言学家奖二等奖。我的学生王红旗教授指导的博士生李秉震还接连在《中国语文》发表了 3 篇论文。

《中国语文》编辑部专家给高校学科建设做出很大贡献，参与研究生培养工作，例如做学术讲座，嘉惠后学。我们几乎每一届博士学位论文答辩前都要请《中国语文》的专家沈家煊、张伯江、方梅等先生评阅论文，主持答辩或做答辩委员，为我们把关，保证了我们的汉语语法博士生培养质量。

《中国语文》发表代表国家水平的论文，引领学术的发展，是学界共仰的顶级刊物，是可以终生为伴的继续教育的好“课堂”，她不断地为我们更新知识，启发思考，推动语言科学的发展。在热烈祝贺《中国语文》创刊七十周年的时候，我十分感谢《中国语文》的前辈和朋友们，谨对已经离世的德高望重、和蔼可亲的吕叔湘先生、徐枢先生、施关淦先生等表示敬意、感谢和深切的缅怀。他们亲切的极具魅力的音容笑貌经常浮现在耳畔眼前，他们无私奉献，对后学关怀备至的桩桩往事仍历历在目，让我不能忘怀，谨在此再次向编辑部各位领导和编校人员表示衷心的敬意和感谢！

我与《中国语文》

梅祖麟

从1980年开始，到2008年为止，我在《中国语文》总共发表了12篇文章。现在选出4篇来讨论我从1968年以来研究的三个题目：汉藏比较、汉语历史语法、《切韵》（601）中的江东方言与现代吴语之间的关系。

《四声别义中的时间层次》，《中国语文》1980年第6期，第427~443页。

《甲骨文里的几个复辅音声母》，《中国语文》2008年第3期，第195~207页。

《先秦两汉的一种完成貌句式——兼论现代汉语完成貌句式的来源》，《中国语文》1999年第4期，第285~294页；又见《汉语现状与历史的研究》（江蓝生、侯精一主编），第376~396页。

《现代吴语和“支脂鱼虞，共为不韵”》，《中国语文》2001年第1期，第3~15页。

一 《四声别义中的时间层次》

《四声别义中的时间层次》（1980）的主要论点如下。去声来自 -s 这个假设由Haudricourt（1954）和Pulleyblank（1962~1963）提出，但是到1980年还没有看到令人信服的证据。我用了另一种论证方法。藏文加上 -s 能把动词变成名词，汉语把非去声的字变成去声的同时也把动词变成名词。藏文有 -s 没有去声。中古汉语

有去声没有 -s。去声和 -s 功用相同，分布互补，所以汉语的去声来自 -s。

藏文 'grang 是个动词“数（上声），to number, to count”。grangs 是个名词“数目，number”。平声的“量”是个动词（如“量一量”），去声的“量”（如“度量衡”）是个名词。入声的“织”是动词，它的同源词是藏文的 'thag“纺织”。去声的“织”是个名词（《广韵》去声七志：“织文锦属，又音职”），它的同源词是藏文的 thags“texture, web”。

	汉	藏		汉	藏
动词	量平 *grjang>*rjang>ljāng	'grang	名词	量去 *grjangs>ljàng	grangs
	织入 *tjək>t'sjək	'thag		织去 * tjəks>* tjəg	thags

此外入声动词变为去声名词的例还有：入/内，执/挚、贽，结/髻，列/例，责/债，宿入/宿去（星宿），塞入/塞去（要塞、关塞），等等。

下面再举藏文加 -s 造成的动变名的例子。

动词	lta-ba	看（睹，觏）	名词	ltas	奇迹，预兆
	spag-pa	蘸汤		spags	汤
	sbug-pa	穿孔，穿洞		sbugs	洞，孔
	btsa-ba	生，产		btsas	产物，收获
	sem(s)-pa	想		sems	心
	snyam-pa	想，思（恁）		nyams	灵魂，思想（念）
	'gru-ba	努力，用心		'grus	热诚

《中国语文》1980 年第 6 期那篇文章的主要证据就是上面所说的这几点。

类似的话我 2013 年又说了一遍，请看梅祖麟《原始汉藏语动词后缀 *-s 在上古汉语里的遗迹——去声别义新证》，《历史语言学研究》第六辑，第 1~10 页。

我 1980 年那篇文章有个附注 29：“汉藏比较的例有不少是从龚煌城在 1978

年第 11 届国际汉藏语言学会议上宣读的论文里抄来的。Gong, Hwang-cherng, A comparative study of the Chinese, Tibetan, Burmese vowel system（《汉语、藏语、缅语元音系统的比较研究》）。”我 1980 年的文章没有交代龚文在何处出版是因为龚文在 1979 年（我 1980 年发表此文的时候）还没有发表。

这是龚煌城的名篇，1980 年在《历史语言研究所集刊》[*Bulletin of the Institute of History and Philology* (BIHP) 51, 3, 455-490] 上发表。此文有中文翻译，见龚煌城，1980，《汉藏缅语元音的比较研究》，席嘉译，《音韵学研究通讯》1989 年第 13 期，第 12~42 页。

“中研院”语言学研究所筹备处 2002 年出版龚煌城《汉藏语研究论文集》，此书一共收了十五篇龚煌城的文章，其中有九篇（包括龚煌城，1980）是关于汉藏语的比较研究的。北京大学出版社 2004 年同样出版了龚煌城《汉藏语研究论文集》。下面就要用龚煌城（2002，2004）来说明“量$_{平}$ *grjang/ 藏’grang；量$_{去}$ *grjangs/ 藏 grangs”等汉藏同源词的出处。

龚煌城，1980（龚煌城，2002：9、19；A 是平声，C 是去声）

34.	OC	*ljang A,C 量	to measure (737, a)
	WT	’grang	to number, to count
		grangs	number
	WB	khrang A	to measure with a measure of capacity
133.	OC	* tjək 织	weave (verb) (920, f)
		tjəg C< *tjəks 织	stuff made of colored silk (noun) (920, f)
	WT	’thag< ’tag	to weave
		thags< *tags	texture, web
	WB	rak	to weave, whether cloth, a mat, or a basket

龚煌城，1995，The System of Finals in Proto-Sino-Tibetan（龚煌城，2002：110、113）

247. OC 量 *rjang> ꜀ljang "to measure (737, a)"；*rjangs>ljang ꜄ "a measure"，WT 'grang "to measure, to count"，grangs "number"，WB khrang "to measure with a measure of capacity"。

291. OC 织 *tjək>tśjək "weave (920, f)"；*tjəks>tśi ꜄ "stuff made of colored silk(920, f)"，WT 'thag "to weave"，thags "texture, web"，WB rak "to weave"。

舒斯勒（Schuessler，1974）明确地提出喻四来自上古的 *l-，中古变为 j-，例如：

226. OC 扬 *lang> ꜀jiang "lift, raise"，WT lang "to raise, to get up"

227. OC 阳 *lang> ꜀jiang "light, brightness"，WB lâng "be light" (not dark)

而来母 l- 则来自上古的 *r-，例如：

OC 六 *rjəkw>ljuk WT drug "six"

246. OC 凉 *rjang> ꜀ljang "cold"，WT grang "cold，cool"

247. OC 量 *rjang> ꜀ljang "to measure"，WT 'grang "to count"

后来龚煌城（2001）在《上古汉语与原始汉藏语带 r 与 l 复声母的构拟》中研究发现，*-r- 之前的声母 *b-、*d-、*g- 会消失，于是"六"可以构拟为 *drjəkw，"量"可以拟构为 *grjang（>*rjang）。我们（1980）引"量"的构拟为 *ljang，是按照龚煌城（1980）的写法。这次重述梅祖麟（1980）的论证，"量"的上古音应作 *grjang>*rjang。

二 《甲骨文里的几个复辅音声母》

这篇文章本来只是讲甲骨文里的几个复辅音声母。后来，写完《上古汉语动词浊清别义的来源——再论原始汉藏语 *s- 前缀的使动化构词功用》(2008a)后，又加了一段：“附录 藏缅语中的使动化 s- 词头及其清化作用”。

这篇文章（2008b）说：

按照雅洪托夫（1960）的上古音构拟，中古晓母字与唇音明母互谐的，都认为是从上古的 *sm- 来的，例如：

墨 *mək>mək，黑 *smək>xək（比较藏文 smag“黑暗”）

所以

e. 滅（亡列）*mjiat>mjät，威（许劣）*s-mjiat>xjwät 使滅

《诗·正月》“燎之方扬，宁或滅之？赫赫宗周，褒姒威之！”孔颖达疏：“以褒姒淫妬，知其必滅周也。”“赫赫宗周，褒姒威之”意思是“褒姒致使宗周滅亡”，“威”是“使滅”。“威”*s-mjiat 的词头是使动化（causative）的 *s-。

但是梅祖麟（1989）提出“滅 *mjiat/ 威 *s-mjiat”这个例证以后，一直找不到更多的使动化 *s- 前缀所形成的例子。

《上古汉语动词浊清别义的来源——再论原始汉藏语 *s- 前缀的使动化构词功用》(2008a)使我们的研究冲出困境。这篇文章说：

1. 上古汉语有自动词和使动词的配对，其中自动词是浊音声母（如 *b-），使动词是清音声母（如 *p-）：

上古汉语	自动词	使动词
	败 *brads>bwai 自破	败 *prads>pwai 破他
	别 *brjat>bjät 异也，离也	别 *brjat>pjät 分别
	断 *duanx>duan 绝也	断 *tuans>tuan 断绝
	折 *djat>źjat 断也	折 *tjat>tśjat 拗折

属 *djuk >źjwok 联而有所系　　属 *tjuk>tśjwok 联也

著 *drjak>ḍjak 置定　　著 *trjak>ṭjak 置也

长$_{长短}$ *drjang>ḍjang　　长$_{生长}$ *trjang> ȶjang

见（现）*gians>ɣien 露也　　见 *kians>kien 视也

系 *gigs>ɣiei 连系　　系 *kigs>kiei 缚系

解 *grigx>ɣaï 自解　　解 *krigx>kaï 判也

会 *gwads>ɣwâi 合也　　会 *kwads>kwâi 聚合

坏 *gwrəds>ɣwâi 自坏曰～　　坏 *kwrəds>kwâi 毁之曰～

2. 用藏缅语中的资料，可以导出两条 s- 清化定理

s- 清化定理（阻塞音 obstruents）：

s-b>s-p>p，s-d>s-t>t，s-g>s-k>k

s- 清化定理（鼻音 nasals）

s-m>s-m̥>m̥（hm），s-n>s-n̥>n̥（hn），s-ŋ>s-ŋ̊>ŋ̊（hng-）

3. 用这两条 s- 清化定理，可以说明上古汉语动词浊清别义的来源是使动化 *s- 前缀

*s- 前缀的使动化作用

自动词	使动词
败 *brads>bwai	败 *s-b>*s-p>*prads>pwai
别 *brjat>bjät	别 *s-b>*s-p>*prjat>pjät
断 *duanx>duan	断 *s-d>*s-t>*tuans>tuan
折 *djat>źjat	折 *s-dj>*s-tj>*tjat>tśjat
属 *djuk >źjwok	属 *s-dj>*s-tj>*tjuk>tśjwok
长$_{长短}$ *drjang>ḍjang	长$_{生长}$ *s-drj>*s-trj>*trjang>ȶjang
系 *gigs>ɣiei	系 *s-g>*s-k>*kigs>kiei
解 *grigx>ɣaï	解 *s-g>*s-k>*krigx>kaï
滅 *mjiat>mjät	威 *s-m>*s-m̥>*hmjiat>xjwät

梅祖麟（1980，2008a）两篇文章发表以后，最初学术界没有反应。最近热闹

起来，下面只选两项。

（1）《中国语文》2019 第 4 期，洪波、陈祝琴、李明对梅广《上古汉语语法纲要》（2015，2018）的评介。

> 稍加留意就会发现，上述两类动词并合，前一类的动词并合广泛存在音变现象，其中最常见的是清浊交替。梅祖麟（2008）列举到的有自动和使动配对而语音上存在清浊交替的有“败”“别”“属”“断”“折”“系”“着（著）”“长”“会”等，《纲要》提到的“至”与“致”也存在着音变，只不过不是声母清浊交替，而是 r 介音的有无。后一类动词并合却不存在任何的音变现象。……
>
> ……而在形态音变上，致动音变最常见的是声母的清浊交替，而供动音变则是去声与非去声的交替。声母的清浊交替来源于上古汉语早期致动前缀 *s- 的清化作用（参看梅祖麟，2008），去声与非去声的交替则来源于上古汉语早期 *-s 后缀的影响（参看梅祖麟，1980）。

（2）《语言研究集刊》第二十一辑（2018），第 394~416 页载有白一平（William Baxter）和潘悟云的《上古音对谈实录》，该实录谈到“败 b/ 败 p”的来源（第 402~406 页），也谈到“灭 / 威”的来源（第 410 页），两段都谈到梅祖麟（2008a，1989）的看法。潘悟云支持梅祖麟的看法，白一平反对梅祖麟的看法。

败 b-/ 败 p-（第 402~406 页）

白一平（第 402 页）:

> 但是梅祖麟说基本的词根是“自败”的“败”，前面加一个 *s- 变成“败他”的“败”，不及物动词变成及物动词，或者说变成使动我也不反对。我们认为“自败”的“败”的词根是“败他”的“败”，前面加一个大写的 *N- 前缀变成“自败”的“败”。

潘悟云（第 405 页）：

我还是回到使动和自动的问题上来。大部分语言当中自动通常是无标记的，使动才是加标记的，特别是亚洲语言。我的看法同梅祖麟一样，认为自动是无标记的，失败的“败”是並母字，是无标记的，使动是加 *s- 的，原来是 *sb- 声母。

滅 m-/ 烕 s-m（410-411）

潘悟云：

“戌”上古声母的 *m 会产生合口的色彩。现在问题不在这里，在另外一个字——“烕”。“滅”“烕”肯定是构成一对自动使动，一个是滅了，一个是消滅。

“烕”的中古声母是晓母，这个字我现在构拟的上古音是 *smed>m̥^{h}->h^{w}iɛt,“滅”我构拟为 *med，一个自动一个使动。这个 *s- 使得这个上古声母到后来变成晓母。

白一平：

这个也是梅祖麟先生提出的一个例子，《诗经》的一首诗里头又有“滅”字，又有“烕”字，而且它们押韵。但是你看那首诗的意思，并没有什么原因使人相信“烕”是使动的意思。

三　《先秦两汉的一种完成貌句式——兼论现代汉语完成貌句式的来源》

我 1999 年这篇文章一上来就说，晚唐五代有这样的完成貌句式：

（1）其僧吃饭了便去。（《祖堂集》4.37）

接着说，1981 年我写了篇文章（《现代汉语完成貌句式和词尾的来源》，《语言研究》1981 年第 1 期，第 65~77 页）讨论完成貌句式的历史，主要是想回答两个问题。（1）“动 + 宾 + 了”这种词序怎么会变成现代的“动 + 了 + 宾”？也就是说，晚唐五代的“吃饭了便去”怎么会变成现代的“吃了饭就去”？（2）“动宾了 + 下句”这种句式是怎么来的？

关于第（1）个问题，我当时（1981~1985）有一种想法，“了”字在现代汉语有三种用法。（i）动词，意思是“完毕，结束”，没完没～，一～百～；（ii）结果补语，跟“得、不”连用，表示可能或不可能：办得～| 做得～| 来不～| 受不～| 我肚子里已经有一大堆东西，这碗面我绝对吃不～；（iii）完成貌词尾，音 le，吃～饭就去。

“了”字虚化（语法化）经过三个阶段：（i）动词；（ii）结果补语（动相补语，phase complement）；（iii）完成貌词尾。晚唐五代的“吃饭了便去”怎么会变成现代的“吃了饭就去”？答曰：动词“了”虚化，变成动相补语，就可以出现于“动”与“宾”中间的位置：“动 + 了（动相补语）+ 宾”。再虚化，了（动相补语）变为完成貌词尾“了”，于是就有“动（吃）+ 完成貌词尾（了）+ 宾（饭）”这种结构。

曹广顺（1986，1992）修正了我的看法。他指出：

晚唐五代另一类更接近口语的文献——禅宗语录中，“却”的出现更为频繁，像南唐保大十年（公元 952 年）成书的《祖堂集》中，就有很多“却”字的用例。例如：

24. 问：“三界竞起时如何？”师云：“坐却著！”（《祖堂集》2.90）

25. 一句子活却天下人，一句子死却天下人。（同上，2.87）

26. 过却多少林木，总是境。（同上，2.106）

27. 师云：“老僧要坐却日头，天下黯黑，忙然者匝地普天。”（同上，2.87）

28. 和尚关却门，便归丈室。（同上，1.169）

29. 雪峰放却垸水了云：“水月在什摩处？”（同上，2.127）

《祖堂集》中助词“却”用了近二百例，带“却”的动词有七十余个，“却”字显示出很强的生命力和结合能力。“却”的语义，还是表达一种与时间无关的动作完成状态，所以它可以见于各种时态的例句中。

至于“了”字，曹广顺有如下观点。

（1）“了”和“却”一样，也是由动词发展成助词的。大约在汉代以后，动词“了”具有了“终了，完毕”的意思，并同意义相近的动词“已”“讫”“毕”“竟”等一起，构成了汉语中表示完成状态的句式“动＋宾＋完成动词”。

（2）“了”字的虚化是从中晚唐开始的，这个时期的例句，目前所见只有唐诗、五代词、变文中的几例，例为：

45. 林花谢了春红，太匆匆。（李煜《乌夜啼》）

46. 见了师兄便入来。（《难陀出家缘起》，《敦煌变文集》，396 页）

47. 切怕门徒起妄情，迷了菩多谏断。（《维摩诘讲经文》，同上，521 页）

48. 唱喏走入，拜了起居，再拜走出。（《唐太宗入冥记》，同上，211 页）

以上几例都是韵文作品，在同期的散文作品，包括像《祖堂集》这样比较口语化的散文作品中，动态助词“了”都还没有出现。

（3）动态助词“了”的大量出现，是从北宋开始的，首先见于北宋词人的作品中：

49. 爱揾了双眉，索人重画。（柳永《洞仙歌》，《全宋词》，50 页）

50. 如此春来春又去，白了人头。（欧阳修《浪淘沙》，同上，141 页）

同期，在接近口语的散文作品中“动＋了＋宾”格式也开始出现了：

56. 臣括答云：“北朝自行遣了萧扈、吴湛，括怎生得知？”（沈括《乙卯入国奏请》，《续资治通鉴长编》，卷二六五）

57. 学士对制使及一行人道了二三十度，言犹在耳，怎生便讳得？（同上）

58. 地界事已了，萧琳雅已受了擗拨文字，别无未了。（同上）

沈括《乙卯入国奏请》是宋神宗（1075 年）时与辽进行边界谈判的记录，其中“了”字除作主要动词外，均用作动态助词。

南宋儒家语录《朱子语类》中，“动 + 了 + 宾”格式已经俯拾皆是，“动 + 宾 + 了”则极罕见。从这些材料看，南宋时态助词“了”的使用已经基本上取代了完成动词“了”。

回到梅祖麟（1999），那篇文章里我说，曹广顺（1986，1990）改正了我的看法。他说明：（甲）在“动 + 了 + 宾”兴起以前，唐五代先后出现了若干动相补语（曹先生称为“动态助词”），如“却”“将”“得”“取”“着”。这些动相补语在“动 + 动相补语 + 宾”的格式中，表示动作的完成或结果，有些也表示动作获得结果。（乙）“了”字在“动 + 却 + 宾”里替代“却”，于是产生了“动 + 了 + 宾”。

我们不禁要问：为什么“动 + 却（动态助词）+ 宾”比“动 + 了（动态助词）+ 宾”出现得早？

答曰：“却”是个及物动词，所以很早（魏晋以前）就能出现于“V_t+ 却 $_t$+ 宾”（V_t= 及物动词，transitive verb）的位置。

“却”是个及物动词（如“却敌”，“却之不恭，受之有愧”）。曹广顺在《近代汉语虚词研究》相关章节中指出：

［“却”］到魏晋又进一步演变为“去”意，成为趋向动词，在述补结构中用作补语：

2. 夷甫晨起，见钱阂行，呼婢曰：“举却阿堵物！”（《世说新语 · 规箴》）

再以后的文献中，“却”作补语由表示趋向转变为表示结果，例子也有所增加。例如：

3. 锋出登车，兵人欲上车防勒，锋以手击却数人，皆应时倒地，于是敢近者，遂逼害之。(《南齐书·高祖十二王》，卷三五)

4. 每朝士咨事，莫敢仰视，动致呵叱，辄詈云:“狗汉大不可耐，唯须杀却。”(《北齐书·恩幸传》，卷四二)

很清楚，2 和 3 的句式是“V_t+ 却 + 宾”（V_t= 及物动词，transitive verb），连 4 的句式也是“V_t+ 却 +（宾）”，（宾）是“狗汉”，被提前放在句首。

相反的，“了”是个不及物动词（V_i，intransitive verb）。“V_t+ 了（V_i）+ 宾”不成词（is not well-formed）。“了”要虚化变成动相补语以后才能出现于“动”“宾”之间的位置。

换句话说，“却”字之所以最早变成完成貌词尾是因为它是个及物动词，近水楼台先得月。

四 《现代吴语和“支脂鱼虞，共为不韵”》

我研究的第三个题目是《切韵》（601）的江东方言与现代吴语之间的关系。这个题目的来源是我 1995 年发表的《方言本字研究的两种方法》。那篇文章说明苏州、上海等北部吴语有两个历史层次，一个鱼虞有别，另一个鱼虞相混。《切韵·序》说:“又支脂鱼虞，共为不韵，先仙尤侯，俱论是切。……江东取韵，与河北复殊。”颜之推（531—581？）的《颜氏家训·音辞篇》又曾举例说明南人鱼虞有别，支脂有别，北人鱼虞相混，支脂无别。所以我 1995 年的那篇文章假设吴语鱼虞有别的层次来自南北朝时期南人所操的江东方言，吴语鱼虞相混的层次是后来北人南渡时带来的。

以后几篇继续讨论这个题目。2000 年我读到曹志耘、秋谷裕幸、太田斋、赵日新《吴语处衢方言研究》（2000），于是发表《现代吴语和“支脂鱼虞，共为不韵”》，主要是为了说明《颜氏家训》所说的南人鱼虞有别、支脂有别还保存在浙南处衢地区的吴语中。

尾　声

我 1949 年离开中国，第一次回国是 1982 年的 8 月。1980 年我在美国听说北京大学的朱德熙先生在促进中美学术交流，于是把《四声别义中的时间层次》的文稿寄给朱先生，还附了一封信，希望朱先生能把我的文稿推荐给《北京大学学报》。想来是朱先生把文稿转给了《中国语文》，该文在 1980 年第 6 期就登了出来。

此后《中国语文》又登了我几篇文章，其中如 2008b《甲骨文里的几个复辅音声母》是当时别的学报不肯登的。感谢《中国语文》几十年来对我的支持，让我能发表“不合时宜”的文章，让我有机会以文会友。

参考文献

曹广顺，1986，《〈祖堂集〉中的“底（地）”“却（了）”“著”》，《中国语文》第 3 期。

曹志耘、秋谷裕幸、太田斋、赵日新，2000，《吴语处衢方言研究》，好文出版株式会社。

龚煌城，2002，《汉藏语研究论文集》，“中研院”语言学研究所筹备处。

龚煌城，2004，《汉藏语研究论文集》，北京大学出版社。

洪波、陈祝琴、李明，2019，《〈上古汉语语法纲要〉评介》，《中国语文》第 4 期。

李方桂，1980，《上古音研究》，商务印书馆。

刘坚、江蓝生、白维国、曹广顺，1992，《近代汉语虚词研究》，语文出版社。（这本书第 43~47 页有曹广顺执笔的“却”“了”）

梅祖麟，1980，《四声别义中的时间层次》，《中国语文》第 6 期。

梅祖麟，1981，《现代汉语完成貌句式和词尾的来源》，《语言研究》第 1 期。

梅祖麟，1989，《上古汉语 *s- 前缀的构词功用》，“The Causative and Denominative Functions of the *s-prefix in Old Chinese,”“中研院”第二届国际汉学会议论文集（语言与文字组），“中研院”。

梅祖麟，1995，《方言本字研究的两种方法》，《吴语和闽语的比较研究》（“中国东南方言比较研究”丛书第一辑）。

梅祖麟，1999，《先秦两汉的一种完成貌句式——兼论现代汉语完成貌句式的来源》，《中国语文》第 4 期。又见《汉语现状与历史的研究》（江蓝生、侯精一主编）。

梅祖麟，2001，《现代吴语和“支脂鱼虞，共为不韵”》，《中国语文》第 1 期。

梅祖麟，2008a，《上古汉语动词浊清别义的来源——再论原始汉藏语 *s- 前缀的使动化构词功用》，《民族语文》第 3 期。

梅祖麟，2008b，《甲骨文里的几个复辅音声母》，《中国语文》第 3 期。

梅祖麟，2013，《去声别义新证》，《历史语言学研究》第六辑。

梅祖麟，2014，《汉藏比较暨历史方言论集》，中西书局。（此书收录梅祖麟，2001、2008b）

潘悟云，2000，《汉语历史音韵学》，上海教育出版社。

潘悟云，2016、2018，白一平、潘悟云，《上古音对谈实录》，收入《语言研究集刊》第二十一辑（2018）。

Baxter, W.，2016，白一平、潘悟云，《上古音对谈实录》，收入《语言研究集刊》第二十一辑（2018）。

Haudricourt A.（奥德里古），1954，Comment Reconstruire le Chinois Archaigue, Word 10 (1954)、中译本：Andre G. Haudricourt 作，马学进译《怎样拟测上古汉语》，载《中国语言学论集》，幼师文化事业公司，1977。

PulleyBlank, E. G.（蒲立本），1962~1963，The consonantal system of Old Chinnese, Asia Major 9; 潘悟云、徐文堪中译本《上古汉语的辅音系统》，中华书局，2000。

Schuessler, Axel（舒斯勒），1974，R and L in Archaic Chinese, Paper presented by the U.S.S.R. delegation of the 25th International Congress of Orientalists, Moscoa. 中译本《上古汉语的复辅音声母》，收入洪雅托夫著《汉语史论集》（唐作藩、胡双宝选编），北京大学出版社，1986。

《中国语文》伴我追逐汉语梦

邵敬敏

《中国语文》作为中国最享有盛誉的一本顶尖语言学杂志，在我追逐汉语梦的征途中，不仅是一位亲切的严师，也是一位贴心的战友，更是我生命中的“贵人”。一本杂志编得好不好，关键在于人，在于编辑的眼光和为人，在于他们对事业的忠诚以及对作者、读者的热情和帮助。当我年迈之时，回忆起跟《中国语文》的交往，最让我感到感动难忘的是跟编辑部诸位先生的深情厚谊以及他们无私的奉献。

一　饶长溶先生的信任与提携

20 世纪 80 年代初，我尽管开始在语言学界初露头角，也在《语言教学与研究》《汉语学习》《杭州大学学报》上发了几篇论文，特别是在当时极为活跃的《语文导报》上刊登了好几篇有关汉语语法研究的综述或评论，但是，让人非常遗憾的是，还没能在大家最看好的《中国语文》上露面。做汉语研究的，哪个不想在《中国语文》上发文章？我当然也不例外。没想到，1986 年，那年对我而言，是个幸运之年，是个机遇之年！机会突然不期而遇，从天而降……

那年给我提供了两个做梦也想不到的好机会。第一个机会，9 月我参加了在华中师范学院举办的“首届青年现代汉语（语法）学术讨论会”（即“现代汉语语法国际研讨会”前身），并且应东道主萧国政与李宇明之邀，作为全体会议代表的代表在大会开幕式上表态致辞，也就是在全国青年语言学家面前亮了一次相。第二个机会更是出乎意外。那是会议期间的一个晚上，《中国语文》的饶长溶先生约我谈心，他温文尔雅，笑容满面，跟他谈话，就像沐浴在冬日阳光下，感到说不出的亲切与温馨，身心都暖洋洋的。聊着聊着，忽然他提出想约我为刚刚出版的《语法研究和探索（二）》写一篇书评。我知道那是“现代汉语语法学术讨论会”的论文集，是语言研究所和《中国语文》杂志主办的，作者都是我的师辈学者，还包括我特别尊敬的吕叔湘先生与朱德熙先生。我一个刚出道不久的后生小辈，能对他们的论文“评头论足”吗？饶先生显然看出我的惴惴不安，开导说：“没关系的，学术研究面前，人人平等。这些年，你不是写了不少关于汉语语法研究的评述吗？好几个人推荐你呢，你有啥说啥，不必顾忌。”说到这里，我自然就不便推脱了。当时我还真是初生牛犊不怕虎，居然说：“能不能满足我两个要求：第一，不要给我定调子；第二，给我批评的权利。”没想到，饶先生听完莞尔一笑：“这两条都没问题，尽管大胆写。”最后，这篇书评比较顺利地完成了，发表在 1987 年第 3 期上，这也是我在《中国语文》上发表的第一篇文章。直到现在，我还是非常感谢编辑部的青睐，非常怀念饶先生的宽容与厚爱。显然，这也是编辑部考察培养青年作者的一种特殊方式，就看看你有没有底气与眼光，有没有勇气和胆略。

二　两大高手：侯精一先生与徐枢先生

20 世纪八九十年代，我几乎每次去北京开会或出差，总是到语言研究所去转一转，至于《中国语文》编辑部，那是必须去拜访的。编辑部的成员，可以说没有不认识的，我也熟门熟路，快人快语，他们不论年龄大小，跟我都是朋友。主编侯精一先生是我北京大学的校友，说起来也是我的师长了，可他一点架子都没有，看见我总是亲切地叫着：“敬敏，敬敏！”他人高马大，国字脸，英俊潇洒，外形很像当年著名的上海电影演员达式常，我们常常没大没小地跟他开玩笑，他则宽厚地笑笑，从不生气。侯先生是平遥人，对晋方言特有研究；他还身兼“中国语言学会会长”，引领学会的发展和活动；他为人宽厚，特别能团结大家，对我们这些小字辈更是关爱有加。

记得那年我的《比字句替换规律刍议》正在编辑部审稿，侯先生看到我就打趣说：“敬敏，你这篇文章那么多的替换格式，把我都看晕了！”我一听吓了一跳，以为拙文不入他的法眼，马上询问：“发现什么问题？行不行？”侯先生哈哈一笑，回答：“问题倒是没有，只是读起来比较费劲。”当然，批评是批评，最后还是发表了。20 世纪 90 年代，我连续在《中国语文》发表了好几篇研究论文，涉及名量词与动量词跟名词与动词的双向选择，还有疑问范畴研究，句式探讨，都得到了《中国语文》编辑部几位先生无私的帮助。

另一位给我留下深刻印象的是徐枢先生，《中国语文》的常务副主编。他大概是身材太高了，跟我们说话，不得不低下头，显得有点儿佝偻。他说话声音轻声细气的，但往往眼光独到，一针见血。大约是 1994 年吧，我在南开大学参加第七次现代汉语语法学术讨论会，会议休息时，徐先生叫住了我，专门对我在会上报告的论文《“怎么”疑问句的语法意义及功能类型》说了自己的看法，提醒我：“当‘怎么’询问原因时，是不是可能有‘实用’和‘虚用’两种功能的混合？”尽管只有几分钟，但显现出他对汉语语法的独到见解，语重心长且又和风细雨，让我受益匪浅。后来，该文修改后收录在《语法研究和探索（七）》中。

三　老乡关淦兄前瞻性的建议

当时编辑部的施关淦先生，相对而言还比较年轻，比我大了 5 岁，个子也比我高那么一点点。跟我算是“大老乡”（他是浙江富阳人，我是浙江宁波人），还有一层关系，他是复旦大学 1965 年毕业的，我是北京大学 1966 年毕业的，南北呼应；他对语言研究的三个平面很有研究，而我正好运用这一理论在研究现代汉语疑问句。因此，两个老乡“共同语言”比较多，不仅“臭味相投”，而且“酒逢知己千杯少”，一见面就交谈甚欢。印象最为深刻且难以忘怀的是那次在王府井附近一家饭店聚餐，关滏兄就挨着我坐，谈着谈着，不知什么因素触动了他的兴奋点，他忽然对我说："敬敏，你不是写了好几篇介词、副词、语气词的文章吗，有没有兴趣编本汉语虚词词典啊？"我一听连忙推辞："那个工程太大，我可不敢！"没想到关滏兄却执着地继续给我打气："现在不行，将来也行啊！"我当时只好打个马虎眼："那就以后再说吧。"没想到，关滏兄这个具有前瞻性的建议，悄悄地、深深地铭刻在我的心头，我一直没敢忘怀。一直到2012年，我居然申请到了一个国家社科项目"汉语虚词词典编撰的创新性研究及其实践"，申请的目的就是想听从当年施关滏先生的提议，实现我的承诺。今天，我能告慰关滏兄在天之灵的是，我主编的《现代汉语虚词新词典》十年磨一剑，即将杀青，并且已经跟商务印书馆签订了出版合同。

四　在现代汉语语法学术讨论会上摸爬滚打

现代汉语语法学术讨论会开始于1981年，当时是由一批中年语法学家在吕叔湘和朱德熙两位先生鼓励和支持下举办的小型会议，两年一次，并出版会议论文集。后来由语言研究所"现代汉语研究室"跟《中国语文》编辑部联手举办，并产生了相当大的影响。这个系列会议早期主要由饶长溶、徐枢、施关滏三位先生负责，从1994年苏州大学举办的第八届开始，改由张伯江、方梅负责。会议初期对与会者是点名邀请的，所以能够被邀出席的朋友是很荣幸的，因为这意味着学术界对你的一个认可。

我是1986年第一次被邀参与，会议地点在北京的八大处，吕先生和朱先生都出席了这次会议。除了陆俭明、邢福义、范晓、范开泰早就认识，在会议期间我还有幸结识了一批著名中年语法学家，例如李临定、孟琮、沈开木、龚千炎、刘月华、刘叔新、史有为、吴为章、徐思益等，可谓群星璀璨。记得那年被邀请的年轻人还有马庆株、尹世超、邹韶华、陆丙甫等人。我报告的论文是《形式与意义四论》。大概是因为第一次参加这样高层次的研讨会，我们年轻人个个都不敢贸然发言。一天会议下来，饶长溶、徐枢先生就亲切地问我们了："你们怎么不发言哪？"

大家都不好意思地笑了，他俩猜到了我们的顾虑，就给我们打气："别怕！学术讨论，有啥说啥。"结果，第二天，我们就开始积极参与讨论了。会议开得很成功，与会者都感受到了活跃、开放、民主、平等的会议风格。休息时，我们在月洞口台阶上跟吕先生等前辈一起拍照留念，这张珍贵的照片，我一直保留至今，成为我永远的纪念。

应该说现代汉语语法学术讨论会确确实实培养了许多语法学界的精英，好比是语法学界的"黄埔军校"，按第一次被邀请参会时间算，我应该算第四期学员。随着参会的次数和会议给我带来的收获日益增长，我的内心深处萌生了一个愿望，我不能仅仅做一名积极的参与者，还应该为这一学术盛会出一把力。

机会终于来了！在即将举行第二十次讨论会前夕，《中国语文》副主编方梅教授跟我联系，问我暨南大学能不能承办这次会议。说实话，我们早就答应过一次了，那是 2006 年上海财经大学举办讨论会后，张伯江、方梅教授就征求过我的意见，我非常爽快地应承了，只是后来他们因故临时决定去延边大学举办，从某种意义上讲，我们的承诺还没兑现。这样，在赵春利教授的支持下，2018 年研讨会如期在花团锦簇的暨南大学举办，而且开得比较成功，得到了大家的认可，也了却了我的一个心愿。

五　难忘的《中国语文》两次纪念会

《中国语文》创刊于 1952 年，对我国的语言学事业贡献极大，比如 20 世纪 50 年代的三次语法问题大讨论为语言学研究发展立下汗马功劳；20 世纪 60 年代关于"语言"与"言语"的讨论在理论上有所突破。到了 20 世纪 80 年代初，关于"汉语语法教学系统"以及句子分析法的讨论，更是对语文教学有着特殊贡献。可惜，这些讨论活动我都没机会参与其中。但让我引以为荣的是，1992 年的《中国语文》四十周年纪念会以及 2002 年的五十周年纪念会，我都有幸参加，并给我留下极为深刻的印象。

四十周年的纪念会，来了许多老朋友，作者、编者济济一堂。会议比较有朝气，晚上还举行联欢会。侯主编委托江蓝生先生和我组织节目，还让我们兼做节目主持人。记得我们联系了不少精彩的节目，印象比较深的是上海师大的张斌老先生的京剧清唱，没想到平时看起来比较严肃的张先生，唱起京戏来，竟然神采飞扬，有板有眼，赢得满场掌声。江先生的主持也是轻松自然，妙语连珠。我和江先生虽然第一次充当节目主持人，竟然也配合得相当默契。表演结束，还举行交谊舞会，侯精一、赵世开等舞林高手纷纷下场献技，一时间，满场欢声笑语，中国语言学界的朋友们，在这充满友谊和激情的纪念会上，尽情享受着改革开放以来所积累起来的暖暖情谊。

五十周年的纪念会在江西南昌大学举行。会后，编辑部为我们提供了一次难得的机会，组织大家去革命圣地井冈山。这可是大家多年向往的地方，从那个年代走过来的人，我们几乎人人都能背诵毛泽东同志的《西江月·井冈山》和《菩萨蛮·大柏地》。记得那天春雨霏霏，我们一行来到黄洋界，那英雄纪念碑高高耸立在蒙蒙雨雾中，仰望间，我们的耳边似乎再次响起隆隆的炮声和此起彼伏的冲锋号，升腾起“当年鏖战急”的历史情怀。

这次会议人数远远超过了上一次，我再次见到了暨南大学詹伯慧先生和徐州师大廖序东先生等一大批著名学者，两位老先生思路敏捷，神采奕奕，谈笑间与我们一起登上了黄洋界，共同领略当年红军“山下旌旗在望，山头鼓角相闻”的壮志豪情。

六　吕先生待我恩重如山

吕先生对我有恩。因为当年我把《汉语语法学史稿》(上海教育出版社，1991)寄给他，很快就收到了先生的亲笔回信，他对该书给予充分肯定，指出“取材宏富，分析细密，评论恰当，在近年出版的语法论著中不可多得”。这显然对我这个语法学界的新兵是个极大的鼓舞和支持。在 1992 年的《中国语文》四十周年纪念会上，我终于有机会第一次跟吕叔湘先生相见，那次请教给我留下极其难忘的印象。记得会议是在北京紫薇宾馆举办的，借中午休息之际，我非常有幸地得到允许，由吕老的嫡传弟子江蓝生先生陪同，去老人家的房间拜访，并且表达了对他老人家真挚的谢意。应我的请求，吕先生和我拍了两张合影：一张是他坐在椅子上，我和蓝生兄分别站在老人家背后；还有一张是我单独跟吕先生的合影。这两张照片成了我极为珍贵的人生纪念（收录在我的《汉语追梦人》摄影集里）。吕先生尽管没有给我上过课，但我一直认为我是他的学生，特别欣赏他主张从语义切入去研究形式的语法研究理论和思路，我认认真真、反反复复读过他的文章和著作，尤其是《中国文法要略》以及《汉语语法分析问题》，给我以极大的启迪，让我收获很多。

更让我无限感慨的是，这次见面后不久，语言研究所正式发函，询问我是否愿意从华东师范大学调到语言研究所去工作。说实话，能够调入中国社科院语言研究所来工作和研究，我当然是非常向往的，但是由于家庭原因，我不得不婉言谢绝，对此，我一直感到某种难以言表的遗憾。直到过了二十多年，2019 年我在广州见到澳大利亚昆士兰大学来讲学的陈平先生（吕先生的得意弟子之一），谈话间他突然提到吕先生当年要调我进京的事，陈兄半开玩笑半认真地说："邵兄，你辜负了吕先生当年对你的期望。"听了陈平兄的"解密"，我内心久久不能平静，这难道是真的？真的是吕先生的意思？那么，我当年的拒绝进京的决定到底是对还是错？如果当时我知道这是吕先生的意思，我也许真的会改变主意，那么，我的命运是否也会随之改变……当然，世界上是没有"如果"的。虽然阴差阳错，我还是深深感激吕先生对我的知遇之恩，提携之举。

不知不觉，距离《中国语文》创刊五十周年纪念会，又是二十年过去了！坏日子一定是越过越慢，好日子总觉得越过越快。近几十年，中国发生了翻天覆地的变化，我们的祖国从站起来，到富起来，发展到现在的强起来。我们的汉语，包括汉语研究，正在走出国门，走向世界，我们的汉语梦正在实现之中。

2022 年来了，我们欣喜地迎来了《中国语文》创刊七十周年！我作为伴随着这一杂志成长起来的同代人，为她感到骄傲！祝愿《中国语文》永葆青春！祝愿《中国语文》所有的编者、作者、读者年年丰收！岁岁如愿！！

我和《中国语文》的不解之缘

石定栩

我和《中国语文》的不解之缘，始于近四十年前一次偶然的机会。

1982 年从华东师大外语系英语专业毕业后，我获得了一个去美国攻读硕士学位的机会，指定的专业是英语作为第二语言教学（TESOL）。我于 1984 年进入了 TESOL 专业非常有名的匹兹堡大学，心目中的导师是做过美国“英语作为第二语言教学学会”会长的克里斯蒂娜·布拉特·鲍尔斯顿（Christina Bratt Paulston）教授。匹兹堡大学的语言学专业同样极为出色，带头人是当过美国语言学学会会刊 *Language* 主编的莎拉·格蕾·托马森（Sarah Grey Thomason）教授。两个强势专业竞争的后果之一是合作共赢，大家都开放对方的专业课作为选修课，而且必修课里也可以有两门是对方的。

这样一来，如何选课就大费周章了。我当过多年的英语老师，TESOL 专业的技能课内容有很多是我熟知的，再去重复一遍虽然容易过关，但学不到真正有用的东西，会对不起这来之不易的学习机会。仔细斟酌之后，我决定都选没有接触过的理论课。互选的语言学专业课我挑了句法学和音系学，选修课则挑了语言接触和语言变异、语言类型学和实验语音学。这些都是当时的热门学科，对于完全没有语言学功底的我来说极具挑战性，一切都要从零开始，没有捷径可走。我只能采用最原始但也最有效的办法——笨鸟先飞，买来了老师推荐的所有专业课本，又从图书馆借了一大堆参考书，整天钻在书堆里与那些语言学概念作斗争。

拼命啃书本的结果是基础课的考试成绩总能名列前茅，可惜的是，选修课大多要求交学期论文，而且又都要求对具体的语言现象进行分析，这显然不是光靠啃书本就能解决的问题了。面临着全新的挑战，我被逼着去浏览各种学术期刊，设法从别人的研究中寻找灵感，结果很快就发现了自己的弱点。和英语教学打了那么多年的交道，我的英语语感和英语母语者仍然有很大的差距，要判断语料的对错还勉强可以，但要举一反三就无能为力，更不用说从中发现问题了。碰了好几个钉子之后，我终于想明白了一个看似浅显的深刻道理：进行语言学研究同样要扬长避短。我的短板是缺乏语言学理论知识和语言研究的经验，缺少对英语和印欧语的充分了解，“长板”是长期和语言打交道积累的经验，而最长的那块“板”是汉语，是我掌握的各种汉语方言，以长补短应该是唯一的出路。

于是我将目光转向了汉语研究，把 *Journal of Chinese Linguistics*（《中国语言学报》）从第一期翻到最新的那期，对于如何用当代语言学理论研究汉语有了初步的认识。印象最深的是 20 世纪 80 年代初关于“（阿 Q）圆圆地画了一个圈”的讨论。这么小的一个题目，居然接连有五六篇文章来讨论，而且有好几位作者是圈子里的名人，他们引经据典，从各种理论的高度进行分析，最后还试图建立新的理论来进行解释。这种以小驭大的分析过程极大地震撼了我，让我看到了当前的潮流，也看清了自己在语言分析上的短板，突然之间感到压力山大，有点不知所措了。

转机的出现非常出乎意料。我的课程学分本来已经修满了，但由于可以免费再选一门课，就加了一门东亚系刚刚开出来的“汉语分析”，由曹逢甫教授讲授。他才从香港大学辗转来到匹兹堡大学，开设这门新课来介绍汉语语言学研究的发展和现状，也为我打开了一扇大门，展示了一个全新的学术天地。曹老师详尽论述了美国各大学汉语研究博士论文的主要观点和理论建树，让我读到了台湾出版的汉语语言学研究丛书，并且拿出他从香港带过来的一套共六本 1982 年版《中国语文》，让我带回家去好好看看。

《中国语文》对我来说并不陌生，20 世纪 60 年代父亲去看望吕叔湘先生，我兴冲冲地在后面当小跟班，还得到了一本《中国语文》作为奖品。不过，我只知道

《中国语文》是汉语语法研究的顶级期刊，却从来没有认真读过里面的任何一篇文章，具体内容自然知之更少。这次的情况则完全不同，我要研究汉语语法却不知从何入手，而能够给我提供突破口的，《中国语文》是当之无愧的首选了。我捧着这套《中国语文》，感觉就像是困在沙漠里的旅行家突然看到了天际的一线绿洲，又像是在黑暗坑道里挣扎的遇险矿工突然听到了救援的敲击声，那种心情已经不是“激动”可以形容的了。

我开了整整一个晚上的“夜车”，把这六本《中国语文》从头到尾翻阅了一遍，找出关于现代汉语研究的文章，第二天一早顾不得补觉就跑去图书馆把它们复印下来。下午把曹老师的本子还回去后，就躲在房间里逐一仔细阅读。越读越感到兴奋，被恍然大悟的感觉刺激得又来了个通宵达旦。当时的美国基本上是生成语法的一统天下，除了功能语法还有一席之地外，传统的结构主义大致上已经无声无息，就连赵元任先生的巨著《中国话的文法》也没有形成太大的影响。各种期刊上发表的汉语分析文章大多以生成语法为理论框架，只有《中国语言学报》有一些功能主义的研究成果。台湾学生书局的《现代语言学论丛》中收集的汉语分析论文，都基于生成语法的标准理论、关系语法、广义短语结构语法以及词汇—功能语法等 20 世纪六七十年代的理论框架；而以黄正德为代表的、70 年代末 80 年代初的美国博士论文，则是采用形式句法最新的管制及约束理论来分析汉语的。

《中国语文》的这些论文是改革开放以来汉语语法研究的成果，基本理论框架大多采用结构主义的传统，使用的语料和分析思路与当时国外期刊的文章有很大差别，因而展现了一条完全不同的研究思路。看着眼前的论文，我不由得突发奇想，似乎可以博采众长，用生成语法的最新理论作为分析的基础，但大量使用真实的汉语语料，从语言事实出发去寻找背后的规律并探求理论上的解释，而不一定要从理论假设出发去寻找支持的证据或修正的理由。可以采用形式句法日趋成熟的技术手段和分析思路，既考察能说的语料，也考察不能说的语料，并且从各个方面反复进行测试，从中总结出真实的汉语规律，作为进行理论分析的基础。按照这一思路，我写了两篇学期论文：一篇是给曹逢甫老师的，讨论汉语的反身代词；另一篇是关于汉语话题和空语类的关系，作为选修课“高端句法分析”的学期论文。

撰写这两篇论文的过程非常艰辛。当时还没有语料库，只能自己去寻找例句。好在相关的文献已经形成规模，可以从别人的研究中挖掘关键的材料，再从相关的文学作品中慢慢寻找，最后总算积累了足够的材料。那时候写论文是真的要用笔写的，只有最后版本才能在学校的电脑房打印出来，等到论文交上去了，用过的草稿纸足足有一寸多厚。没完没了的折磨催生了新的分析方法和技术路线，直到今天还在支撑我的汉语语法研究。同样还在不断帮助我的也包括当年的那几篇《中国语文》的论文。

朱德熙:《语法分析和语法体系》，载 1982 年第 1 期，第 1~6 页。

文炼:《词语之间的搭配关系》，载 1982 年第 1 期，第 17~22 页。

甄尚灵:《“亏”的“多亏”“幸亏”等义及其出现的句型》，载 1982 年第 2 期，第 87~92 页。

陆俭明:《关于定语易位的问题》，载 1982 年第 3 期，第 179~181 页。

马真:《说“也”》，载 1982 年第 4 期，第 283~288 页。

吴为章:《单向动词及其句型》，载 1982 年第 5 期，第 328~336 页。

范继淹:《是非问句的句法形式》，载 1982 年第 6 期，第 426~434 页。

陆俭明:《由“非疑问形式＋呢”造成的疑问句》，载 1982 年第 6 期，第 435~438 页。

两篇学期论文交上去之后不久，我便完成了匹兹堡大学的学业，进入南加州大学攻读博士学位，而且是义无反顾地选择了形式句法作为主攻方向。转学的同时还传来了一个令人兴奋的好消息，可以用个人身份在美国订阅《中国语文》了。南加州大学图书馆是藏有《中国语文》的，但不能外借。于是我从 1986 年下半年起自己订阅《中国语文》，而且每期都会仔细研读，从中汲取营养和寻找灵感。一期接一期地细细品味，可以清楚地感受到国内语法界的发展变化。印象最深的是 1988 年的两篇文章。黄正德在第 4 期发表的《汉语正反问句的模组语法》，是国内语法期刊第一次刊登形式句法汉语研究的文章，展示了与结构主义传统不同的研究方法。陈平在第 6 期发表的《论现代汉语时间系统的三元结构》，介绍了当代语言学分析句子时间所使用的三元结构，依此对汉语的时相、时制、时态做出界定，并解释了相关的现象。在后来的语法研究中，这两篇论文同样不断地被我引用。

在南加州大学的几年时间里，《中国语文》一直是我灵感的来源，成了我博士生学习生涯中不可或缺的组成部分，就连博士论文的选题也与从中得到的启发相关。也正因为如此，1994 年离开加州去香港的时候，我不但带去了那五十多本的《中国语文》，还带上了 1982 年那几篇文章的复印件。后来的二十多年里，它们一直摆放在书柜中显眼的地方，激励我在汉语研究的道路上继续前行，也尽力为《中国语文》贡献了六七篇文章，还为中国语文杂志社主编的《语法研究和探索》贡献了六七篇文章。

我和《中国语文》结下的不解之缘会一直延续下去。

再谈语音研究中的三个关系

——我与《中国语文》

石 锋

《中国语文》创刊七十年了。看到编辑部的约稿信，不由得回想起三十年前，我第一次参加中国语文研究四十年学术讨论会的情形。往事历历在目，犹如昨日。那时我还是语言学界的小字辈，收到《中国语文》编辑部的参会邀请，非常高兴，很是珍惜这个宝贵的学习交流机会。会上见到很多学界前辈。听到他们讲述语言研究的经验和感悟，字字珠玑，精彩纷呈。我感到收获极大，对语言研究有了更深刻的认识和理解，更是充满浓厚的好奇。人们告诉我，当时我是参会者中年龄最小的一个。那次会议赓续传统，启迪后学，对于我一直到如今的学路历程，都有着极为重要的影响。

我在那次会上的发言是精心准备的《语音研究中的三个关系》。内容是总结自己十几年来从事语音实验研究的心得体会，研究如何处理好三个基本关系：1. 人的因素和仪器的作用；2. 口耳之学和语音实验；3. 语音学和音系学的结合。在会上抛砖引玉，得到好几位学界前辈和师长的指教和鼓励。这篇讲稿后来收入《中国语文研究四十年纪念文集》(1993)。今天看来，其中尽管带有青涩稚嫩之处，可也不乏对于语言实验研究的痴迷和执着。三十年之后，我用《再谈语音研究中的三个关系》，恭贺《中国语文》创刊七十年。

一　人的因素和仪器的作用之间的关系

那篇发言讲到，语音实验当然离不开仪器。仪器固然很重要，可是有了望远镜并不一定就是天文学家。决定的因素还是掌握语音实验知识的人。仪器由人掌握，为人服务。人和仪器相结合，才能在语音研究中做出成果。

用同样的仪器进行同样的实验，为什么有的时候会得出不同的结论呢？差别就在主导实验的人。人的因素涉及广泛，这里主要考虑三个方面：1. 研究者的学术理念；2. 尊重母语者的语感；3. 避免观察者悖论。

1.1　研究者的学术理念

同样的实验得出不同的结论，肯定有实验方案、实验任务、样本规模、数据测算、被试选择等人为的原因，而这些具体事项的差别又取决于研究者的学术理念，选择哪种学术理论作为参照系，这是更为重要的因素。因为有时候甚至对于同样的结果和数据，所做的分析和解释都不一样。我很赞同“实验研究呼唤汉语语法理论的更新”（沈家煊，2022）。确实，语言实验研究呼唤语言理论的更新，同时，语言理论的更新需要实验研究的检验和探索。

伯林格（Dwight Bolinger）（1993）说：没有哪一个科学领域像语言学那样，存在着如此之多的谬误，不仅存在着，而且还继续被当作真理传授着。韩礼德说，语言学的研究还处于牛顿以前的时期。[①] 他们这些判断都是针对西方语言学的情况讲的。

在人工智能研究中，为什么同一个杰里内克（Fred Jelinek），一方面说：“每次我炒掉一位语言学家，言语识别器的表现就会提升”；另一方面又说：“我可以跟语言学家很好地合作”？因为这是分别指不同的语言学家。前者是指脱离实际的语言学家，后者是指面向实际的语言学家。这位人工智能专家讲的也都是西方语言学家

① “韩礼德有句话说了不止一遍，他说语言学的研究还处于牛顿以前的时期。”见沈家煊《实验研究呼唤汉语语法理论的更新》，*Experimental Linguistics* Vol. 11, No.1:1-14（《实验语言学》第 11 卷第 1 号，第 1~14 页）。

的情况。

时代已经变了，科学在飞速前进。脱离实际的语言学家在大数据时代集体失语，受到冷落，后继乏人。如果还是固守陈年的旧论，不知变通革新，躲进小楼成一统，自说自话，将会离现实社会越来越远。有些活跃的学者已经感觉到语言学的这种危机。

这是挑战，更是机遇。现在是时候来认真审视反思语言学中的一些基本理念了。语言是什么？语言学是什么？语言学家的使命是什么？语言学的研究对象包括：语言和言语，任意性和理据性，神创说和演化说，语音和语义，语用和语法，规则和概率，理论和实践，实体和性质，范畴和系统……语言学不是玄学，语言学是经验科学、实证科学、实验科学。科学研究不能照本宣科去重复前人和外人已有的结论。要自己动脑动口动手动脚，去思考，去调查，去实验，才能真正认识什么是语言，才能知道哪些理论是符合语言实际的，哪些理论是不符合语言实际的。

有种理论说：儿童的语言输入刺激是贫乏的，并且对儿童语言中错误不多感到奇怪[①]。我看到有美国学者（B. Hart & T. Risley, 1995）追踪调查幼童满三岁时的语言聆听输入量[②]。结果显示，贫困家庭幼童的累积聆听量为1300万个单词，富裕家庭幼童为4500万单词。这里除了有贫富的巨大差异，我们还看到所有的幼童语言输入都超过千万量级。千万量级已经达到一般大数据的级别[③]。电脑基于大数据概率分布进行机器自我学习，都能解决大部分语言问题。儿童的人脑更是不成问题了。输入的都是正常语句，输出的内容当然就不会有多少错误了。

---

① 乔姆斯基（N. Chomsky, 1965, 1975）等认为，儿童大脑中有一个先天的语言习得机制，即普遍语法，儿童学习语言就是在语言习得机制作用下不断为普遍语法赋值。托马塞洛（M. Tomasello, 2012）等学者整合行为主义与乔姆斯基学说，提出儿童语言发展的建构论，认为儿童学习语言是基于成人与儿童的语言互动。

② Hart 和 Risley（1995）招募了 42 个家庭，其中 13 个高收入家庭，10 个中产家庭，13 个低收入家庭，6 个社会救济家庭。从婴儿 7 个月开始，纵向追踪研究，详细记录家庭成员面向幼童的会话和其他方式的聆听输入量（包括对幼童说故事，朗读，等等）。量化统计显示，幼童每小时的语言平均聆听量，贫困家庭为 616 个单词，低收入家庭为 1251 个单词，富裕家庭为 2153 个单词，大体呈现 1:2:3 的比例。

③ 大数据有相对性，因不同对象领域而不同。一般集体端口输入十万级、个体端口输入千万级为大数据。

1.2 尊重母语者的语感

语感（language intuition）就是人们在长期实践中形成的直觉感悟的语言能力。语感不是天生的，也不是靠理论学来的，而是基于实际经验的大量感性认识，习惯成自然，即具有浓厚经验色彩的能力。人们自然习得和熟练使用自己的母语，并没有老师来教会他，靠的就是从小培养起来的对母语的语感。因此，母语者的语感是最可靠的语言能力和语言知识。语言学家的任务是对语感作出理论的阐释，即把母语者直觉感悟的语言表现提升为明白易懂的理性论述。

为什么说田野调查是语言学者的基本功？鲍阿斯、萨丕尔、布龙菲尔德、赵元任、李方桂、罗常培，个个都是做田野调查的高手。田野调查是什么？田野调查又称为现场调查，就是跟母语者进行面对面的接触，从而直接获取母语者语感的第一手资料。这是最宝贵的语言研究资料和语言研究体验。认识语言要从自己的亲身实践中才能解决。在书斋中、教室里，只能重复别人书本上的语句。我记得邓守信先生有一句话："I hate repeat.（我讨厌重复。）"吃别人嚼过的馍没有味道。

为什么说语言实验是语言学子的必修课？语言实验就是对母语者语感进行科学验证和解析说明。母语者认为相同的成分，必定有其同一性；母语者认为不同的成分，必定有其差异性。仪器实验的结果应该是用来揭示和阐释这种语感所依据的生理、物理、心理的机制。语感本身就反映了语言事实。调查者和实验者都要充分尊重母语者的语感。尊重语感就是尊重语言事实。这应该作为语言研究的基本原则，放在第一位。

我们可以总结出母语者语感原理：母语者的语感是语言事实的真实反映，最具权威性。业师胡明扬先生写的文章中，每一个例词和例句都要跟北京本地人反复核实，这给我留下了深刻印象。其实依据语感是最简单的途径。例如对于汉语词和短语的划分，众说纷纭，王立老师另辟蹊径，五年调查 5000 人，写成了一本书。她调查的是"词感"——母语者对汉语词的感性认识，对于汉语分词问题很有参考价值。那些脱离或违背母语者语感所做的研究，是不会被母语者接受的，因此也是没有意义的。

我们从语言学角度为音节定义：音节是语言中能够自由组合的最小的音段结构单位（石锋、冉启斌，2019）。这里为什么只讲音节组合而不讲划分？就是因为音节是语音的自然单位。所谓自然，就是母语者凭语感划分音节是不成问题的。反而是研究者对音节划分争论不休。以往的研究多是从音节本身考虑，而音节的语言学定义则是聚焦于音节的组合，即把音节放在语言系统中进行考察。

1.3 避免观察者悖论

调查语感，获得语言事实，并不是那么容易的。科学上有一个观察者悖论，是世界十大著名悖论之一。这个悖论就是：一般情况下，观察都会影响到被观察对象，甚至会使被观察对象发生巨大的变化。一个人知道有人在观察他的时候，与他在自然状态下的表现，肯定不会一样。根据观察者悖论，我们引出观察者原理：理想的观察应该得到被观察者没有觉察到被观察而表现出来的自然状态（石锋、闫锦婷，2021）。

拉波夫说过，语言学实验的目的是找出人们在不受系统观察时是如何说话的，但是这样的数据又只能通过系统的观察来取得（Labov，2019）。观察者搜集日常言语资料所采用的访谈法影响到这些资料的自然状态，往往会与访谈初衷相悖。所以，拉波夫要用“隐蔽调查法”，即把调查的目的隐蔽下来，尽量使被观察者提供处于自然状态下的言语资料。

我们调查母语者对于音节的划分，就要像拉波夫那样去调查。例如，可以装作没有听清对方说的话，请他把一个词拖长慢说，而不是去问他：这个词你怎样划分音节？母语者不是先学会这些概念才去说话，这些概念都是基于母语者的语言使用而分析总结出来的。

业师胡明扬先生曾经指导我们调查北京话，我记得当时到一个人家，问她：“你平常有没有把我们说成姆么呢？”她连连摆手：“我从来不说姆么。”等我们调查结束告别时，她一边送我们一边说：“姆么没有什么准备，姆么……”一连说出好几个“姆么”。我们回去马上修改调查记录。后来我把这个生动的实例讲给学生们，引以为鉴。要想得到真实的语言状态，必须花费一番功夫才能成功。

二　口耳之学和语音实验之间的关系

那篇发言讲到，传统的口耳之学和现代的语音实验之间，应该是继承和发展的关系。人耳对语音是定性分析，实验方法一般是定量的分析。语音的实验分析就是把定性的分析结果转换为量化的生理——物理的表现。语音实验要充分利用和重视口耳之学的研究成果，使我们有可能站在前人的肩上。

正如生产工具是社会进步的标志，研究方法是科学发展的界石。传统语言学是卡片之学，利用口耳作为考察研究的工具；现代语言学是数据之学，利用实验得出科学分析的结论。语言学要走科学化道路，就离不开实验的方法。这里讨论四个有关的问题：1. 量化定性的数据之学；2. 大道至简和奥卡姆剃刀；3. 量子逻辑的含中律；4. 语言中的连续统。

2.1　量化定性的数据之学

定性研究要求确定研究对象的性质，定量研究需要依据数据进行量化分析，这是社会科学研究的两种基本方法。语言研究同样使用这两种基本方法。它们各有优点和缺点。在语言实验中需要把二者结合起来，把定量分析的优势和定性分析的优势统合在一起，实现为一个可操作的范式。我们称之为量化定性的方法。量化定性是一个创新理念，即通过量化手段达到定性的目的，把结论建立在坚实的客观实证基础上。

如果说，音系学是定性分析，语音学就是定量分析。把二者结合起来就要采用量化定性的方式，用实验的方法研究语音系统。这不是只对某个单一的语音成分做原子式的实验，而是同时对这种语言或方言中同一层级的全部成员（如全部声调、全部核心元音、全部塞音、全部擦音、全部通音等）进行同样的实验，做同样的测算统计，得到它们实验数据的分布模式。我们以实验数据的量化处理为基础，对于语音系统同一层级各成员的范畴界限做出定量的描述。根据统计数据做出图表，使分布模式可视化，就成为语音格局。

实验数据的分布有差异，是正常现象。我们在实践中得到实验数据的差异区分原理：语音性差异程度比较小，是随机差异；音系性差异程度比较大，是系统差异。这个原理可以进一步地普遍化为这样的量化定性原理：范畴内的差异程度比较小，是随机差异；范畴间的差异程度比较大，是系统差异。

采用实验的方法研究语法、语义和语用，同样要走量化定性的途径。我们做语言实验的基本目标，就是实现量化定性。量化定性使人们的主观认识更加接近客观事实，更为科学可靠。抛开量化，直接定性下结论，好不好？当然可以。过去很多结论都带有强烈的主观臆断和猜测的成分，缺乏客观的标准和实证的依据。有的学者说自己是“猜”，有的学者直接称为“蒙”，正式讲是“自圆其说”。这样带来的问题就是不同人的判断不一样，各执一端，自说自话，争论无解。量化定性比直接定性好就好在有客观依据，可重复检验，即使有不同的结果，也很容易找出原因。把定量研究和定性研究结合起来，很多领域早已有这样的想法和做法，只是在语言学领域似乎还没有那么成熟。

2.2 大道至简和奥卡姆剃刀

做学问有两种方式：一种是把简单的东西搞得很复杂，一种是把复杂的东西搞得很简单。把简单的东西弄复杂很容易办到，把复杂的东西弄简单不容易办到。大道至简。爱因斯坦的相对论公式极其简洁：$E=mc^2$。简洁，是思维方式和表达方式，反映研究者的学术功底，也表现研究者的学风。语言学大家如赵元任、吕叔湘、朱德熙，他们的论著都是简单直白的。吕叔湘《汉语语法分析问题》连同目录序言一共才 96 页，何其精练！这是对于所论语言问题的思考已经臻于炉火纯青、思精理熟的通透境界的自然流露，讲出的每一句话都非常晶亮透辟。

简单作为重要的方法论原则，它凌驾于不同的学派之上（沈家煊，2017a）。这一点在东西方都是一样的。著名的奥卡姆剃刀原则就是“如无必要，勿增实体”。可是仍然有人到处画蛇添足，凭空增加实体，各种术语操弄，纠缠一些伪问题，费时费力，误己误人。如儿童习得语言本来是很简单的事情：儿童凭借模仿的本能，学会他所接触的语言，包括词语类别和组合位置。习得的次序依据概率匹配的原则：接触多的先学会，接触少的后学会。所以儿童语言出错大多是出于类推过度。类推也是一种模仿。模仿和概率匹配都是动物本能。

汉语的语法教学在中小学并不成功，在西方的情况同样如此。“对于学校未能向普通公民传授有关语言的知识这一巨大失败，语言学家们只能怪他们自己。”（伯林格，1993）我有时候真的感觉：语言本来是很容易理解的事实，被我们的语言学家弄得好复杂呀！连我这样的语言学教授都望而生畏，何况那些学生呢。没有哪一个儿童或学生是先学会这些理论才去习得母语或学习第二语言的。

乔姆斯基提出最简方案，就是顺应了奥卡姆剃刀原则。乔姆斯基确实是一位“学之时者”，与时俱进，从句法结构开始到现在一直在变，到最简方案变得最为彻底。他用合并（merge）取代移位（move），这跟原来的管约论（GB）已经大不一样。我们希望有更多生成语法学者采用最简方案来研究和描述具体的语言现象和语法系统。追求最简，这应该是学界各家各派的共同目标。不妨在这个方向上来一个竞赛，看谁能达到最简。

在语言实验中，常常要对测算的数据进行归一化计算。归一化有不下十几种计算方法。我们提出的声调 T 值、元音 V 值、鼻化度 N 值、语调的起伏度、时长比、音量比，以及塞音、擦音、塞擦音格局中的一系列归一化算法，这不是我们的发明，而是在各种算法之中选择的最简算法。因为算法简单，所以有很多老师和学生采用了。为什么有的归一化算法很少有人用，甚至提出者自己也放弃了？就是因为，语言中的归一化不需要那么精密复杂。

人类对外部世界的认知，受到人类本身的生理机制和心理机制的制约，包括自身的生涯阅历和心智能力。人耳和人脑就像一个带通滤波器，在语音辨识和语义判断过程中，很多语言中的细节都被过滤掉了。过滤就是选择。利用实验仪器可以得到语言表现多方面的精细参数。音高小到 1 赫兹，时长小到 1 毫秒。可是人在接收辨识词语和句子的时候，只是选择那些关键的参数，根本不需要那么精细。相对值在语言中的意义比绝对值更为重要。

2.3 量子逻辑的含中律

前些年我的一位学生到国外留学，来信告诉我，那里的大学开设量子逻辑课程，引起我关注经典逻辑和量子逻辑的问题。这对于我们语言学的研究很有助益，希望大家都来了解一下。我们上学时既没有学过经典逻辑，更没有学过量子逻辑。而没有逻辑思维就谈不上是科学研究。很多语言学争议没有结果，一是没有客观实证，二是不用逻辑思维。

经典逻辑有三个基本原则。1. 识别原则，如 A 就是 A；2. 对立原则，如 A 不是非 A；3. 排中原则，如不存在既是 A 又是非 A 的第三方。显然，这些原则都是跟经典范畴理论相联系的，多年以来一直为人们所信奉和遵循。

然而，经典逻辑并不完全符合真实的世界。在量子水平上的粒子样态打破了经典逻辑的原则。经典物理学认为粒子不是波，波也不是粒子。而在量子层面上，粒子同时可以是波，二者叠加在一起，只是在测量的时候才显示出是波或者是粒子。语言中的一个词语有不同的词义，在进入句子时才能表现出是哪个意思。或者一个句子有不同的语义，只有在具体的交际中才能理解是哪种意义。这就如薛定谔的猫，既死又活，处于一种叠加态。

于是，经典逻辑的排中原则修改为量子逻辑的含中原则：存在一个 T 值，同时既是 A 也是非 A，即可以具有三个真值：A、非 A 与 T（Nicolescu，2002）。这种三分法（主体、客体、主客体交互作用）与形而上学的二分法（主体、客体）是有着很大区别的（Nicolescu，2008）。从排中律到含中律，给我们思维方式以很大的启示。

过去有些争论是基于二分的排中律，各执一端，互不相容。如若采用三分的含中律，就有了中间地带的海阔天空。例如，语言的任意性和必然性，有人认为非此即彼，是典型的排中律思维。而含中律则承认约定俗成的任意性和理据性共存的空间。一个词是动词还是名词，不好确定，有可能是一种动词和名词的叠加态。

另外，二分的排中律把归纳逻辑和演绎逻辑绝对化，有人认为唯演绎逻辑才是科学的。其实，演绎和归纳是人类认识世界的交替过程，是同一事物的两个方面，真实的思维活动完全无法把这两个方面截然分开。语言研究方法一般是“构建假设，然后对其进行证伪，是归纳与演绎的有机结合。其中归纳法的特征表现在：我们是在审视语言事实的基础上构建理论的。其演绎法的特征表现在：我们用来构建假设的机制，的确是某种理论的一部分”（惠特曼，2020）。

2.4 语言中的连续统

客观世界都是连续的。所有的范畴切分都是人为的主观行为。连续统（continuum）词源是拉丁语，用在数学中，把实数集称为连续统。1950 年代开始，逐渐引入哲学等学科领域。引入语言学应该在 1980 年代以后。语言学中常用的连续统是在这个意义上，理解为跟离散性相对的连续性（continuity）。自然界和人类社会中到处都存在着连续统。人类语言同样普遍存在连续统。语音、语义、语法都是如此。

连续统是系统的最简化，具有更为简明的形式和更为普遍的意义。形成连续统的条件：同级的语言成分共有同一个维度，以递增或递减的方式有序排列。即可以采用同一个敏感指标进行客观量化的定性排序，或者依据公理和常识划分出递升或递降的等级。连续统意味着对研究对象的总体认识和全局把握。各种语言成分之间纷繁复杂的表现经过有序排列，一目了然，简单明确。连续统实际上是语言系统的一维格局。

连续统是客观存在的，对连续统划分范畴是主观人为的。通过考察连续统，我们可以解决是否需要划界和怎样具体划界的问题。对那些纠缠不清，剪不断、理还乱的情况，就不要强行划界。在必须区分范畴的连续统的划界中，两个范畴交界处的成分通常有四种表现：A 必选—B 可选—C 可不选—D 必不选。其中 A 和 D 属于不同的范畴，B 和 C 是 A 和 D 之间的过渡段。分界在 B 和 C 之间实施，具有可操作性。

赵元任 1918 年在哈佛大学哲学系的博士论文题目就是《连续性：方法论研究》。他是把连续统概念从数学引入哲学的先驱，领先学界三十年。尽管当时他使用的术语是连续性，可是论述的内容，如两极、分等、排序、中间体等，都是连续统的思想。赵元任研究语言，取得多方面的杰出成就，应该是他当年的连续统方法论起到重要作用。如提出音位分析多能性，把汉语轻声译为中性调（neutral tone），增设汉语可轻声等，都显示出连续统思想方法的影响。

吕叔湘《汉语语法分析问题》(1979）实际上就是讲汉语语法中划分不清的问题。全篇充满连续统思维。分析汉语的单位、结构、分类，每一节都是连续统问题，都值得至少写出一篇博士论文。他在国内汉语语言学界应该是最早“吃螃蟹”的人。那些在学术上剪不断、理还乱，纠结不清的问题中，都存在着连续统。语言中的连续统比比皆是，不胜枚举。最近还看到几篇文章分析句法问题的连续统。看来已经有越来越多的学人认识到连续统在语言研究中的重要意义。下面是我们做出的两个连续统的实例：

0%	20%	40%	50%	60%	80%		100%
			0				
低元音	中元音	高元音		通音	擦音		塞音
圆唇	圆唇	圆唇		全通音	清浊	塞擦音	清浊
不圆唇	不圆唇	不圆唇		鼻通音	送气		送气
前	前	前		边通音			闪音变体
央	央	央		r通音			
后	后	后		颤音变体			

元音 – 辅音连续统

元音 – 辅音连续统（石锋，2021）是依据理想化发音阻碍程度的语音排序：声腔全部打开，阻碍程度为 0；完全堵塞，阻碍程度为 100%。元音与辅音的分界在阻碍程度的 50%。两端的低元音和塞音之间区别很清晰；中间的高元音和通音之间界限模糊。所以通音兼具有“+ 辅音性”和“+ 元音性”。这个连续统有助于方便教学和研究。

从常态字音到轻声字音之间是一个连续统（石锋、刘娟，待刊）(见下图）。人们过去一般是把非轻声与可轻声、必轻声、正轻声分开[①]。我们建议在可轻声和

① 非轻声即常态字音。赵元任讲的可轻声是习惯性轻声，即带调轻声，原调特征有保留，还能使前字发生变调，如“小姐”“老鼠”的后字。必轻声是跟可轻声相对的必读轻声，即失调轻声，原调特征在轻声词中无保留，不能使前字发生变调，如亲属称谓叠音后字“妈妈”“姐姐”“弟弟”和词缀“子”“头”“儿”。正轻声即无调轻声，原调难以确定，在各种情况下都是轻声，如结构助词“的”和语气助词“吗”“呢”“吧”。

必轻声之间划界，即非轻声和可轻声为一类，必轻声和正轻声为一类。因为非轻声和可轻声的界限相对模糊，而可轻声和必轻声之间的界限相对清楚些。

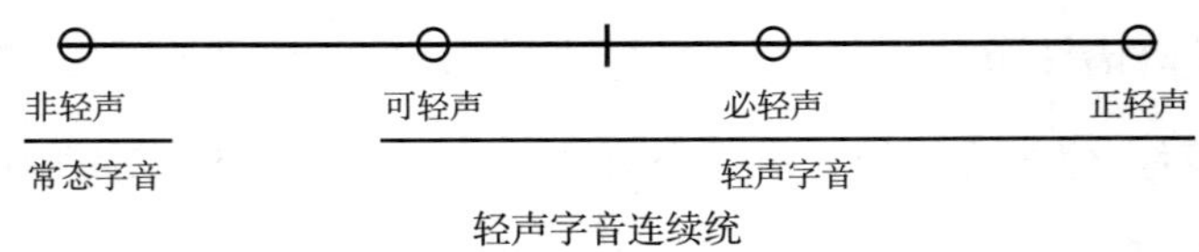

轻声字音连续统

三　语音学和音系学之间的关系

那篇发言讲到，语音学和音系学是密不可分的。语音学中有音系学的内容，音系学中也有语音学的内容。二者本来就是互为表里，共为一体的。把语音学和音系学结合起来，实际上就是重视语音在语言研究中的作用。我们应该把语音研究贯穿于语言研究的全过程。语音和语法，语音和词汇，语音和语义，这样结合在一起，会有很多共同的课题。

语音学和音系学有着共同的研究对象。二者本来是一家人，布拉格学派要它们离异，我们要它们复合。语音格局就是语音学和音系学结合的平台。语音格局是可视化的语音系统。因为人类的语音都是成系统的，所以只要研究语音，就不可能脱离语音的系统。游离于系统之外的语音是不存在的。这里讨论三个问题：1. 语音是语言的物质基础；2. 语音系统的二重性；3. 语音学和音系学合作共赢。

3.1　语音是语言的物质基础

什么是语言？说出来的话就是语言。不说出来只能猜谜。语音是有声语言的物质形式。人类的语言都是音义结合体。音和义相结合才是语言。音义结合为语言单位，才会有词汇、语法、语用。在语言中，没有无意义的语音，也没有无语音的意义。甚至语句间的无声停顿都带有一定信息，此时无声胜有声。所有言外之意都必须以言内的形式作支撑，以共有的背景知识为基础。由此我们总结出三个基本原理和一个增量推论（石锋，2017）。

（1）人类语言的有声原理：因为人类语言是有声的，即语言中的一切内容（结构、语义、功能、语用、情感）都是通过语音表现出来的；同时通过语音来接收和获得理解，所以对语音流进行适当的语音分析，应该能够得到相对应的有序模式。有声原理应该是具有普遍性的语音和韵律的公理。

（2）必选原理：焦点的表现有词汇、句法、修辞、语用、语音等各种方式。然而其中只有语音是必有的，其他都是可选的；并且所有其他的方式都是通过语音形式才能够表达出来的。必选原理是在有声原理基础上的凝聚和浓缩。相比普遍性的有声原理，必选原理特别集中于焦点的表现。

（3）对应原理：一个语言成分的语音充盈度跟它所负载意义内容的实在程度和所传递的信息量相互对应。对应原理更为具体地把语音形式跟意义内容联系在一起，是韵律格局分析的直接依据。其中的语音充盈度表现为音段发音的到位程度以及相关的相对音高、相对时长和相对音量的测算数据。

（4）对应原理推论为增量原理：一个语言成分负载的意义或功能的增多，表现为语音充盈度的增量叠加；而一个语言成分的语音充盈度的增量，反映出所负载的意义或功能的增加。反则反是，即意义或功能减少表现为语音充盈度的负增量，同样适用。增量原理是韵律分析的具体操作原则。

以上原理和推论，实际上早已成为学界的共识。我们只是把它们集中起来进行表述，使它们更为清晰，成为人们更加自觉的理念，作为我们进行韵律格局实验研究的理论基础。语言学者在研究的过程中要有原理意识：为发现原理而研究，为检验原理而研究。

3.2 语音系统的二重性

人类语言是一个复杂适应系统。语音是语言系统中最具物质性、最有规律性、最重要的子系统。我们一向认为语言系统的语义、语法、语用三个平面，必须要加上语音平面。所有语言的语音系统都具有双重意义：一种是狭义的基于音节和音节组合的静态系统，一种是广义的基于语句音流的动态系统（石锋，2008）。这就是说，语音不仅自成一个平面，而且还负载着语言中的其他平面。

首先是基于音节和音节组合的相对静态的狭义语音系统。包括构成音节的音段成分和音节负载的超音段成分，如：有多少元音和辅音，有几个声调，重音位置，等等。这些语音内部各层级的成分在音节中彼此区分和相互配列，自成体系。从中得到一种语言或方言的元音系统、辅音系统、声调或重音的分布、音节配列结构，以及共时和历时的音变等。

然后是基于语句和话语的相对动态的广义语音系统。语音是语言的物化表现。语言中的语义、语法、语用的全部内容都要通过语音来表现。语句是语言交际的基本单位。语音实验力图对语句音流的表现进行量化分析，探索其内在的有序分布模式。从信息结构梳理焦点类型，从焦点类型对应韵律格局。这里的动态、静态都是相对的。如协同发音和连读变调等，就是二者之间的过渡状态。

前面的静态语音系统是很重要的基础，跟后面的动态系统有密切的直接联系。语音研究首先要解决这种相对静态的语音表现。我们之所以先从声调格局、元音格局、辅音格局做起，最后才去分析语调格局和韵律格局，就是先要有坚实的基础，才可能建造起高楼广厦。当然，解决静态系统只是序幕，真正的内容在后面。这常常为人们所忽视。如果把前者比作游泳池，那么后者就是浩瀚的大海，有着更为深广的内涵和丰富多彩的表现。

3.3 语音学和音系学合作共赢

国际语言学界近年来出现了“话语转向”，又有互动语言学的兴起，把实际交际中的语言作为研究的目标和方向。这是令人可喜的趋势。吴宗济先生很早就提出语音实验要“向自然语言进军”。我们的语言研究应更加贴近实际的语言使用，回答实际语言中的问题，把语言学建立在客观实证和科学实验的基础上。要真正地从理念上和实际中转向自然语言，是很不容易的，有相当的难度。我们一直在朝着这个方向努力。

例如，我们提出本音原理（石锋，2020）：在同一音位的各个变体中，一般是在连续语流中的变体表现出这个音位的本质。这也可以用于声调、长短、轻重等超音段音位。我们把普通话上声定为低平调（石锋、冉启斌，2011），是依据上声在语流中的变体。吴语的浊塞音和英语浊塞音在孤立发音时都不带音，也是依据在语流中的表现定为浊音。同样，把 r 声母在连续语流中的通音变体作为本音（冉启斌、石锋，2008），涵盖了赵元任（1968）的浊持续音、王力（1983）和朱晓农（1982）浊通音的见解。

语音研究在语言学史上常常有着先锋的地位和作用，如：语音对应规律的发现之于历史比较语言学，音位理论的讨论之于结构语言学，音系规则的探求之于生成语法学，语音变异的分析之于现代社会语言学，等等。语音研究在语言研究中是最具有物质性和实践性的领域，也是最具有系统性和规律性的领域。

我们不断强调语音学和音系学结合，走实验音系学和实验语言学的道路，是因为这件事关系重大，关系到语音学、音系学，以至整个语言学的发展方向。语音学如果不和音系学相结合，就可能被排除在语言学的门外。音系学不和语音学结合，就只是主观臆测的空中楼阁。用实验的方法研究音系学，使语音学和音系学合作共赢，成为语言研究的实证基础。这样就为语言学脱离自圆其说的状态，走上科学道路准备了充分条件。

四　结语

那篇发言结尾讲到，美国教授欧哈拉（J.Ohala）1991 年在第 12 届国际语音科学会议的主题报告是《语音学和音系学的总合》。看来这已经引起整个语音学界的重视，会成为今后一段时间的学术发展趋势。

我看到朋友转来美国惠特曼（J.Whitman）教授访谈录，有几点感想，曾发在我的学生群中。现在抄录在这里作为结语，可以分为三点。1. 创新不看人数多少；2. 共同方向：重视实验研究；3. 寄希望于青年学子。

4.1　创新不以人数多少为标准

惠特曼认为，认知语言学在走下坡路。根据就是北美和欧洲做认知语言学的人数和大学不多。这是我不能同意的。科学的活力在于理论和方法的创新，而不在于人数的多少。三十年前做语音实验的大学还只是寥若晨星，到现在只要有条件的学校都建立语言实验室。我在课上曾多次讲过：一种理论和方法只要成为主流，就意味着开始落后了。自许为主流或以尾随主流为荣，那是“随大流”。这是人们惯性和思维从众特征的表现。

任何学术研究进入尖端前沿，在创新开始阶段，人数都是很少的，这是科学发展的正常现象。这正如王安石在《游褒禅山记》中所述，夫夷以近，则游者众，险以远，则至者少。而世之奇伟、瑰怪，非常之观常在于险远，而人之所罕至焉。

当然这跟对语言现象要分清主流和支流完全是两码事，不能混淆在一起。看一位学者的水平高低，能不能分清主次是一个重要条件。所谓分清主次，就是要分清常态和非常态、多数和少数、优势和劣势、全局性和局部性、必选项和可选项、主导因素和伴随因素、区别性特征和变体性表现。说起来容易，做起来很难。人们往往不知不觉就会因一叶障目而不见泰山。

4.2 共同方向：重视实验研究

惠特曼认为，当代语言学研究日益重视经验和实验。学者们将会越来越多地使用形式的、量化的、实验的方法进行语言学研究，这一趋势会越来越明显。这是我非常赞同的。我们对语言学各个流派没有先入为主而厚此薄彼的看法，只是认为应该以实证和实验作为检验各种学说理论的标准。近些年来，我们很高兴看到语言学各家各派正在朝着同样的方向汇聚：不管是形式语言学、功能语言学还是认知语言学的学者，都在日益重视经验和实验，越来越多地引证并参与语言实验研究。这是语言研究向科学道路进展的大势所趋。

实验语言学是立足当代，面向未来的语言研究方法论，可以为各家各派所采用。这是一条充满阳光的学术发展道路。方法是科学与非科学的分界线。实验和计算的方法是最基本的科学方法。实验语言学和计算语言学是实证研究的有效方法，是语言学走向科学化的方向。

语言科学追求的目标不应该仅仅满足于自圆其说。只是待在屋子里空谈，做不出真正的语言学研究。即使现在有的语言学者不做语言实验，他的学生，学生的学生，将来也必定会走上实验语言学和计算语言学的道路。语言学研究需要脚踏实地，走向社会，走向田野，走向实验室，走向互联网。那才是语言学者大有作为的广阔天地。

4.3 寄希望于青年学子

惠特曼认为，我们需要为学生提供实验语言学和计算语言学训练。我不仅十分赞同，而且把它作为当前非常迫切的最重要的任务。所有的语言学家对此有着义不容辞的责任，否则就是误人子弟。因为青年学子拥有未来，而未来二三十年之后的语言学研究面貌，必是实验语言学和计算语言学的研究方法大行天下。这不只是全新的方法论和全新的研究范式，更会有全新的研究理念。惠特曼教授慧眼识珠，已经看到了这个语言学发展的大趋势，不愧是一位优秀的语言学家。

马克思说："最先朝气蓬勃地投入新生活的人，他们的命运是令人羡慕的。"① 实验语言学就是这样的新的学术生活。我们从 1986 年以来，年复一年地举办实验语言学研修班；2002 年和 2012 年分别创办《南开语言学刊》和《实验语言学》刊物，2017 年开始组织"实验语言学 +"云上论坛直播报告，所有这一切，就是希望能有更多的老师和学生采用实验语言学的方法来研究语言，跟我们一起，朝气蓬勃地投入新的学术生活，把语言学建立在客观实证和科学实验的基础上。

部分参考文献

方梅，2021，在"2021 年互动语言学理论与方法研讨会"上的讲话，上海互动语言学沙龙，2021 年 12 月 25 日。

惠特曼，2020，《惠特曼教授访谈录》，《外国语》第 5 期。

吕叔湘，1979，《汉语语法分析问题》，商务印书馆。

冉启斌、石锋，2008，《北京话 \r\ 声母的变体及音位的聚合程度》，《中国音韵学——中国

① 《马克思恩格斯全集》第 1 卷，人民出版社，1956，第 408 页。

音韵学研究会南京研讨会论文集》，南京大学出版社。

沈家煊，2017a，《“能简则简”和“分清主次”——语言研究方法论谈》，《南开语言学刊》第 2 期。

沈家煊，2017b，《〈繁花〉语言札记　附篇：汉语的韵律和节奏》，二十一世纪出版社集团。

沈家煊，2022，《实验研究呼唤汉语语法理论的更新（“实验语言学 +”云上论坛直播报告）》，*Experimental Linguistics* Vol. 11, No.1（《实验语言学》第 11 卷第 1 号）。

石锋，1993，《语音研究中的三个关系》，《中国语文研究四十年纪念文集》，语言学院出版社。

石锋，2008，《语音格局 —— 语音学与音系学的交汇点》，商务印书馆。

石锋，2017，《语调研究是实验语言学的奠基石——语调论坛总结报告》，《实验语言学》第 6 卷第 1 号。

石锋，2020，《试论普通话声调的本调——兼谈五度值记调法的性质》，*International Journal of Chinese Linguistics,* Vol. 7，No.1。

石锋，2021，《汉语音节十问》，《银龄集》，南开大学出版社。

石锋、刘娟，2023，《普通话轻声十题》，《高山仰止：王士元教授九十岁贺寿文集》，香港城市大学出版社。

石锋、冉启斌，2011，《普通话上声的本质是低平调》，《中国语文》第 6 期。

石锋、冉启斌，2019，《音节的定义——基于语言学的思考》，《南开语言学刊》第 2 期。

石锋、闫锦婷，2021，《试解汉语普通话语调原理》，《南开语言学刊》第 2 期。

王力，1983，《再论日母的音值——兼论普通话声母表》，《中国语文》第 1 期。

王立，2003，《汉语词的社会语言学研究》，商务印书馆。

赵元任，1968，《中国话的文法》（丁邦新译），香港中文大学出版社。

朱晓农，1982，《关于普通话“日”母的音值》，《中国语文通讯》第 3 期。

Bolinger, Dwight（伯林格）.1981. *Aspects of Language*，Harcourt College Pub. 第一版序，方立等译，胡壮麟审校《语言要略》，外语教学与研究出版社，1993。

Chao, Yuen Ren（赵元任）.1918. *Continuity: A Study in Methodology*，Ph.D. Dissertation, Harvard University. 石锋、潘韦功译《连续性：方法论的研究》，上海教育出版社，2023。

Chomsky, N. 1965. *Aspects of the Theory of Syntax*. Cambridge, MA.:The MIT Press.

Chomsky, N. 1975. *Reflections on Language*. New York: Pantheon.

Hart，Betty & Risley, Todd. 1995. *Meaningful Differences in the Everyday Experience of Young American Children,* Paul H Brookes Pub. Co.

Labov, William（拉波夫）.2019.《语言变化原理：内部因素》，石锋、郭嘉译，商务印书馆。

Nicolescu, Basarsb. 2002. A Stick Always Has Two End, in Basarsb Nicolescu, *Manifesto of Trans- disciplinarity,* State University of New York Press，2002.

Nicolescu, Basarsb. 2008. In Vitro and Vivo Knowledge—Methodology of Transdisciplinarity, in Basarsb Nicolescu (ed.,) *Transdisciplinarity—Theory and Practice,* Hampton Press, INC. 2008.

Ohala, John（欧哈拉）.1991. The Integration of Phonetics and Phonology. 石锋译《语音学和音系学的总合》,《国外语言学》1992 第 2 期。

Tomasello, Michael（托马塞洛）.2010. *Origins of Human Communication*, The MIT Press. 蔡雅菁译《人类沟通的起源》，商务印书馆，2012。

老来自省思故人

——由《中国语文》创刊七十年想起

史有为

我这一生是跟着《中国语文》长大的。《中国语文》创刊之时，我刚进高中。

我们有两队老师。课堂上，我们听着先生们的教导，接受语言学的启蒙；图书馆里，我看的是当时仅有的一份高端语言学期刊，那就是《中国语文》。在先生的课堂上，我们慢慢懂得语言学的“子丑寅卯”，慢慢进入语言的“古今中外”。在这份刊物上，我们才进入社会，看到大千世界，了解汉语规范化，知道规范化的种种不同看法和建议，才明白当下语言学人的责任。那时节，我们并不追求名和利，感到的是一份历史责任。那时的《中国语文》更像是课外读物，没有架子，也不像如今有一种高深的感觉。

可惜，这两队老师在“文革”中被打散了，我的学习也从此中断了。等到十年之后，我们的青春已流逝一大半。1978 年，好不容易等到了《中国语文》复刊。这是一个信号，意味着我们的学术生命从此可以延续、发育、壮大。复刊与复课几乎是同时的。此时再翻出以前购买的《中国语文》，空缺了好几期，觉得太不完美，心中油然升起一种愿望，开始抽空到中国书店去寻觅，想把这份收藏弥补完整。也许这就是当时对学术新生的一份暖暖的心意。

1976 年，我刚好从湖北干校调回北京，准备复课。而语言所在吕叔湘先生的建议下，把编写《八百词》的想法变成了现实。这个时候，李临定兄找到了我，这一定是老同学孟琮推荐的。《八百词》需要两个从事过少数民族汉语教学的人。感谢他们，我成为《八百词》编写组的一员，另一位是民院的撒拉族人马树钧老师。从此，我每周两次去地质学院。骑自行车，有时结伴孟琮，一起顺着八大学院，边骑边聊，好不爽快。那时语言所和《中国语文》编辑部都搬到那里办公。见到了从前只在《中国语文》页面上才能见到的朋友：侯精一、徐枢、龚千炎、施关淦、饶长溶、于根元，很高兴，常常坐下聊会儿天。有时还见到丁声树先生，不敢招呼，但他一身蓝布旧衣裳，脸上总微微含笑，没有丝毫架子，让我敬仰。我更多的是与编写组内的同伴李临定、刘坚、范继淹、陈建民、范方莲、詹开第、郑怀德等交换写作经验，交流进度，还有就是向吕叔湘先生汇报。每分到一些词条，我们就到词典室里借用他们勾乙的卡片。《八百词》编写组是一个培训班。我的语言学基础的的确确是在这个编写组里培训出来的，吕先生亲自指导，让我在朱德熙先生课上学到的知识化为现实。这些训练都是描写和应用，让我们知道如何归纳规则，如何区分异同，尤其是如何措辞，能让人看得懂。等到建国门社科院大楼盖好，语言所搬过去后，我就没这么方便了。路远了，也就难得去一趟。到了那儿，不熟悉科室布局，不知道哪儿是哪儿，不敢随便走动。渐渐地，就剩下学术会议才碰头了。

《八百词》编完了，这个编写组却没有解散，依然每周聚会。就是在这个聚会上吕先生端出了在编写《八百词》的空隙中写成的《汉语语法分析问题》（油印稿），在这个组里首次报告，并说以后形成制度，每人都来报告自己的研究。这就促进了每个人的研究，并在此基础上酝酿正式的语法讨论会。说到讨论会，那就是所谓的“中年语法讨论会”。这是吕先生倡议，由语言所现代汉语研究室与《中国语文》编辑部共同发起组织的，以《八百词》编写者为基础，邀请若干各地的中年学者参加，如陆俭明、邢福义。我们底下称这第一届为“密云会议”，第二届则叫“香山会议”，以后形成系列就俗称“中年语法讨论会”。在我印象里，这大概是中国语言学第一次组织这样的学术讨论会。这为中国语言学打响了第一枪，从此学术会议一发而不可收。会议结束后由《中国语文》出面编辑论文集，这就是有名的《语法研究和探索》。

最初的那几次，印象很深刻。第一是因为首创，第二是由于有吕叔湘和朱德熙二位先生参加。开头的那两次会议，二位师长的发言直接影响了当时整个语言学界，起到启迪研究、端正学风、促进学术的作用。如今回忆起来，对我来说，是一个从描写试着走向解释的起点。第一次会议我提交的是《划分词的普遍性原则和系统性原则》，这篇文章收入了 1983 年的第一辑《语法研究和探索》。文章虽然还青涩，却大胆地提出了几个论点。其中大原则的"普遍性"和"系统性"显然都过于理想，也过于刚性。这反映了当时向慕自然科学的一种思潮。但其中毕竟还是解决了几个问题。比如，由于平行性所体现的系统性以及语义专指性，鸡蛋和鸭蛋、牛肉和兔肉无疑都是词，词也可以裂变，词或语素都有边缘现象，离合词可以看成黏着性短语。这些应当都超越了西来语法学的观点。

"中年语法讨论会"共举办了十五届。开头这几届，我都参加，但有一次到东北延边大学开，我有事没去成。还有一次，我提交了发言稿，会议上也发了言，但到集稿的时候，自觉不成熟，最后的论文没有提交。内容就是关于"了$_3$"的论述。因此，那次的论文集上就没有我的论文的影子，但我从此获得了一个"了$_3$"的雅号。至今，我对这个问题已不再坚持。"了"究竟有几个？有人说只有一个，也有人说可以分成 6 个。语词的分化应该依据什么？我觉得还是应该参考母语者的感觉，分化多了并不一定就是科学。我很珍视这个讨论会，希望一直参加下去。但当时又没有像现在那样重视其附加值，临时有事，或者没有适当的题目，就缺席了。再后来，我赴日任教，不能参加讨论会了。等到 2008 年我古稀之年从日本退休回京，已是物是人非，老朋友纷纷仙逝，许多主持者我都不熟悉，我也不知道去哪儿联系参加。如今回忆起来，未免遗憾。

1981 年开始，《中国语文》编辑部发起并主持了一次大讨论，关于汉语析句法的讨论。这次讨论，我也不自量力地投了一篇稿，那就是《语言的多重性与层—核分析法》，可惜当时没有刊登。表面上这是两种析句法的比较，实际上却是研究模式的变化，由传统句本位开始的模式转向更现代的描写主义。前者是应用于语文教学的中心词分析法，后者是纯粹为研究而研究的结构主义，直接成分分析法。开始的时候，谁也不理解其中的学术意义，只认为是两种析句法高下之比。这场讨论断断续续进行了一年，产生了三个结果，第一个是整个语法学界都开始采用层次分析法，也就是中国式的直接成分分析法。看似只是析句方法的变化，却标志着语法学靠向现代，向着与国际沟通的方向前进。第二个就是中学教学体系的变化，将原来的以成分分析法为主的"暂拟系统"，改成了以直接成分分析为主，辅以中心词分析的一种折中型系统，称为"中学教学语法系统提要（试用）"。也就是说，曾经影响全国的中学语法体系也转变了，但为了教学，为了适合普通人，仍保留了过去熟悉的部分中心词分析。第三个结果就是将讨论的文章汇编成册，出版了《汉语析句方法讨论集》。我的文章落选了，当然是因为不符合编辑部的观点。编辑部可能希望文章不是说直接成分分析法好的，就是为中心词分析法辩护的，形成对立，让讨论可以精彩，可以深入。事实上也确实如此，发表的都是对立的，大部分是赞成前者的。落选的另一个原因则是陆丙甫也投了一篇与我观点相仿的文章:《对成分分析法和层次分析法相结合的一些看法》。在此之前，陆丙甫早已在《语文研究》上发了关于"主干成分分析法"的想法。我们不约而同提出了两种析句法可以结合的观点。当然，陆文的论证显然更为成熟，与我的文章又有点类似，也是论述两种方法可以结合的，平衡之下，自然就发了丙甫的论文。当讨论结束，准备结集一册讨论集时，编辑部还是想起了我这篇不合潮流的文字，也许觉得还有一丝新意，把它收进去了。而今回过头再想想，我的文章的确还不够成熟，但仍有新意，发人之未言：把两种分析法上升到语言性质高度，指出语言具有多重性。两种分析法只是两种语言性质的折射，它们的普遍性程度可能各不相同，但不宜简单否定其中之一。我们其实都只是盲人摸象。也许因为这，编辑部考虑再三，收进了集子，这在当时还是第一次。我很感激编辑部，激励了我，为一个研究尚待成熟的"年轻的"中年人加了一把火。

《中国语文》是时代的一个缩影，也是学术进步的一个缩影：从汉语规范化到析句法讨论，从描写到解释，从纯描写事实到从事实中提取理论，又从国内作者到国外作者，从单纯汉语到多语言的比较或通论。这一段段时光，也是一段段历史。我跟随她，从蹒跚学步到垂垂老矣，从朦胧青涩到渐渐入门，从只知描写到试图解释，从只会模仿到也敢立言质疑，从不见问题到如今满目疑问，游荡于语言之海，享受着“朝闻道”般的乐趣。而她依然当年，且更有活力。

说来惭愧，对于《中国语文》，我更多的是一名读者。但我的《常州方言中的“佬”》（1982年第3期）至今还无人否定，这是我对得起《中国语文》的。当然这还只是描写，需要扩大描写才能上升到比较与解释。遗憾的是，20世纪90年代以后，我去日本任教，注意力在二语教学，以后又集中精力编写《新华外来词词典》，文章就荒疏了。自己偶然写得几篇语法论文，又觉得《中国语文》太高，而自己早已过了需要评职称的年龄，因此就投了他刊。

2022年，《中国语文》已届七十，却非古稀，而是众望之年。在旧年岁尽之时，接到约稿信，非常高兴，让我有一种老朋友找回老朋友的感觉。年已望九，念旧更甚。希望老朋友走得更稳，走得更远，也走得离我们更近。

《中国语文》陪伴我们成长

汪维辉

我从1980年大学毕业开始订阅《中国语文》，到现在已经四十多年了（近些年承蒙编辑部免费赠阅，自己才不再订购）。《中国语文》办刊七十年，有3/5的时间伴我同行，是对我影响最大的一本专业刊物。一路走来，我从她的读者成长为一名作者和审稿人，同时我的不少学生也成了她的作者。其间往事无数，回想起来心潮难平。值此《中国语文》七十华诞之际，谨撷取若干片段以表达我的感激和祝福。

一　忠实的读者

20世纪80年代，专业刊物很少，每期《中国语文》拿到手，我都是从头读到尾，享受着汲取新知的快乐。那时候《中国语文》上刊登的文章我大致都能读懂，而且从内容到行文，每一篇都让我无比佩服，感觉都是我学习的榜样，只有仰视的份。其中有些文章特别对我的口味，自然就格外钟爱，它们的作者慢慢就成了我心中的偶像。这种漫无目标的泛读，对于扩大自己的知识面还是很有好处的。当年读过的那些文章，具体内容早已淡忘了，但是那种潜移默化之功一定对我的学业进步起到过重要的作用。随着学识的增长和判断力的提高，渐渐地能看出部分文章的一些问题了，会形成自己的看法。再往后，看每一篇文章都会感觉有这样那样的问题，尤其是自己熟悉的领域的文章。这时我常常会告诉学生，最新一期《中国语文》上的某篇文章可能有问题，你不妨去看看。一些学生在《中国语文》上发表的处女作，题目就是这样来的。我觉得《中国语文》就是一块试金石，能衡量出自己的学术水平到了哪一个层次。

二　成为作者的艰辛之路

能够在《中国语文》上发表文章是语言学人引以为豪的事情。像无数同行一样，这也是我心中一直的梦想。不过我的追梦之路漫长而艰辛。1986 年我从华中师大硕士毕业，回到母校宁波师院任教，大概从那时起就开始琢磨着怎么能够在《中国语文》上发表文章。其实，那个年代像宁波师院这样的学校对教师没有任何科研要求，科研完全是教师个人的事。读了研究生以后，做学术研究、发表论文就成了自己内心的一种需求和追求。从上大学开始，我对时间一向抓得比较紧，差不多可以用“争分夺秒”来形容。刚开始工作那几年，学校的教学和行政工作十分繁忙，加上 1987 年儿子出生，家务事也不少。但是只要一有时间我就会抓紧读书，有了心得就练练笔。初生牛犊不怕虎，有的文章自己觉得还有点道理，就投给《中国语文》。那时候都是手写稿，每篇文章都工工整整地抄写在每页 300 字的方格稿纸上，写文章俗称“爬格子”。为了保持文稿整洁美观，给杂志编辑和审稿专家一个美好的第一印象，字尽力写得漂亮，抄错一个字就要从头重抄，杜绝涂改。效率之低，今天用惯了电脑的年轻人是难以想象的。文章誊清后还要反复检查几遍，直至确认没有问题了，才小心翼翼地装进信封，到邮局用挂号信寄给编辑部。然后就是漫长的等待。正因为誊写稿子不易，加上当年的投稿量大概很小，所以不录用的稿子编辑部是会退还的。宁波师院中文系办公室的墙上挂着一块大布，上面有一排排整齐的口袋，写着姓名，老师们的来信和订阅的报刊之类都插在上面，由各人自取。信封有一半暴露在外，厚厚的退稿信相当扎眼，明眼人一望即知，毫无隐私可言。退稿多了，自己都觉得不好意思，后来投给《中国语文》的稿子就写家庭地址，退稿就退到家里，免得难堪。这样屡败屡战，经历过无数次退稿以后，终于有一天，我收到了《中国语文》的用稿通知！拿到那封很轻的信，未拆封就猜想应该是录用通知，而不可能是以前那样的退稿；拆开来一看，果然是薄薄一页纸的用稿函，底下盖着"《中国语文》编辑部"的大红印章！那种激动和兴奋，真是难以用语言来形容。这篇题为《〈中国语文〉1990 年第 1 期读后》的小文章刊登在 1990 年第 6 期的《中国语文》上。此时距离我成为她的读者已经整整十年过去了。我特别感谢当时的《中国语文》副主编饶长溶先生，在我收到用稿函不久、文章正式发表之前，他刚好有机会到宁波出差，特地要见见我这位"无名"的作者。我就约上同事加好友周志锋老师一起去宾馆看望他，还带他去探望了他的老同学、宁波师院中文系退休教师钟薇薇老师。当年连打个车都打不起，记得是请饶先生坐公交车，我和志锋兄骑自行车到下车站等他，然后一起步行去钟老师家的。饶先生下了公交车，还顺路在一家水果店买了一大袋苹果带去钟老师家，那个情景一直留在我的脑海里。转眼间，饶先生已经离开我们多年了。

1990 年至今，连同最新刊于 2022 年第 2 期的这篇《"卑之无甚高论"的误解误用——兼论辞书存在的问题》，我已经陆陆续续在《中国语文》上发表了 17 篇文章，其中有几篇是跟老师、朋友、学生合写的。虽然发文数量不算少，但始终感到要在《中国语文》上发文章不容易。有些自认为精心之作的文章被《中国语文》拒稿，也难免会心生不满，但转念一想，也就释然了：谁让她是《中国语文》呢，要求就这么高！归根结底还是自己的文章不够好。

三　学生作者群的形成

1999 年，我开始在南京大学招收硕士生，2002 年起招收博士生，2009 年以后继续在浙江大学指导硕士和博士研究生。有了投稿《中国语文》的经验，我就现身说法，鼓励学生向《中国语文》投稿。据不完全统计，迄今已有陈莉、邱冰、真大成、殷晓杰、史文磊、刘君敬、赵川兵、王翠、王文香、胡波、邵珠君等十余位学生在《中国语文》上发表过论文，有的还不止一篇，多的如真大成，已经发表过 4 篇，殷晓杰、史文磊和刘君敬也各有 3 篇。其中大部分是受到我的影响而第一次在

《中国语文》上发表文章，有两篇系与我合写。发表时年龄最小的要数陈莉，《关于〈训世评话〉的授予动词“给”兼及版本问题》(《中国语文》2004第2期)还是她读本科期间在我指导下写的，一投就投中了。可以说，“只认文章不认人”是《中国语文》一贯的优良传统，只要文章质量符合要求，不管作者是谁，都有可能发表。并且《中国语文》还有一个很好的传统，就是鼓励学术争鸣，经常刊登商榷之作，这是初学者比较容易入手的地方，我自己和不少学生在《中国语文》发表的处女作都是商榷文章。当然这只是敲开《中国语文》大门的一种权宜之计，我们不可能永远停留在这个层次。我觉得培养学生向《中国语文》投稿的勇气和习惯，对他们的成长是很有好处的。相信这些后起之秀将继续为《中国语文》贡献佳作。

四　心中的“珠穆朗玛峰”

有了自己觉得还不错的文章，首先想到的就是投给《中国语文》，这是多年养成的习惯。尽管到现在也还是常常被拒稿，但是初心不改。《中国语文》并非完美无缺，也需要不断完善，但是《中国语文》永远是我心中的“珠穆朗玛峰”，她的地位无可替代。我想在我的有生之年，她将继续陪伴我、鞭策我，让我在求知问学的道路上不断进取。只要有可能，我也愿意为她贡献绵薄之力。

衷心祝愿《中国语文》越办越好，为中国和世界的语言学事业做出更大的贡献！

我与《中国语文》

王士元

我与《中国语文》结缘，始于 1950 年代，当时我正在密歇根大学研究院就读，一日在图书馆里查阅资料时，偶然发现了这套学术期刊。《中国语文》创刊于 1952 年，因此我那时见到的，是该刊发行的头几期。那时我只是个研究生，对中国的语言学研究还相当陌生，翻阅时才知，原来研究语言的传统在中国由来已久，古代的荀子、扬雄、许慎等人，都是语言研究的先驱。新中国刚成立时，正是国家百废待举之际，当时国内还能创办这么一份致力于研究汉语和汉字的刊物，令我相当感动。

1973 年，在吕叔湘和朱德熙先生的邀请下，我终于有机会在去国多年后回国，于北京大学中文系讲学。那时我已在伯克利语言学系任职，当伯克利的同事得知我将前往北大进行一系列的语言学讲座时，曾经问我："中国也有语言学研究吗？"我记得当时听到这个问题后感觉非常愤慨，对于同事的无知更觉得啼笑皆非。虽然两千多年前的荀子，就曾说过很有见地的关于语言变异的话，汉朝的扬雄就已注意到方音的区别，而许慎在文字及词汇上也有独特的创见，但接受西方训练的语言学家，却很少会关注东方的这些语言研究传统。《中国语文》自创刊后，虽也曾面临休刊、停刊的困境，但这七十年来，坚持挖掘新事实、采用新方法、提出新理论，努力推动中国的语言学研究，在国内语言的调查和应用、语言研究的推进、语言政策的制定等方面，都有卓越的贡献。

我有幸担任《中国语文》的编委多年，自己也曾在该刊发表过文章。因此，借着创刊七十周年这个难得的机会，也想提出一些个人的衷心建议。早期国内的语言学，常把西方理论一味套用在汉语上，但单音独体的汉字和汉语，毕竟不同于欧洲语言，因此把研究别种语言的语法硬套在汉语研究上，绝非语言研究的正途。其实中国境内呈现极其明显的语言多样性，除了汉藏语系下涵盖了汉语这个包括诸多地方变体的大语种外，尚有阿尔泰语系、南岛语系、南亚语系和印欧语系等四大语系。

既然中国是多民族的国家，语言研究也应该是开放多元的。目前国际学术界有不少以英文发表，研究国内的藏缅语、南岛语等的外国学者的专著或论文，因此《中国语文》若能把研究取向拓宽到 Studies of China's Languages，多加引介、评述这些著作，让国内的研究更能和国际学术接轨，那么对鼓励更多后起之秀研究这些少数民族语言，也必能发挥一定的促进作用。1992 年我当选国际中国语言学学会的首届会长，在该学会于次年首次发行的第一期通讯上，我就曾做过类似的呼吁。① 同时，我寄望《中国语文》能更重视跨学科的研究，把人类学、心理学、神经科学、考古学的研究方法，也纳入语言探索中，毕竟语言是人类最伟大的发明，因此探究语言的学科，自然不能脱离这些与人类精神文明息息相关的学科。② 期许《中国语文》在引领国内语言学研究的重要任务上，能更积极地扮演披荆斩棘的角色，让国际语言学界看到，中国的语言学不是只着眼于汉语和众多民族语言，以及这些不同语系的语言在互动接触时，所衍生出来的包罗万象、多姿多彩的语言现象，还有引领国际学术趋势、秉持宏观视野的交叉学科研究！

---

① Wang, W.S.-Y. (1993), "An Association of Our Own," *Newsletter of the International Association of Chinese Linguistics* 1.1:1-2.

② Wang, W.S.-Y. (1998), *Three Windows on the Past. The Bronze Age and Early Iron Age Peoples of Eastern Central Asia*, V.H.Mair, University of Pennsylvania Musewn Publications. 徐文堪译，（2002），《探索过去的三个窗口・东方语言与文化》，潘悟云主编，东方出版中心，第 1~30 页。

我的第一篇投稿论文

王云路

上个月接到《中国语文》编辑部的约稿函：

> 2022 年适逢《中国语文》创刊七十年。今特约请您以“我与《中国语文》”为主题惠赐相关回顾文章，您的经历和体悟将是我们珍视的财富。

一看内容，我立刻想起了我的第一篇投稿论文，就是我读硕士研究生阶段发表在《中国语文》1986 年第 1 期的《读〈读书杂志〉札记》。其实，我开始发表论文比这篇要早，第一篇论文刊登在《文学评论》1984 年第 6 期，题目是《〈文心雕龙·熔裁篇〉“二意两出”新解》，由硕士生导师郭在贻先生逐字修改并推荐；第二篇论文《古书句读札记》，刊于《杭州大学学报》1985 年第 3 期，这是母校的刊物，编辑陈谋勇先生跟我们挺熟的，我直接把文章拿给他，然后文章送审。所以这些都不是真正的“投稿”。我真正自主投稿，放入邮筒，等待录用通知的就是 1985 年春寄给《中国语文》的这篇《读〈读书杂志〉札记》。所以我称为“第一篇投稿论文”。如果从 1985 年投稿时算起来，我跟《中国语文》的“缘分”应当是有 37 年的历史了。

我是恢复高考后的首批（1977 级）大学生。我在辽宁师范学院（后更名“辽宁师范大学”）上学时，古代汉语课的教材采用王力先生主编的《古代汉语》四册。当时别的参考书很少，这套教材就读得很认真。第三册文选部分，扬雄《解嘲》“乘雁集不为之多，双凫飞不为之少”，注释是：“乘雁，一只雁。”书上注明依据的是王念孙的《读书杂志》。而在 1979 年第 4 期《中国语文》期刊上，刊登了赵振铎先生《读〈广雅疏证〉》的文章，说“乘雁”就是二只雁，根据也是王念孙的《广雅疏证》和《读书杂志》。这样两种解释，都源自王念孙，其中必然有一个有误。我就去找王念孙的《读书杂志》来看，好不容易在大连市图书馆古籍馆（好像位于山上的大庙里）找到了，很难得。反复查找，抄录了王念孙在不同篇章中关于“乘”的解释，竟然分见四处，而且有一、二、四这样三种数字解释，这显然不合情理。所以我花了很长时间分析王念孙对“乘”作为数量词含义的解释，对每个论据都找来原文，逐一辨析。

我的本科论文《王念孙“乘”字说浅论》就是在那个时候写成的（后修改发表于《杭州大学学报》1988 年第 1 期），年近花甲的本科论文导师郭栋教授用一节课的时间在阶梯大教室里讨论这篇小文，最后的评价是“后生可畏”。这让我信心大增，同时也坚定了学习古汉语的想法。下面是我本科论文的评语，评价等级是“上”。在我毕业工作后，郭栋老师专门把评语（见下图）寄给了我，我也一直保存至今。

郭栋老师 1981 年 11 月 25 日的评语说：

> 问题抓得好。这个问题，乍看起来，好像没有什么，可是细致推敲翻检，就会发现确实是一个问题。……几种注释，都围绕着“乘雁集”的“乘”字，探索起来，又必然涉及到王念孙氏。这样老辈老手，也要质疑问难一番，可见作者的胆识勇壮劲头……

其实，我根本没有什么勇气胆识，只是无知者无畏罢了。今天录下来，不是炫耀，只是为了纪念我的古汉语启蒙导师和引路人郭栋先生。

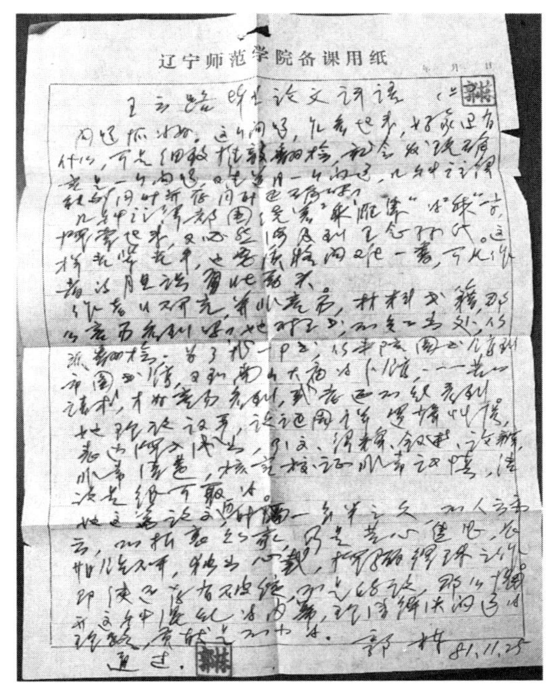

辽宁师范学院备课用纸

王云路同学论文评语

因为本科阶段的经历，我到杭州大学读硕士时，仍选择以王念孙《读书杂志》为研究对象。1985年，毕业论文完成初稿后，我就挑选其中一部分，写成《读〈读书杂志〉札记》一文。该往哪里投稿呢？记得1982年初春，我在《中国语文》上读到郭在贻先生的《释“努力”》一文（当时我正在读《太平广记》，也发现了几则与现代汉语意义不同的“努力”的例句，还抄录给郭先生），这大约是我较早注意到的古汉语词语考释的文章，也激发了我对词语考释的兴趣。我的小文虽然是指出王念孙失误的，但本质上也是词语考释，比如我认为“不正爵禄”就是“不征爵禄”；“備追”就是“憊追”“僃追”；“可得料也”当是“可得科也”之误；解释了“征”有“求”义，“科”有“断”义，等等。所以，我没有犹豫，第一次投稿就想寄给《中国语文》。

所谓“初生牛犊不怕虎”，那时根本不知道刊物有等级之分，更没有听说权威或C刊之说，把文章认真录到稿纸上，到阅览室抄好《中国语文》编辑部地址，贴好邮票就投进邮筒了，这是我的平生第一次自主投稿，心里挺忐忑。大约3个多月后，收到了录用通知，我马上告诉了导师郭在贻先生。郭老师很高兴，说这个刊物很好啊！后来，在给我写攻读博士生的推荐信（见下图）中，郭老师还提到了这篇论文：

> 该生在攻读硕士研究生期间，已撰有论文多篇，有的已在《文学评论》发表，有的即将刊于《中国语文》《辞书研究》等刊物。

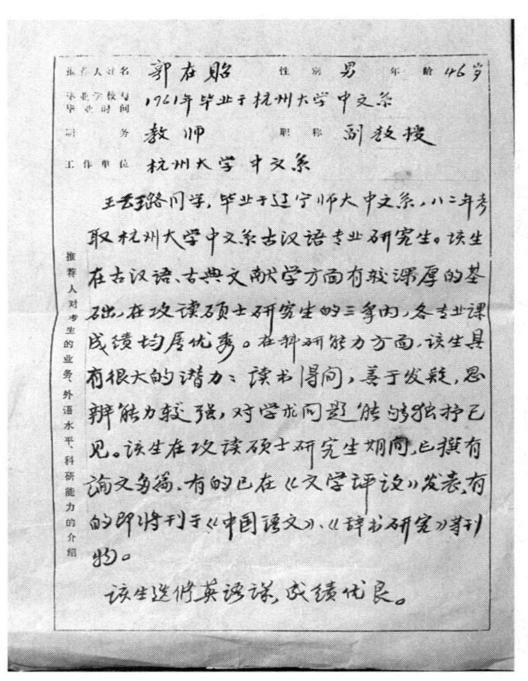

推荐人姓名	郭在贻	性别	男	年龄	46岁
毕业学校与毕业时间	1961年毕业于杭州大学中文系				
职务	教师	职称	副教授		
工作单位	杭州大学中文系				

推荐人对考生的业务、外语水平、科研能力的介绍：

王云路同学，毕业于辽宁师大中文系，八二年考取杭州大学中文系古汉语专业研究生。该生在古汉语、古典文献学方面有较深厚的基础，在攻读硕士研究生的三年内，各专业课成绩均属优秀。在科研能力方面，该生具有很大的潜力：读书得间，善于发疑，思辨能力较强，对学术问题能够独抒己见。该生在攻读硕士研究生期间，已撰有论文多篇，有的已在《文学评论》发表，有的即将刊于《中国语文》、《辞书研究》等刊物。

该生选修英语课，成绩优良。

推算时间，这封推荐信大约写于1985年九十月份，因为当时发表于《杭州大学学报》1985年第3期的《古书句读札记》尚未见刊，所以郭老师没有提及。可以看出，自己的学生能够在《中国语文》发文章，郭老师是很欣慰的。

后来我去北京开会，编辑部有人看到我，说：“你就是王云路啊，我们还以为是个老先生呢！”可见《中国语文》杂志只看论文质量，不论作者身份，这是给我留下的深刻印象。多年后，我这篇投给《中国语文》的手稿不知怎么流落在网上进行拍卖，我就想，大家看到那个幼稚笨拙的字迹时，大约就不会认为是“老先生”

了。这么难看的字，根本不值得收藏，我也没有理会，论文手稿不知被哪位“慈善”买家收藏了，反正我没有这个手稿。后来，我 1994 年 11 月投给《中国语文》的手稿也在网上出现时，有朋友花钱买了寄给我，当时我说，这真不值啊！有感于朋友情谊，我就留下来了，现在看来，也还有用。这篇《试说“冰矜”》发表在《中国语文》1996 年第 6 期。下图是手稿的第一页，红字（即空白处的说明文字）是编辑的排版说明。

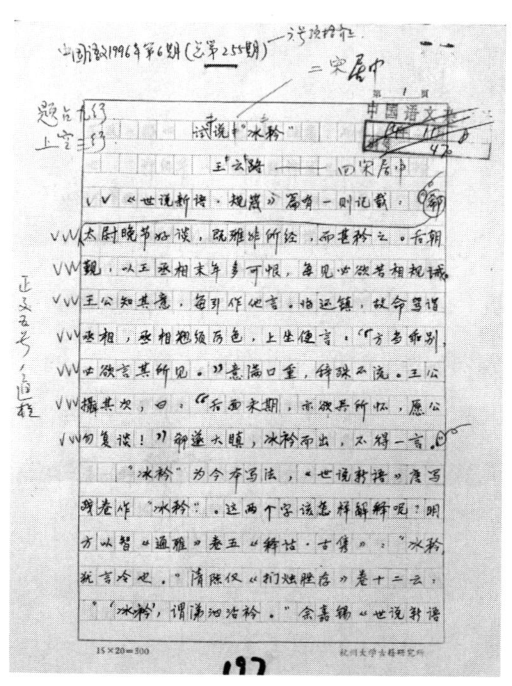
中国语文1996年第6期（总第255期）
二宋居中
题占九行
上空三行
第 1 页
试说“冰衿”
王云路 —— 四宋居中
正文五号
通栏

《世说新语·规箴》篇有一则记载：郗太尉晚节好谈，既雅非所经，而甚矜之。后朝觐，以王丞相末年多可恨，每见必欲苦相规诫。王公知其意，每引作他言。临还镇，故命驾诣丞相，丞相翘须厉色，上坐便言：“方当永别，必欲言其所见。”意满口重，辞殊不流。王公摄其次，曰：“后面未期，亦欲尽所怀，愿公勿复谈！”郗遂大瞋，冰衿而出，不得一言。

“冰衿”为今本写法，《世说新语》唐写残卷作“冰矜”。这两个字该怎样解释呢？明方以智《通雅》卷五《释诂·古隽》：“冰矜，犹言冷也。”清陈仪《扪烛脞存》卷十二云：“‘冰矜’，谓涕泗沾衿。”余嘉锡《世说新语

15×20=300　杭州大学古籍研究所

那篇发表在 1986 年第 1 期《中国语文》的《读〈读书杂志〉札记》一文，是我自己尝试投稿的第一篇论文，对我的影响非常大，给了我很大的鼓舞和信心。尤其当我后来知道了刊物在学界的地位后，更是有了些许心理暗示：看来我可以写出好文章，可以在这条路上继续走下去。要知道，对一个初出茅庐的年轻人来说，学术期刊的认可是相当重要的。所以，我跟《中国语文》的“交情”不一般啊，这个“一往情深”的感情虽然是单向的，一厢情愿的，但是我非常珍惜。

一个刊物跟作者的关系应当是什么样的呢？我想应当是以文章为纽带的。我个人跟《中国语文》编辑部的交往就完全是这样的“君子之交”。1993 年，我在北京

参加中国语言学年会，在电梯里偶遇《中国语文》主编侯精一先生，他热情地说："祝贺啊！你们有大作要发表啦！"我说："什么论文啊？"侯先生说："就是你们写的评价张永言先生《世说新语辞典》的文章啊！要知道长篇书评可不容易发啊！"哦，我想起来了，是我丈夫方一新和我合写的书评，文章第一段说：

> 展读这部内容充实全面的专书辞典，遨游于比比皆是的释证精当的词汇海洋中，就如同"从山阴道上行，山川自相映发，使人应接不暇"。(《世说新语·言语》语)

记得当时侯先生专门提及我们引用的这段话，表示肯定。其实我知道，刊登这篇书评，更主要是对张永言先生《世说新语辞典》的充分肯定。这就是发表在《中国语文》1993年第5期上的《〈世说新语辞典〉(张永言等)读后》。

为十分敬重的张永言先生主编的《世说新语辞典》写书评，对我们来说，是一种荣耀和自豪，也是一种责任。因为方一新的博士学位论文正是《世说新语》词语研究，对《世说新语》了然于心。而且我们的导师郭在贻先生也常常对《世说新语》中的内容信手拈来。比如1987年夏季杭州一场罕见的暴风雨后，我在大连度暑假，收到了郭老师给我的信，他这样描绘他的小庭园："葡萄架犹自岿然不动，安石榴、桂花树、蔷薇、绣球花、书衣草都长得好好的，且经此一番风雨，愈发显得明丽鲜美。《世说新语》载晋简文帝入华林园，顾谓左右曰：'会心处不必在远，翳然林木，便有濠濮间想也。'此种境界，不必远求，在我的小庭园中便可得到。"郭老师的引用贴切自然，给了我们潜移默化的影响。

那时《中国语文》坚持照章办事，是很严格的，我就亲身经历过。因为评价张永言先生的书评发表在《中国语文》，影响较大，后来有好几位学界前辈找我们写书评。1998年底，我们应邀为尊敬的李维琦先生的《佛经续释词》写了书评《评〈佛经续释词〉》，在发给李先生的同时，也寄给了《中国语文》。过了几个月，接到《中国语文》编辑部录用通知，不久又接到编辑部一位先生的电话，问我们："《评〈佛经续释词〉》一稿我们已经发排，怎么发现在《语言研究》刊物上已经发表了？你们一稿两投？这可要列入‘黑名单’的！”我们慌了，怎么回事？赶紧给李维琦先生电话报告，李先生说：“我不知道你们投稿的情况，我着急就给其他刊物了。实在抱歉。”我们也赶紧道歉，我们有责任，应当在发送论文的同时报告先生我们已经投稿了。《中国语文》编辑部马上跟《语言研究》刊物联系，核实了投稿人和投稿时间，又来电话：“弄清楚了，是双方没有沟通造成的，跟你们投稿没有关系。”方一新和我都松了一口气：这次不发表没有关系，可不能列入一稿两投的“黑名单”啊。

早期即便我们是无名小辈，《中国语文》也根据论文水平刊用；后来编辑们虽然已经了解了作者，但一切还要照章办事，这就是我很早就对《中国语文》办刊风格的认识。这次《中国语文》编辑部来邮件征稿，我本来只想说说我的第一篇投稿论文的发表过程，但是为了找到来龙去脉，顺带翻检出了一些对我来说很珍贵的资料。我的本科论文导师和硕士生导师都姓郭：郭栋先生、郭在贻先生。我投稿的第一篇论文都与他们有关系，所以就多拍了几张照片，以此纪念我心中的两位学术引路人。在一定意义上说，《中国语文》也算我的学术引导者。另外，我很想用我经历的这几件小事说说《中国语文》刊物与作者的关系，那就是以文章质量为准绳，对投稿者一视同仁，无论知名与否。这应当是理想的刊物与作者的关系。现在可能是因为各种期刊评价的要求，有的刊物对博士生的论文一律不送审，而我在《中国语文》发表第一篇论文时还在读硕士啊。

值此《中国语文》创刊七十周年之际，衷心希望《中国语文》越办越好，始终作为学界榜样，以传世之文惠及学林，将办刊宗旨和精神薪火相传。

王云路

2022 年 1 月 20 日

于浙江大学紫金港校区

研究之路从《中国语文》开始

徐　丹

转眼《中国语文》杂志已经有七十年的历史了，对一个人来说，七十岁已进入“随心所欲不逾矩”的年龄，而对一个科学研究方面的杂志来说，七十年的历史还属于年轻、生长的阶段。作为一个语言学研究者，我衷心祝愿《中国语文》保持初衷、继续发展。我在《中国语文》发表的文章不多，但是有一件往事使我不能忘怀，也是我开始研究语言学的真正起点。

1987 年我得到博士学位后到中国社会科学院语言所工作，当时的所长是刘坚先生。有一天，刘坚先生对我说:“吕叔湘先生想见见你。”我当时有些诧异，因为当时吕先生年事已高，基本不来所里上班了。吕先生德高望重，享誉海内外，是中国近代语言学的奠基人之一，但我那时还从未见过吕先生。当时吕先生在刘坚先生的办公室接见了我，只见他老人家略瘦，眼光充满睿智和慈祥，精神矍铄。他说看到我在《中国语文》1988 年发表了一篇短文《浅谈这 / 那的不对称性》，想见见作者。因为当年我看到《中国语文》1980 年发表了一篇作者为“程远”的短文，题目是《语言里的不对称现象》，这位作者列举了几个有趣的例子，指出“这、那”的用法不对称。我说受到这位作者的启发，所以写了自己的想法。没想到我说完后，吕先生和刘坚先生两位开怀大笑，说“程远”是吕先生的笔名。吕先生和我谈了他对语言研究的看法，尤其谈了他认为国内语言学研究应该重视的方向。他指出，北京话的口语研究还不够充分，应该有更多的年轻学者做这方面的研究。

后来我在《中国语文》发表了两篇介绍法国语言学家的论文，一篇是关于贝罗贝（Alain Peyraube）先生著作的文章，《关于给予式的历史发展》（《中国语文》1990 年第 3 期），另一篇是关于海然热（Claude Hagège）先生著作的文章，《评介〈介词问题及汉语的解决方法〉》（《中国语文》1990 年第 6 期）。两位法国学者都是我在法国留学期间认识的大家，他们也是我在留学期间对我影响最大的引路人。两位学者信任我，希望我能在《中国语文》上介绍他们的研究成果。感谢当时《中国语文》的主编和编辑也信任我，允许一个初出茅庐的年轻人介绍并且分析两位著名学者的成果和观点。

我是一个“后觉后悟”的人，在《中国语文》发表文章之前，我并不清楚自己想做什么，也没有什么大志（并不像有些人想象的那样）。我当时稀里糊涂地拿到了博士学位，但实际的研究水平还不具备。在《中国语文》发表了文章并得到前辈的鼓励后，我才开始认真思考自己真正的兴趣是什么，自己要走哪条路。我感悟到，我也许能够做一个研究者。前辈和同行对我的鼓励使我重新认识了自己。应该说从那时起，我才真正走上了语言学研究的道路。

中学时认定的一位“老师”

徐盛桓

《中国语文》是我高中时认定的一位校外“老师”。那时是这样，现在是这样，今后还是这样。

我出生于1938年7月，算是一个半资深的“80后”（80岁之后）了。小时候听我的父母说，我那时看到什么就喜欢傻傻地问“是什么”“为什么”，例如我六岁时，听我哥哥在复习数学“因式分解”时（那时我已经知道了英语字母的ABC），背诵“A家B平房等于A平房家二AB家B平房”[$(a+b)^2=a^2+2ab+b^2$]，我就傻傻地问我的哥哥：什么是A家的B平房，为什么会等于A平房家和AB两家的平房。哥哥常常被我弄得不胜其烦。我爸爸给我起的小名叫“定愚”，我就是这样常常“愚蠢”地想、“愚蠢”地问。在我当了学生之后，这就发展成为我学习上的好奇心和想象力、联想力，遇到有新东西就会去问、去想、去学。

我很幸运，中学上的是广东省的名校华南师院附中（今华南师大附中），遇到了许多好老师，其中一位是高一到高三的班主任语文老师陈老师。他讲解的课文，无论古今中外的散文、诗歌、小说，都非常引人入胜，例如在解读柳永的《雨霖铃·寒蝉凄切》时，他就把他的朋友岭南画派著名画家方人定先生送他的以“今宵酒醒何处，杨柳岸晓风残月”为题的画作挂在黑板上，引导我们赏读此情此景的诗情画意：凄切寒风中伤离别的心情、撩人心绪寓意送别的杨柳、寓意难以团圆的破碎的残月。我是语文课代表，一次将收到的同学的作业本送到陈老师家（学生寄宿，教师的家都在学校里），陈老师正同他读小学二年级的女儿玩猜谜游戏。他们玩得很特别，陈老师说一个谜底，要他的女儿为它想出一个谜面。当时陈老师给的谜底是成语“后来居上”，他的女儿想了半天，说了几个她想到的谜面，最后爸爸认可的谜面是“砌墙用的砖”，这个情节给我的印象很深。这些都有助于我的好奇心和想象力、联想力的发展。他曾经引用韩愈《师说》中“圣人无常师”教导我们，人没有固定不变的老师，无论是谁，只要有长处，就向他学习。这就启发了我有意识地把杂志拜为自己的老师，其中一本就是《中国语文》。

上高中之后，《中国语文》是我每期都看的，除了上面载的像音韵学等那些很高深的文章以外，我会仔细读的文章包括考究古今汉字演变源流的文章、考察地方方言语义演变的文章、研究汉语句法嬗变的文章等。1957 年上了大学及后来 1961 年出来教书之后，学识增加了，特别是 20 世纪七八十年代，刊物里有关西方语言学理论的译介开始多起来，开阔了我的视野。其中，我更为留意的是那些将词语之间意义的关系延伸和扩展到意义同使用之间的关系的研究论文。大约是在 1978 年，《中国语文》创办了子刊物《中国语文通讯》（以下简称《通讯》）。据我的观察，《通讯》选用的文章内容较为广泛，也较为通俗易懂，而选题则更多关切社会上用语的变化、发展及其规范。《通讯》创办后，我就据此写过几则这方面的短文，承蒙《中国语文》的老师们不弃被录用了；有的后来还被收进《中国语文》的丛书中。

我是英语系毕业的，教的也是英语，大学期间没有受过什么语言学的专门教育，语言研究开始时是凭着自己的好奇心胡乱摸索，研究的多半是国外语言学理论中所提到的问题，用到的语料主要来自上课用的课文中的英语语句，如我在 1982 年在外语界的刊物《外语教学与研究》上发表的《主位和述位》（1982 年第 2 期），就是感觉到还可以对韩礼德功能语言学对主位理论的解释及其应用做些补充。在《中国语文通讯》那样的办刊宗旨的引导下，我慢慢地体会到，语言研究要以运用语言中的问题为导向，归根结底是为了用好语言，增强文化自信。

20 世纪八九十年代，西方语言学有一个很重要的理论，即“言语行为”理论，其中有“间接言语行为”（indirect speech act）的论述，例如在一定的情境下做出“我觉得冷”这样的陈述行为，就有可能是对坐在门口旁的人做出“请你关门”的祈使行为。我发现，在语言的实际运用中，疑问句是较多地发生这样句法嬗变的句法之一；疑问句探询功能不断消减弱化，以至最终转移成其他语用功能，即疑问句的形式逐渐消磨其疑问句的作用，最终蜕化为表示非疑问的内容，如“你怎么能认为澳大利亚一月份很冷”实际上是表达“你不能认为澳大利亚一月份很冷”，这一直是语用学家十分感兴趣的语言现象。这里，语用性的变化同语法性的变化有一定的相关关系，正是在这样的相关关系中让人看到了疑问句运用中某些语用因素所经历的语法化过程。过去对这一现象是分别从语法学（疑问句句法）、修辞学（修辞疑问句）、语用学（间接语言行为）这三大块来研究的，我觉得间接语言行为理论未能概括地、统一地充分揭示这里的变化机制，于是我提出“疑问句语用嬗变理论模型”假说（《疑问句的语用性嬗变》，《外语教学与研究》1998 年第 4 期）。并且认为这一语用嬗变具有跨语言概括性，也应可以用在汉语相关的研究里，这就是我在 1999 年第 1 期《中国语文》发表的《疑问句探寻功能的迁移》。能做出这样的概括，这是想象力、联想力在发挥作用。我十分高兴能够成为《中国语文》作者群里一名小小的后学，而我作为《中国语文》的学生，过去是、现在是，今后仍然是她的学生。

我国的“十四五”规划提出，在“十四五”期间中华文化影响力要进一步提升，而早在 2011 年 10 月，党的十七届六中全会就提出建设社会主义文化强国的目标，要推动社会主义文化大发展大繁荣。创新是学术研究的强大推动力，在语言研究中“随人作计终后人，自成一家始逼真”（黄庭坚:《以右军书数种赠丘十四》）。我们要增强历史使命感和责任感，临科学之前沿以观天下，发扬严谨求实、守正创新的优良传统，用绣花的心力，以“博学之，审问之，慎思之，明辨之，笃行之”的态度进行研究，久久为功。要深入未知、揭示本源，努力建设中国特色、中国风格、中国气派的语言学科，在与国际同行交流中以平视的目光行事，开展有世界视野、国际水平的研究，在语言研究中展示出中国方案和中国贡献。

《中国语文》助我成长伴我行

游汝杰

我的语言学生涯与《中国语文》是很有缘分的。

20 世纪 60 年代初期，我在杭州一所中学教语文和英语。我喜爱语言学，于是从1964年开始订阅《中国语文》杂志，一直到1966年第4期，共16本，保存至今。从 1966 年第 5 期开始，应该是停刊了。1978 年《中国语文》复刊，我又开始订阅，不过只订阅了一年而已。那时我在复旦大学攻读研究生，《中国语文》在校园里很容易见到，每期必看，以了解学术动态，并及时阅读与自己当下的研究课题相关的论文，以及其他感兴趣的论文。

我个人订阅的第一本《中国语文》，即 1964 年第 1 期，上面有一篇郑张尚芳写的长篇论文《温州音系》，我是温州人，见此文兴趣油然而生，反复细读了几遍。在第 2 期上又看到他的另一篇论文《温州方言的连读变调》，想不到方言可以如此深入研究，其中大有学问。从此对方言学兴趣渐浓。“文革”后期有一次去拜访杭州大学姜亮夫先生，他特别称道这两篇论文，鼓励我今后跟同乡郑张尚芳一起研究汉语方言。因而我调查研究方言的志趣更加坚定了。这两篇论文可以说是我学习方言学的入门教材。

1978 年恢复研究生招生制度，我考取了复旦大学方言学专业研究生。在课堂讨论的基础上，我和两位同学钱乃荣和高钲夏合作写了一篇文章《论普通话的音位系统》。我们写这篇文章可是下了功夫的，不仅查阅了所有相关的中文文献，并且研读、翻译了几篇英文文献，特别是其中两篇：一是赵元任的 The Non-uniqueness of Phonemic Solutions of Phonetic Systems（《音位标音法的多能性》），此文当时还没有中文译本；二是丹尼尔·琼斯（Daniel Jones）的 The History and Meaning of the Term "Phoneme"（《"音位"的历史和涵义》），译文被《国外语言学》采用，刊于 1980 年第 2 期。这篇文章完稿后，我们的导师许宝华老师认为写得不错，就让我们投稿《中国语文》，后来在 1980 年第 5 期刊出。《中国语文》是我多年来仰慕的语言学殿堂，这是我第一次荣登作者行列，喜不自胜，也因而大大增强了研究语言学的信心。

20 世纪 60 年代初期，语言学界批判资产阶级学术流派，特别是结构主义语言学（也称为描写语言学），《中国语文》刊登了好几篇批判文章，我曾细读华言军的《批判描写语言学语法研究中的形式主义》（1965 年第 1 期），赵洵、李锡胤的《批判结构主义语言学的几条方法论原则》（1965 年第 2 期）和徐通锵的《对结构语言学的几点批判》（1965 年第 2 期）。当年我只能看到批判文字，看不到原著，我很好奇，不知结构主义为何物。后来看到胡明扬的《评弗里斯的〈英语结构〉》（1966 年第 2 期），知道此书已有中译本，但是买不到。后来在外文书店看到英文原著（影印）*The Structure of English*（by C.C.Fries），即买来读一遍，仍然不甚了了。再后来边读边译 *A Linguistic Approach to English*（by Thurston Womack and Shin-ichi Miura），才初步了解结构语言学。附带说一说，"文革"前到"文革"前期，西方的语言学英文原版影印书，可以在外文书店凭单位介绍信购买，售价与国内普通书籍一样。我陆续买了 30 来本，保存至今，其中 3 本我在"文革"期间曾边读边翻译。

过了十几年，我参加编写许宝华、汤珍珠主编的《上海市区方言志》（上海教育出版社，1988 年），分工负责语法部分。因为要写的是一本描写语言学的书，我又捧起弗里斯的《英语结构》，重读一遍。此书的导言说，用于分析的语料来自 50 个小时的题材广泛的自然口语录音。我参照弗里斯的方法，在上海市区录取了 36 个小时的自然口语，用于分析上海方言语法。

朱德熙先生曾在《中国语文》1985年第1期发表《汉语方言里的两种反复问句》一文，后来他和美国华盛顿大学的余霭芹先生主持“汉语方言语法比较研究”项目，主要是比较反复问句。张敏、刘勋宁和我参加了这个项目，朱先生的这篇杰作即是这个项目的基石。我分工研究吴语里的反复问句，结项时撰成《吴语里的反复问句》一文，投稿《中国语文》，有幸获录用，经删节，刊于1993年第2期。

我在《中国语文》先后发表过五篇作品，除上文提到的两篇外，另有三篇。一是《老派金山方言中的缩气塞音》（1984年5期）。当年我在上海金山县全面调查方言语音，调查点除县城外，还包括每个公社，调查记录了3000多个字音及连读变调，这篇短文可以说是厚积薄发之作。二是《西洋传教士著作所见上海话的塞音韵尾》（1998年2期）。那些年我正忙于在国内外搜寻西洋传教士的汉语方言学著作，力图发掘沉睡已久的近代汉语方言研究的宝贵资料，这是第一篇研究成果，后来又写了几篇，并撰写了《西洋传教士汉语方言学著作书目考述》一书。三是《〈上海通俗语及洋泾浜〉所见外来词研究》（2009年第3期），21世纪以来我试图将方言学和社会语言学结合起来研究，此文是一种尝试。

《中国语文》杂志于2002年6月27日至29日在南昌举办创刊50周年纪念大会，我当时正在香港城市大学访问，闻讯请假赶赴南昌大学，躬逢其盛，清楚记得侯精一主编在会场门口欢迎到会代表，喜气洋洋。我在会上发言的题目是《汉语方言同源词的判别原则》，会后整理成稿，刊于《方言》杂志2004年第1期。

《中国语文》的主编吕叔湘先生的教诲和提携也是我终生难忘的。“文革”后期我曾搜集资料，研究泛用量词“个”，后来撰成一文，并斗胆把文稿寄给吕先生求教。他回信说写得太烦琐，又说近代汉语研究的人不多，建议我今后研究近代汉语中与结构有关的虚词。这封信我一直珍藏至今。后来我又奉寄文稿《汉语和英语的基本比较》求教。稍后不久，研究生招生制度恢复了，但有年龄限制，当年我已超龄。吕先生以研究生导师的身份特地写信给浙江省高校招生委员会，推荐我破格报考“汉英比较语法专业”。但稍后年龄限制就取消了，我担心自己的英文水平达不到要求，而方言学对我的吸引力更强，于是报考了复旦大学。入读研究生的第二年胡裕树老师给我们上语法课。当时吕先生的《语法分析问题》刚刚出版，这本书篇幅不长，但是所包含的内容非常丰富，同时又留出很大的空间，让读者思考和讨论。胡老师就以这本书作为基本教材，每两周课堂讨论一次，我后来编写《上海市区方言志》语法部分，就用上了此书有关后缀、类后缀等的说法。1986 年我有幸获得“中国社会科学院青年语言学家奖”，评奖前胡裕树先生说吕先生问他，我的年龄是否过了 45 周岁，这个奖的年龄上限是 45 周岁。当年我还没有超龄，胡先生便推荐了我。

我与《中国语文》

张谊生

从 20 世纪 80 年代攻读硕士学位开始订阅《中国语文》起，到这些年杂志社每期赠送给我，这三十多年我一直在认真拜读《中国语文》。从 20 世纪 90 年代起我开始不断撰写论文，投给《中国语文》，迄今已发表 8 篇，在上海语法学者中名列第一。我深深地感到，这些年来《中国语文》对我的影响与帮助，真的太重要了。

一　开拓、充实了我的学术生涯

我 1987 年前往徐州师范学院攻读硕士学位，师从廖序东先生、张爱民先生；1992 年来到上海师范大学攻读博士学位，师从张斌先生，毕业后留校任教至今。非常荣幸的是，读博士期间我投给《中国语文》的《交互类短语与连介兼类词的分化》一文在 1996 年第 5 期上顺利发表，为此我很快评上了副教授并成了硕士生导师，论文还获评上海市哲学社会科学优秀成果奖，从而让我非常顺利地走上了学术研究与教学的道路。2000 年第 1 期《中国语文》，发表了我研究副词演化的《论与汉语副词相关的虚化机制——兼论现代汉语副词的性质、分类与范围》，这是我新世纪的第一篇论文，这不但使我顺利承担了本人首项国家社科项目，而且还在副词研究领域奠定了引领基础。2001 年第 3 期《中国语文》又发表了我的《“N+ 们”

的选择限制与“N们”的表义功用》一文，为此，我很快顺利评上了正教授，此后又当上了博导及硕、博士点的学科带头人。正是由于《中国语文》的引导与帮助，经过20多年努力，我在学术研究与人才培养两方面取得一系列成绩与进步：2009年获评上海师范大学优秀教师，2016年获评上海师范大学师德楷模，2014年起当选中国语言学会常务理事，2019年担任上海市语文学会常务理事、学术研究委员会主任，2020年还顺利评上了二级教授。

二　拓展、促进了我的学术研究

从我全力从事汉语语法研究以来，迄今已有三十多年了。这些年来，我主要精力都用于研究现代汉语虚词及相关现象的功能、表达与发展，尤其是与汉语虚词有关的语法化、词汇化、主观化、构式化、附缀化等演化规律与趋势。迄今已经出版《现代汉语副词研究》等专著12部。在语言学杂志及学报、集刊上发表研究论文170多篇，其中CSSCI核心期刊论文70多篇。主持并完成国家社会科学基金项目4项、教育部人文社科项目2项、上海市哲学社会科学项目2项。先后6次获得上海市哲学社会科学优秀成果奖，2020年，《现代汉语副词研究》（修订版）还获得教育部第八届高等学校科学研究优秀成果奖二等奖。坦率地说，迄今为止我在学术上所取得的这一系列的成绩，《中国语文》无疑都起到了促进作用，因为每当我在研究中有所发现时，《中国语文》都会在关键时刻给予我鼓励。比如，2003年的《范围副词“都”的选择限制》、2006年的《试论主观量标记“没、不、好”》、2010年的《从错配到脱落：附缀“于”的零形化后果与形容词、动词的及物化》、2012年的《试论叠加、强化的方式、类型与后果》、2017年的《试论“有加”的附缀化与“X有加”的构式化》，这都对我在相关领域的研究起到了肯定与促进作用。努力与发展到当下，就学术贡献而言，我在中国语言文学期刊论文“综合指数排行榜”中，名列第七；在中国知网统计的中国引文数据库“万引学者”中，排名第十。就培养人才而言，迄今为止，我培养指导了90多名硕士研究生、20多名博士研究生，其中包括俄罗斯、韩国、越南博士生；培养的研究生中有5位的论文获得上海市优秀硕士学位论文奖；而且，我还合作与指导了 7 位语法学博士后。另外，由于学生的请求，我还特地指导与帮助了 10 余位“编外”的硕、博士生。我衷心体会到，本人之所以有这一系列创获与业绩，与《中国语文》对我的帮助是密切相关的。

三　本人推崇敬佩《中国语文》，而且知恩图报

这三十多年来，我除了自己一直认真拜读《中国语文》的成果，还多方面指导青年学者与研究生认真学习、借鉴不同时代《中国语文》的研究成果，进而撰写各种论文。与此同时，作为一个语法学者，我也是一个知恩图报的人。这些年来，我对《中国语文》的相关学术事务，都是非常关注与倾情支持的。比如，我从 1996 年参加《中国语文》在哈尔滨举办的第九次现代汉语语法学术讨论会开始，每次会议，包括 1998 年北京会议、2000 年芜湖会议、2002 年长沙会议、2004 年福州会议、2006 年上海会议、2008 年延边会议、2010 年香港会议、2012 年上海会议、2014 年澳门会议、2016 年温州会议、2018 年广州会议、2020 年北京会议，我都竭尽全力撰写论文，并有幸受邀参加。其中 2012 年的会议还是我所在的上海师大承办的，其间我也出全力支持；略微遗憾的是 2020 年北京会议，由于疫情我只能在线上参加。而且，我不但连续参加了这 13 次会议，会后我每篇论文都还精心修改，最终都被收录到《语法研究和探索》中，这在中国语言学界是独一无二的。顺便提及，作为审稿专家，我从 2013 年起，迄今已为《中国语文》评审了 25 篇稿件。还有，2002 年在南昌大学、2012 年在中国社科院召开的庆祝《中国语文》创刊 50 周年与 60 周年的庆祝会议，我也都很荣幸受邀参加了。而且在 2012 年会议上，我还根据自己的亲身体会，提出了“青年学者在《中国语文》发表第一篇论文时，只要确有创新价值，其他方面可以略微从宽，因为这样可以提携青年学者”的建议，后来《中国语文》在相关会议报道中，也提到了我的这一建议。

总之，我的学术发展与人生成长，与《中国语文》密不可分，所以，我对《中国语文》编辑部以及历届主编、副主编与工作人员，真的非常感谢！

经典般的学术杂志，导师样的编辑群体

周　荐

自从我在南开大学中文系七七级读本科、矢志从事语言研究那一刻起，《中国语文》就成了我每期必读的杂志。最初我是估算着杂志每期出版的时间跑到系资料室去读，但是每次只要去得稍迟一步，总有人会捷足先登，将当期杂志抢着借去，我不得不眼巴巴地等人家阅毕返还，才能再去阅读。为先睹为快，也为节省时间，我从 1980 年第 1 期开始订阅《中国语文》，几十年未曾间断。20 世纪 80 年代初没有科研经费，大学生的助学金只能用于贴补吃饭和购买牙具等日常用品，青年助教和讲师的薪酬也十分微薄，但我硬是挤出钱来订阅整年的《中国语文》；不但按年订阅，每到年终还要再花钱将全年的六册装订在一起。郭继懋兄 20 世纪 80 年代由京返津探望老母亲，来舍下小坐，送给我 20 世纪 50 年代整两年的《中国语文》杂志，尤其珍贵。这些装订好了的《中国语文》杂志按年份依次摆放在书柜里，看着爽气，读来方便，还经常被老师、朋友、学生们借去读。当时《中国语文》上的大块理论文章，如吕叔湘、饶长溶先生的《试论非谓形容词》，读毕颇有痛快淋漓、大快朵颐之感；语文短论，如吕叔湘先生的“补白”，更是以单刀直入的笔法、简洁白描的风格深深地吸引了我，让我如沐春风、如饮甘霖。《中国语文》上发表的不少论文，我一读再读，不忍释手。我为自己成长的学术之路上能得到《中国语文》这样的教科书的指导而深感荣幸，也叮嘱我的学生将《中国语文》作为经典著作来读，甚至要求甫入学的博士生每两个月便将杂志上发表的重要论文的观点摘录下来向我汇报，《中国语文》便是众多杂志的首选。

《中国语文》何以会在我心目中有着如此崇高的地位？归纳起来看，除《中国语文》上常发表理论价值高、方向性强的重要论文外，还有几点让我感触颇深：《中国语文》编辑群体拥有极高的学术水平和崇高的学术地位，编辑们秉持穷原竟委、探赜索隐的执着精神，老师们具有虚怀若谷、待人以诚的处世态度，先生们具有为祖国语言学事业忘我奉献、甘当人梯的感人情怀。这使得《中国语文》杂志如圣火一般烛照着青年学子的心灵，编辑们如同导师一样培养青年学者。陈治文先生以及更年长的老编辑，我没有机会近距离请益，稍稍年轻一点儿的编辑如侯精一先生、徐枢先生、饶长溶先生、施关淦先生，与我南开的业师年相若也，每次走近他们，感觉仿佛走近自己的导师，在心理上和感情上没有任何距离感；与我年龄稍稍接近一点儿的林连通先生，于我也是亦师亦友，对我的论文常予指点。我每有论文寄呈，不论文章最终能否发表，编辑部总有信寄来，指出问题的所在和修改的路径；我如恰到所里办事，老师们见了面更是循循善诱，耐心点拨，尽量把问题掰开揉碎地说深说透，让我心里豁然开朗。透过一个事例引导一位作者前行，通过一篇论文培养一位学者尽快成长，《中国语文》的编辑们作为一个导师群体，用他们自己心里的一团火，把学界的研究热情点燃，把学术温暖传递给青年后学，培养起一代又一代学术新人，带起一支又一支学术队伍，凝聚起一次又一次学术共识，把中国的语言学事业推向一个又一个学术高峰。

《中国语文》编辑部的工作极为繁忙，但是编辑们再忙，也要抽出时间到其他单位进行学术指导，给予学术支持，将全国的语言学者团结在一道，产生出巨大的向心力和凝聚力。1991 年天津市语言学会成立前夕，作为学会的秘书长，我给时任中国语言学会秘书长的侯精一先生写信，恭请先生拨冗莅津出席我们的成立大会。侯先生爽快地答应了，他不但以中国语言学会秘书长的身份亲临天津市语言学会成立大会的现场，而且以《中国语文》资深编辑的身份给青年学者以耐心的教诲。全国第七次现代汉语语法学术讨论会在南开大学举行，我是会务组负责人。尽管我们已经尽了最大的努力，认为筹备工作已臻完善，但是身为《中国语文》编辑的施关淦先生仍事无巨细地一一过问，事必躬亲地逐条检视，工作之细致、作风之朴实，给我们会务组的年轻人树立了榜样。徐枢先生曾多次前来南开参加各种活动，有一次还以《中国语文》副主编的身份专门给南开师生作了一场如何给《中国语文》撰稿的学术讲座，令师生们受益匪浅。从《中国语文》走出去的学者，也把“中语”精神带向四方，如曾任副主编的陈章太先生把“中语”精神带到国家语委，曾任副主编的于根元先生把“中语”精神带到中国传媒大学。《中国语文》的编辑们也把“中语”精神传播到港澳，如曾任主编的侯精一先生、沈家煊先生无论在任时还是卸任后都极为重视港澳的工作，多次莅临指导；现任主编张伯江先生将高足送到澳门大学继续从事博士后研究，副主编方梅先生和资深编辑刘祥柏先生也曾多次莅临港澳，对港澳的青年学者进行学术指导，推动港澳的语言学事业发展。

我对《中国语文》始终怀有崇敬之情原因很多，其中之一就是《中国语文》的多位编辑与我的家乡天津有缘，甚至与我共一所母校：老一代编辑陈治文先生，是南开大学中文系 1951 年 7 月的毕业生，是早我毕业三十年的系友，他参与了《中国语文》杂志的创刊筹备工作，是《中国语文》元老级的编辑；曾任《中国语文》主编的侯精一先生，故乡是山西平遥，但先生的父母就曾在天津黄家花园居住；曾任《中国语文》副主编的徐枢先生，中学毕业于著名的天津耀华学校；中国社科院语言所读研毕业后曾在《中国语文》编辑部做编辑的郭继懋同志，是南开大学中文系七八级的学长。乡谊、校友情固然易生亲近感，但是作为一个群体，《中国语文》的编辑们之所以能够赢得全国语言学人普遍的敬重和崇仰，是因为他们高尚的德操。编辑部老一代先生中有的已然作古（如陈治文先生、徐枢先生、饶长溶先生、施关淦先生），健在的先生，年轻一点的也已近八旬（如林连通先生），有的甚至已近米寿（如侯精一先生）。先生们沾溉后学，山高水长，德垂后昆，教泽流芳。经数代编辑悉心培植七十载的《中国语文》，今已成长为中国学术百花园中的参天巨柏，是中国语言学者心目中的学术圣殿，永远是中国语言学事业的航标灯，是一代又一代中国语言学人心中不朽的经典。

我和《中国语文》

周　韧

《中国语文》是一份让我敬畏的学术期刊！她让我敬重，因为她承载了中国语言学界的光荣和梦想，始终砥砺前行。她让我畏惧，因为她汇集了无数的经典论文，长踞学术高峰。在2022年《中国语文》创刊七十周年的日子，我很愿意从头开始回忆，回忆自己和这份期刊的小故事，写下自己的一些感想，和大家一起分享。

一　成为读者——初识《中国语文》

我大学本科在外语系学习，2000年来到南昌大学文学院攻读硕士学位。我的硕士导师李胜梅教授在和我第一次见面时，给我讲了一些学习的方法，也推荐了一些必读的书目。见面快结束时，她告诉我，汉语言文字学专业的研究生，应该常常翻阅《中国语文》。这是我第一次知道《中国语文》的大名。

李老师跟我谈话的第二天，我就到邮局订阅了来年的《中国语文》，价格是9元一期，倒也不贵。由于当时已近年底，我订阅的时间较晚，就漏订了2001年第1期。因此，现在我办公室的书架上，最早的一本《中国语文》是2001年第2期。自那时开始，无论我的学习、工作和生活发生了怎样的变化，无论期刊的电子化多么普及和便捷，我都想方设法订阅或购买每一期《中国语文》的纸质本，作为一种爱好收藏和珍存。

在后来的学习过程中，我逐渐了解和知道了《中国语文》的学术地位。我个人的研究方向是汉语语法学，可以说，七十年来汉语语法学最重要的论文，大多数都刊发于《中国语文》。在我阅读吕叔湘先生和朱德熙先生等前辈的经典论文时，文末总是印有“原载《中国语文》XX年第X期”的字样。我现在在教学和科研中，还要常常讲到和引用的语法经典论文，很多都是在《中国语文》发表的，比如《说“的”》、《现代汉语语法研究的对象是什么？》、《现代汉语单双音节问题初探》、《说“自由”和“粘着”》和《漫谈语法研究》等。《中国语文》开阔了我的眼界，激发了我对语言难题的好奇心。翻阅和研读《中国语文》，可以让我了解语言学的最新动态，而文章中的思辨性，又让我着迷和兴奋。

我在硕士阶段的学习过程中，对汉语语法学的兴趣日益加深，这时候手边刚好购买了袁毓林老师的论文集《语言的认知研究和计算分析》，其中收录了袁老师十几篇论文。而让我印象最深刻的几篇文章，如《一价名词的认知研究》、《谓词隐含及其句法后果》和《话题化及相关的语法过程》，也都是首先发表在《中国语文》上的。因此，我萌发了报考袁老师博士生的想法。

有的时候，运气就是这么好！2002年6月底的时候，南昌大学文学院承办了“庆祝《中国语文》创刊50周年国际学术研讨会”，我作为一名学生会务人员，亲身参与了整个会议的筹办和组织过程。那次会议，在当时南昌市内条件最好的滨江宾馆召开。在我的印象中，会议云集了国内外众多的优秀学者，既有老一辈的张斌先生、胡明扬先生、郭锡良先生、范晓先生、侯精一先生、邢福义先生、林茂灿和王宁先生等“60后”“70后”“80后”学者，也有马庆株、邵敬敏、沈家煊、陆丙甫、张谊生、冯胜利、顾曰国、刘丹青、方梅、袁毓林、王灿龙、张伯江和蔡维天等当时的一大批中青年学者。

记得大会开幕式后，沈家煊先生作了第一场大会报告，讲的题目就是《如何处置“处置式”》（后发表于《中国语文》2002年第5期）。袁毓林老师也作了《从焦点理论看句尾“的”的句法语义功能》（后发表于《中国语文》2003年第1期）的会议报告。这两篇文章我现在还经常引用和翻看。

趁着会议的间歇，我找到袁老师，向他表达了考博的意愿。袁老师很认真地跟我交代了一些注意事项，比如，现代汉语的博士生应该加强古代汉语的学习，他给我推荐太田辰夫、志村良治、王力先生和蒋绍愚老师的几本著作，并让我有事情可以联络师兄施春宏、王健，或者是师姐黄瓒辉。最后，袁老师嘱咐我说：近十五年的《中国语文》和《国外语言学》(当时刚更名为《当代语言学》)都要翻阅，要了解学界的动态和最新成果。大概师门传统就是这样传承的，现在如果有学生说要报考我的博士生，我也一定会提出阅读近十五年的《中国语文》这条要求。

在 20 年前，期刊的电子化远没有像现在这样普及，我的印象是那时候《中国语文》还没有进入 CNKI。对我来说，一下子要找齐十五年的过刊实在是困难。幸好，我认识的一位朋友，在图书馆的馆藏区工作，他告诉我，图书馆会订阅两套期刊，一套流通，一套馆藏。他为我申请了特殊的待遇，让我临时可以自由出入馆藏区翻阅《中国语文》和《国外语言学》。于是，2002 年下半年，我经常花一整个下午坐在图书馆十楼空荡荡的馆藏区内，一个人阅读用黑色硬皮装订好的《中国语文》年度合订本。老实说，这是我一生中学习效果最佳的一段时间，第一是具有考学的功利性学习动机，第二是那时年轻，记忆力好，看过以后直到今天还能记住。我个人目前仍然这样认为：阅读期刊的文章也许比阅读专著的学习效果要好，因为专著一般需要整理历史脉络，做好综述和铺垫才进入具体的讨论，还没等看到重要的章节，读者可能已经没有兴趣了。但阅读期刊文献往往进入正题较快，解决问题的线索和方案比较明确，让人短时就能获得完整、良好的学术体验。打个比方，这就类似于观看多集连续剧和单部电影的不同感受了。

2003 年我参加博士考试，整个过程很顺利。我自己认为，有一个原因就是：阅读期刊增加了自己的知识面，让自己有了一些自信。答题时可以旁征博引地写道：某某学者提出过什么方案，其他学者提出过什么方案。

二　成为作者——在《中国语文》第一次发表文章

我向《中国语文》第一次投稿，是在 2005 年 10 月。我 2003 年进入北京大学攻读博士学位时，袁毓林老师已经给我选好了题目，即撰写一篇现代汉语韵律和语法关系的博士论文。其中，有一个重要的部分是讨论汉语复合词语序变动与音节数目之间的关系。简单来说，这个问题可以表述为：为什么我们要说“纸张粉碎机”，而不说“粉碎纸张机”？而将“粉碎”和“纸张”换成单音节的“碎”和“纸”之后，为什么就不说“纸碎机”，而要说“碎纸机”？

这个题目我自博士入学后就很关心，我研究的出发点就是：“纸张粉碎机”这种语序在各种语言中都很常见，汉语的个性是体现在“碎纸机”这种格式上的。这样的话，生成“纸张粉碎机”的动因就应该是一种普适的机制，而生成“碎纸机”的动因是更契合于汉语特性的机制。文章自2004年底开始撰写，为了了解其他语言中类似复合词的情况，我花了半年时间找北大的各国留学生挨个做调查。累积好材料后，于2005年春天开始动笔，其间，几个初稿的版本得到了袁毓林老师、郭锐老师、王洪君老师、陆丙甫老师和端木三老师的指导和帮助。到国庆节小长假的时候，总算定稿完工。袁老师鼓励我将这篇文章投给《中国语文》，我当然很想试试，觉得自己这篇文章准备比较充分，但考虑到自己当时只是一个学术小白，又觉得希望渺茫，文章投出去后，只能抱着忐忑的心情慢慢等待。

好消息是2006年初传来的，我收到了《中国语文》编辑部发来的修改意见，结论是修订后录用发表。当时也没有投稿系统，为了修订的事情还跟方梅老师和唐正大老师电话沟通过一两次。认真按意见改动后，就将修订稿返回编辑部，稿件很快就被录用了！第一次投稿《中国语文》就能命中，这是对自己学术能力极大的肯定。

我还记得两个小细节，发生在我2006年6月博士论文答辩的时候。张伯江老师在评议我的论文时，先说明我讨论复合词语序的章节将要在《中国语文》发表，答辩主席陆俭明老师马上从座位上坐直身子，盯着张老师问是哪一章的内容。陆老师听到回答后对我点点头，表示赞许。刘丹青老师在评议论文时，指出我文章中引用类型学文献的一处硬伤，所幸《中国语文》尚未印刷，答辩结束第二天赶忙联系编辑部订正过来。

就这样，我在《中国语文》发表的第一篇文章《共性与个性下的汉语动宾饰名复合词研究》在2006年第4期刊出。那个时候是七月中旬，我刚从北京大学毕业，但还没有入职北京语言大学。期刊出来的时候，我自己并不知道。恰好，袁老师因为科研项目的事宜，请我在农园三楼吃饭，他很高兴地告诉我，说《中国语文》已经刊印，我的文章是当期的第二篇，紧接着沈家煊老师的首篇《"王冕死了父亲"的生成方式——兼说汉语"糅合"造句》刊登。

袁老师那天突破了师门传统，即聚会时每人每顿不超过一瓶啤酒的限制，多喝了几杯。快结束时，还对我开玩笑，说："你以后要紧盯着沈老师，他发一篇你也跟着发一篇。"嗯，这个要求看来太高了！

吃完饭后，我还用校友卡进了北大图书馆，在一楼的期刊区拿起那一期《中国语文》，找到自己的文章翻看了几分钟。这应该是一种虚荣心，自己改动过七八次的文章，没有谁比自己更熟悉这篇文章了，还有什么好翻看的？但现在想起来，这充分可见《中国语文》刊发一个年轻人的文章，对他的鼓励是多么巨大，她提供了高额物质报酬所难以代替的精神财富。

三　成为审稿者——我理解的《中国语文》办刊精神

我与《中国语文》这本期刊结缘到现在已经二十多年了。我不仅是《中国语文》的读者，也成为她的作者。十年前，我还多了一个身份，"晋升"为《中国语文》的匿名审稿者。读者、作者和审稿者的三重身份，让我可以变换角度，多方位地思考《中国语文》的办刊精神。

成为一名审稿者，手上便多了一份权力，有能力决定他人文章的"生死"。在这个"内卷"日益加剧的年代，对于年轻学者来说，能否在《中国语文》这样级别的期刊发文，是关乎个人发展和个人切身利益的大事。那么，如何正确行使审稿者这份宝贵的权力？这需要我更加谨慎和小心。

我自己的研究方向是现代汉语语法学，立足于现代汉语语法学，我理解的《中国语文》的办刊精神就是：切勿空谈理论，从汉语语言事实出发，建构具有证伪能力的理论；同时，又不能杂乱地堆砌语言现象，因为没有理论的光亮，根本无法说清什么是语言事实。所以，文章要针对具体问题，做到理论和事实相结合。不空谈理论，也不堆砌材料，说得通俗一点就是：再时髦再前沿的语言学理论，到了《中国语文》这个舞台，也要结合语言事实来做具体分析；再杂乱再繁多的语言事实，也需要通过语言学理论来梳理、辨别和分类。

因为《中国语文》要求理论落地，因此绝大部分的文章都是针对某一具体问题的微观研究，这使得一个学者，如果不是从事相同问题的研究，则大概率不会引用这篇文献。反过来说，如果刊发理论性强的宏观回顾性文章，再加上文章作者的学术地位，这篇文章短期内会获得高引用率和高关注度。在我的印象中，《中国语文》很少刊发后一类的文章。这种做法使得《中国语文》在当今日益"惨烈"的期刊评价竞争中，实际上并不占优势。但我认为，这恰恰既是刊物的勇气和胆识，也是刊物拥有的一种作为底蕴存在的"贵族"气质。金子发光是恒久的，时间最终会说明哪些文章在不断启迪后人。

按照上述办刊精神为《中国语文》审稿，是一份不轻松的工作。如果送审的论文质量高，那自己还有学习的机会，只需要提一些小小的修改意见；但如果送审的论文有一定的疏漏，又要填写意见，工作就很费时费力，经常要花一两天时间才能审阅完一篇文章。有时候，通过行文风格、选题方向或参考文献等线索，就可判断投稿的是某位学界"大腕"，或者是与我相熟的某位学界朋友。这些送审论文很可能介绍了最新的国外前沿理论，也列出了汉语的事实作为辅衬，但在解决具体问题时总让人感觉棋差一着或有"新瓶装老酒"之嫌，对此我也会说明，这样的文章并不适宜在《中国语文》发表，建议作者改投至其他一些更重理论探索或更重材料搜集的期刊。

总而言之，审稿是一个吃力不讨好的工作，需要贡献自己大量的学术精力和学术智慧，这些工作完全无法体现为自己的学术成果。但是，审稿是每一个学者为整体学术发展所必须履行的一项学术义务。张伯江老师告诉我，作为主编的吕叔湘先生是一个值得尊敬的人，这是因为，吕先生在负责某篇文稿的时候，会不遗余力地帮助作者提高文章质量。张伯江老师的原话是：很多时候，吕先生甚至直接帮原作者改写了大半部分文稿。这使得我不断提醒自己，审稿不是一种对抗性的工作，而是一种交流沟通的工作。审稿意见不要撰写带有个人情绪的话语，应该摆事实讲道理，以一种平和的姿态向投稿人传达自己的学术意见。

十年来，每年我都会审阅几篇《中国语文》的论文。我愿意和其他年轻作者一起成长，也愿意和其他审稿专家一起守护这个中国语言学者的家园。

四 文末感言

《中国语文》在中国语言学界有着特殊的地位，她具备优良的学术传统和严格的学术标准。《中国语文》不属于某个私人，而属于全体中国语言学的学界同人。我对《中国语文》怀有敬畏之心，这种感受不仅仅来自我个人与她的接触，也来自前辈学者的片言只语。我记得，鲁国尧先生给我们讲座时表示，家里总会有纸张垃圾需要清理，但是，鲁先生接着斩钉截铁地说，卖什么废品也不会卖掉《中国语文》。陆丙甫先生刚从美国回来时，总是向我借阅《中国语文》，每次读完后会告诉我，这次上面会有什么好文章。直到现在，在各种场合碰到陆俭明老师等前辈时，他们经常会提到哪位年轻人又在《中国语文》发表了新作，值得鼓励。

我个人学术发展的每个重要节点，总有《中国语文》相伴相随。在我踏上学术道路之后，《中国语文》的一些高光时刻，我也没有错过。前面说过，《中国语文》创刊五十周年的时候，我是一名普通的会务人员，零距离地体验了她“高大上”的学术氛围。2012 年《中国语文》创刊六十周年的时候，我参加了编辑部主办的第一次《中国语文》青年学者沙龙，会议当时在中国社科院语言所的大会议室举行，每个人发言只有十分钟，我向大家汇报了《汉语韵律语法研究中双音节和四音节》的论文思路。同时，我自己的文章《“N 的 V”结构就是“N 的 N”结构》还忝列《中国语文》2012 年第 5 期，那期有一个别名：“《中国语文》创刊六十周年纪念专刊”。

今年是 2022 年，我已经四十五岁，在对“青年”定义最为宽泛，对年龄最为友好的学术界，我也将很快失去“青年”这个光荣的称号，从此踏踏实实地做一名中年人。但是，我仍想努力一把，奋斗几次，和七十岁的《中国语文》一道，再做求美、求知和求真的学术少年！

祝贺《中国语文》创刊七十周年！

我在《中国语文》的第一次亮相

朱冠明

说来惭愧，我是从 1999 年才开始订阅《中国语文》的，也是从那时才开始认真读上面的文章的，而此前即便是写硕士学位论文，也只是偶尔查阅一下。直到 1998 年，硕士毕业一年以后，我决定要考汉语史方向的博士了，想到从此以后可能要和语言学打一辈子交道，《中国语文》不可不读，于是果断到邮局订阅。因此我手头有从 1999 年至今一套完整的《中国语文》杂志，摆在书架上也是蔚为大观。顺便说一下，1999 年初的某期《中国语文》封底刊登了一个新出版的语言学书籍的书单，我当时身在洛阳，书店买不到，还辗转托人从北京——具体来讲，是北大南门的风入松书店——买了一大批语言学的书，包括《语法讲义》《近代汉语语法资料汇编》（唐五代卷和宋代卷，明代卷已售罄）等，都是那一次买的，算是为即将到来的博士阶段的学习表了个态，或者叫出征前的“祭旗”。

那时候拿到《中国语文》，首先总是会翻看其中那些篇幅短小的或是商榷性的文章，很容易读，也觉得有趣味；而那些“长篇大论”、高头讲章，则要烧脑得多，也费时得多，往往正襟危坐个大半天，才能读完一篇，有时候还读得似懂非懂的。当然内心还是很钦佩那些做大文章的作者的，梦想着有朝一日自己也能像他们一样做深入前沿的研究，写深刻的文章，发表在《中国语文》上。

但谁都知道，在《中国语文》发表大文章，谈何容易，我觉着还是先从小文章做起吧。慢慢地，随着读《中国语文》的文章越来越多，我逐渐积累了一些问题，产生了一些小想法。在2001年我博士二年级的时候，写了一篇小文章《读〈中国语文〉札记三则》，对新近读到的（即2000年、2001年）几篇《中国语文》刊文中我认为存在的纰漏，谈了些自己的意见。文章开门见山："在认真学习研读《中国语文》的过程中，笔者偶有一点粗浅的想法，写出来向有关作者和学界同仁请教。"现在想来，这几句话写得非常实事求是：的确是"认真学习研读"，的确是"粗浅的想法"，也的确是抱着"请教"的态度。

小文一共写了三个问题，一是针对何宛屏先生在2001年第1期上的《说"宁可"》一文提出的古代汉语没有"宁可……也要"格式的观点，我找了从中古译经至明清小说中的10个例句，证明古代其实是有"宁可……也要"格式的；二是关于中古译经中的处置式，曹广顺、遇笑容先生在2000年第6期上的《中古译经中的处置式》一文没有提到"持"字处置式，我进行了补充，并指出了该文中一个例句的误用；三是发现2000年第5期上的《〈王力古汉语字典〉及其特色》一文，在介绍该字典"树立历史观点，注意词义的时代性"这一特点时，对"眼"和"睡"两个词词义发展的描写采用的还是王力先生1980年代的看法，提出为尽善尽美计，应充分吸收常用词演变的最新研究成果。文章写好以后，我斗胆寄给了《中国语文》，但内心其实是很忐忑的，既觉得自己不知天高地厚妄下雌黄，又抱着侥幸心理:《中国语文》不是经常发一些这类文章吗，万一中了呢?

大约过了半年，在博士毕业前，有同学从中文系带给我一封印有《中国语文》红色logo的信，问我是不是给《中国语文》投稿了。我战战兢兢地打开信封，看到"用稿通知"几个字，禁不住一阵狂喜；仔细阅读信件内容，发现被录用的只是小文的第二则，即关于中古译经处置式的问题，但这仍然让我十分开心。很快我有文章被《中国语文》录用的消息，被不少同学知道了，都向我表示祝贺，免不了备下酒席庆祝一番。酒过三巡，脸上施施然有得色，哈哈!

后来知道，审稿并同意录用其中第二则的，就是曹广顺先生。我常常听说《中国语文》十分注重对青年学者的培养，也读到过吕叔湘先生等老一辈专家精心为素不相识的作者修改文章的感人事迹，这一次却真切地发生在了自己身上。现在回头看，那篇小文总体上价值并不大，未被录用的两则并没有真正解决什么问题；但其中稍有价值的部分，竟然还能被《中国语文》编辑及审稿专家慧眼挑了出来并录用，确实令人感动鼓舞。以前读赵壹《刺世疾邪赋》，有两句话印象很深："所好则钻皮出其毛羽，所恶则洗垢求其瘢痕。"当时真让我有一种被钻皮出毛羽的感觉——这是《中国语文》对年轻人的真爱啊！

这部分内容后来在《中国语文》2004 年第 4 期刊出，题目由编辑改为《中古译经处置式补例》。这是我在《中国语文》的第一次亮相。

访 谈 录

语言所老先生访谈——陈章太

陈章太

被采访人：陈章太（以下简称“陈”）

采访人：王伟（以下简称“王”）

采访时间：2019 年 8 月 9 日

王：您来所的时候，罗常培先生身体已经不太好了，是吧？就很少来所里。

陈：不是。我 1955 年留校，留了 1 年。因为我们同班这个同学啊，他分配工作是到语言所。他不愿意来语言所，因为他女朋友在福建，他不愿意来。那么我又不愿留校，我愿意到北京来。这样学校人事处、学生科，跟语言所打电报，联系说两个对换一下看看行不行？语言所第二天就回电报：“同意，请立即来报到。”这样我有这个机会啊，来语言所了。

王：要感谢您的那位同学。

陈：对啊对啊。后来我这个同学留校了，他后来当了系主任了。他工作也很出色，人也很好。那么我来所里以后，当时对语言学了解不多，怎么搞，来干什么，不知道。来所第四天，研究所办公室就通知我，说罗先生要找你谈话。他说你到罗先生办公室去。就这样我去，到罗先生办公室，他还站起来，非常客气，非常和善，对年轻人非常客气。站起来，说：“你坐，请坐。”他说：“你是厦大来的？”我说：“对啊，我厦大的人。”他说：“你知道我在厦大还当过两年教授啊。”我说：“我早就知道了。”我说：“他们几位老师经常提到您，您在厦大，大家都很怀念您，很想念您。”然后他就说：“你来想做什么研究啊？”我说：“我也不知道。我现在还不知道研究什么东西，怎么研究，我都不知道。我听从所长安排吧。”他说：“具体工作由副所长吕叔湘先生来安排，来跟你谈。”他说：“我就跟你说说，你想想搞什么？”我说：“我还不知道。我有点想搞方言，因为我是方言区的人啊，我是闽南人啊。闽南话还是很有特色的。”我说：“我是泉州永春人嘛。”他说：“那很好啊！你知道，我现在正在调查厦门，厦门的方言语音。”我说：“我不知道。”然后，他说：“闽南方言很有特色。”实际上他已经在为后来写厦门音系书做准备了，我当时不知道。然后他就跟我谈厦门语音音系是怎么样，声母韵母系统又是怎么样。谈完以后，我说：“具体的我懂一些，因为我会说。”我说：“虽然我是永春话，跟厦门话还有一点差别，主要是腔调上面，还会有一点差别，但是基本的音系还是一致的。”然后，他跟我聊了一会厦门话。完了以后，他说：“你不要着急。我看得出来，你着急，想尽快能搞语言学研究。”他很耐心地，而且非常热情地就跟我说：“你一定得慢慢来，一步一步走。搞语言研究，你热爱它你才能钻得进去。你要，就是要看书，特别是名著，一定要去深读、细读。”他问我，音韵学有关的书看过没有。我说我看了，但是不太懂，只懂一点点。然后他就说：“你慢慢来，名著一本一本地读。多读书，多思考。”他跟我讲这两句话我印象特别深刻。他说：“第三个的话，你知识要广泛一点，读书要面宽一点，不光读你喜欢的这个专业的书，做专业的研究，你还要读相关的一些学科的，相关课题的一些书，你也要适当看一下，多看一点。”他说做研究就是知识面要广，要丰富，这样你思考才能深入，才能够发现这个书比那个书有新的见解，有新的发展，你才能弄懂这些东西，这样你基本上慢慢就懂了。他跟我谈了足足有半个多小时。

王：这都六十多年了，你还记得这么清楚，是吧？你看这都已经六十三年了。

陈：因为第一次见面，他都非常非常热心，非常非常耐心。所以，我说：“我本来（就是）厦大的，学生的时候我已经听几个老师常常提到您的情况，我就非常崇拜您。”他说：“你不能用这种词。”我说：“这事实上是这样，我心里早有一种敬仰之心。”然后他说：“以后这样，你有事，特别是学术上、学问上、读书上碰到弄不懂难题的话，只要我在，你可以来找我谈谈，我会把我知道的告诉你。”第一次见面，对我而言，深深记下了：做学问不能急；做学问，只要你能耐心做下来，钻进去，必定会有成果，会有成就。

王：您刚才也讲到，实际上您在语言所工作，包括中科院阶段到社科院阶段，前后有二十八年之久。后面也是担任领导了，在吕叔湘所长时期，您当常务副所长，也领导《中国语文》的工作是吧？

陈：是，他主编，兼主编，我是副主编。

王：当时因为吕先生很忙，我相信有很多具体的事务都是您来过问的。

陈：他所里开会的时候就说，具体事由章太——当时所里人都不叫我陈章太，姓都省掉，都叫章太——由章太负责，有事情可以先找他。我们当时有三个副所长，第一副所长是李荣，李荣也是我老师，做方言的老师；第二个是刘涌泉，搞机器翻译的。

王：也是俄语专家。

陈：还是俄语专家，他留苏的，他俄语很好，英语也很好。

王：他也是罗所长当时聘来的，是吧？

陈：对呀。具体的分工，我是常务，处理常务事务，日常的工作。这样我就在所里面兼搞行政。但是吕先生他跟我交代，他说，你只要有一点时间，科研就不能停止。等于是你要双肩挑，你要比别人多吃点苦。

王：这是咱们语言所，也是社科院的老传统。

陈：社科院的这个好传统就是这样，重视学术，要做出成果，有影响的成果，而且学风非常好。

王：也是不容易的。

陈：所以来所里以后，第一次跟罗先生见面完了以后，后来吕先生跟我安排工作。当时跟我同时报到的，有一个从南京大学来的，龚千炎。

王：也是老先生。

陈：他是江西人，吕先生先跟我们说："你们刚来所里，一边工作，一边还要学习。"

那么正好当时王力先生是北大教授，还兼了语言所的古汉语组的研究员。吕先生说："你们两位就当王力先生助手，帮王力先生找找资料，核对核对资料什么的，具体由王力先生安排。"他说："如果可能，我会跟王力先生商量，把你们安排进北大进修。"我们到了北大王力先生家，他当时住在燕南园，燕南园环境很好。王力先生接待客人都是在他楼下，让我们每天下午去，好像是下午两点半到三点半去，去他楼下那个书房里头。王先生有时候跟我们讲讲课，有时候帮我们分析一下古代文献，但是主要一个课题就是《论语》词汇研究。我们说："我们不懂。"他说："不着急。你先读，从读《论语》开始。"

王：专书研究。

陈：专书研究。那王师母也特别好，沏茶倒水什么的。哎呀，我们真不好意思，不敢当。

上午呢，王力先生尽可能给我们安排上午听课。所以北大呢，名师啊，这课啊，几乎我都听了。比如说，王力先生自己课不要说了，他古汉语的，音韵学的这些，他讲课，我们一定去的，到课堂去。袁家骅先生的方言学，高名凯先生的普通语言学，周祖谟先生的词汇学，等等，朱德熙先生的语法研究，语法修辞研究吧，就这些课程我们全都听。那一段时间并不算太长，但是已经让我们把语言学，这些主要领域都有所接触了。后来罗先生创办普通话语音研究班，语言所有一条规定，凡是新来的大学毕业生，都要到这个语音研究班去学习一下。

王：您是"黄埔"几期啊？

陈：第三期。"黄埔"第三期，我们叫"黄埔"第三期。"黄埔"，为什么啊？因为那个课程啊，基础课，完全基础课，而且训练很严格。

王：老师也都是好老师。

陈：名义校长是老舍先生。还有一个教育部副教育长。

王：教育部副部长。

陈：嗯，兼的，具体的班主任是丁先生，丁声树先生。丁先生是长期，白天晚上，连星期六、星期天都住在那儿，住在那班上，给他一个小房间，给他一个小房间住在那儿，那个音韵学是丁先生自己开，自己讲语音学、语音学史；周殿福、吴宗济教国际音标，因为当时要培养方言调查等。

王：要记音。

陈：要听音记音，那语音学专家，那就是吴宗济跟周殿福啦。

王：吴先生，我硕士的时候教过我语音学和国际音标，那时候很大年纪了。

陈：是，最后语法学呢，主要是张志公讲，有时候吕先生也讲。

王：全是名家。

陈：朱德熙先生也讲。张志公先生，不是系统讲，张志公先生，讲座性的、专题性的，挑一些比较精彩的东西讲。还有一个北京语音。这老师我非常熟悉，名字一下……

陈：他那样子我还记得很清楚，他是公认的语音专家，第一号。我名字到嘴边出不来，我现在老了，记忆不好。

王：没事，您接着说。

陈：这讲课的都是名家，方言调查研究是李荣先生自己讲。你看所有的基础课，包括专题课都是名家来主讲，而且还有辅导员。

王：对对对，辅导员是不是好多也是咱们所的人。

陈：好几个。侯精一、贺巍、白宛如等一批人。我们听音记音，我们还得练习，还有时候，让你记，还会发，还会发国际音标，然后普通话，学普通话。有时候每人讲一段故事，很短，比如说一分钟，一分钟一小段故事，主要听你的发音。他会问你，你刚才这个话哪几个地方说的不标准，如果不标准，辅导员就会给你指出来。你哪个不标准，应该怎么发，很严格。每一个人都有辅导员，一个辅导员管几个人。我有一个辅导员，当时第一期留下来的，他是一个小学老师，来学习的。他也是福建人，福州人，他说："我都听出来你这个音不是标准的普通话，你受闽方言的这个影响。"怎么怎么的。那是要求很严格，这样训练足足四个月，白天晚上。星期天，偶尔有星期天，放一天假，有时候就不放假了。

王：学习强度很大。

陈：强度很大，晚上还要自习，辅导员一直守着，有问题，就请教。

而且要求很严格。所以我为什么说，经过那个研究班出来的人哪，几乎异口同声说，这个学习受益太大了，受过严格训练。讲课老师都是在本学科的顶尖专家，是不是？

王：大学者。

陈：徐世荣，徐世荣是北京方言的专家啊，而且是公认的。学习四个月，慢慢就知道这个语言学研究的是什么，它不光是语音，普通话不仅限于语音，还有词汇，特别是基本词汇，还有语法、句式等等。

王：学的还很全面。

陈：学得很全面，训练又很严格，所以说那几个月的收获太大了。这是打基础啊，基础先打牢了。

后来方言普查，推广普通话，各地依靠的全是这批人。

王：是的，这种教学方法我估计是空前绝后，以后也不会有这样的，这么多专家。

陈：而且白天晚上啦，集中至少四个月。研究班学习完了以后，就能跟王力先生学习了，就停课了，北大那边先停了。停完以后，吕先生跟王先生商量，就是说现在研究班结束了以后，肯定要重新分配工作，看看哪个人到哪儿，当时叫研究组，不叫研究室。李荣先生是方言组的组长，丁先生是李荣先生的老师，李先生对丁先生极其尊重，李先生对很多人都看不上，但是对丁先生是绝对尊重。

王：都叫他丁圣人 。

陈：没错，因为他为人、治学，那是真没有说的。所以，丁先生跟李荣先生商量说，我们这要两个搞方言的，补充一下吧。他说，我们现在方言组已有的几个人里头都没有闽方言的人。他们两个商量，说我是福建人，又是闽南的，方言比较复杂的闽南地区的。他就找吕先生说，陈章太是不是分配给方言组？他跟我谈。我说我听从分配。这样我就到方言组了。

王： 李荣先生那儿。

陈： 就在李荣先生手下了。那也很好，我最近刚刚写完一篇文章，商务印书馆准备要出的，语言学家的语言调查的故事。

王： 是一本书是吧。

陈： 一本书，找了几个人，有张振兴，有山东那个钱曾怡，还有戴庆厦，少数民族。这都是搞语言调查的。

王： 都是大家。

陈： 那么我是写方言调查的。因为我到了方言组以后，李先生就很明确规定了，研究方言，首先要把自己的母语研究好。

王： 是。

陈： 我们当时刚刚到方言组报到，完了以后，到昌黎。

王： 到昌黎调查方言。

陈： 先参加李先生带的队伍，到昌黎搞《昌黎方言志》的调查，昌黎方言调查。当时各县都编县志嘛，县志都有一部分方言。我们在当时下放，一部分人下放在那里劳动，跟昌黎比较熟。昌黎县政府要求说，这个《昌黎方言志》啊，要我们帮他写。我们刚从研究班出来嘛，侯精一他们第一批，先去调查。因为丁先生和李先生跟我说过，都是首先把自己的母语研究好。谁都知道，闽方言在各个方言当中，几乎是最复杂的一个。那么我就先用三五年时间，把闽方言尽可能全面，做一个摸底，全面研究，从基本普查到重点深入，差不多三年。

三年到五年，几乎大部分时间都在福建地区跑。有时候出去三五个月，都没有回来。而且，福建都是高山险水，调查走路都很辛苦、很艰难。而且，你看方言论本身就比较复杂，有时候还弄不清楚，还作比较，周围再跑两三个其他地方。所以，几乎福建一半以上的地方我都去过。特别是大田跟邵武几个地方，还有建瓯几个地方。大田有一次我待过整整五个月，为什么？因为大田当时推广普通话是全国有名的，吴山公社那是示范单位。

王： 他们都是做得特别好的地方。

陈： 做普及，普通话普及最早的。他们在农村普通话扫盲也搞得最好了。所以，我后来写《福建闽方言研究》，一本专著，还得过奖，国家图书奖。还写好多篇，讨论闽方言一致性，闽方言分区。因为，我们（现在）中国方言研究，大区上基本是北方方言、吴方言、赣方言、闽方言、粤方言、湘方言，还有客家方言，把闽方言统一在一起。

罗常培先生跟吕叔湘先生在20世纪50年代的现代汉语规范化会议上，那个报告，罗先生跟吕先生一起作了一个学术报告，提的就是八大方言，把闽南、闽北分开了。闽南当时以厦门做代表，闽北方言以福州福清这一带为代表，那把它分成了两个。

我通过调查以后，发现罗先生、吕先生写的那篇文章里提的条件，把闽南、闽北分开的那几个条件，基本上是一致的。所以，我就下决心把闽南、闽北跑个遍，主要的地方几乎都跑到了。调查完证实了，闽方言是统一的，在第一个层次。所以，后来影响比较大的是论闽方言的一致性。写这篇文章，我还找李荣先生请示了一下。因为这个是吕先生跟罗先生写的报告啊。我说："这合适吗？"李荣先生说："只要你说的是事实，你调查的材料支撑你，你就可以写，你就可以发表。"所以，我跟李如龙合写这篇文章，是我起草的，调查是共同调查的，论闽方言的一致性。这是第一篇文章，影响最大。在中国语言学会第一次年会上宣读完了以后，得到大多数语言学者的支持、认同。很多教科书，现代汉语教科书，谈到汉语方言的时候，过去讲八大方言，现在都改成七大方言，都改了，接受这个闽方言是统一的一个方言，比如胡裕树主编跟张斌主编的《现代汉语》。我后来又写闽方言的内部分区，一直分到第四个层次。我连续写了一系列的文章，几乎把福建跑了个遍，包括周围的，顺便又到客家方言地区访问了一下。

王：我觉得田野这工作少不了啊。

陈：都是很艰苦啊。所以，方言基本上就慢慢钻进去了。陆陆续续论文就出来了，专著后来也都出来了。这个就是说像罗先生说的，只要你钻进去，你就会有成果。所以，我那几年，大概20世纪50年代到"文化大革命"以前，基本上都是在调查闽方言，包括后面普查什么的。同时，那个时候办《中国语文》。第一任总编是罗先生，但罗先生具体没有管，事实上是丁声树先生管，帮着管。丁先生把我从方言组调到编辑部了，我大部分时间都在《中国语文》编辑部。当时名义上叫作秘书，实际上是编辑部主任，因为编辑部没有设主任，那么具体工作我来，接着就发生“文革”了。

《中国语文》也停了。“文革”结束，我们从干校回来。“文革”结束了以后，《中国语文》复刊了。我本来想回去研究方言，这个《中国语文》杂志啊，吕先生兼主编了，吕先生接罗先生当所长了嘛。罗先生五八年底去世的，后来吕先生接所长，吕先生当所长兼《中国语文》主编，我是常务副所长，还有第一副所长是李荣先生，第二是刘涌泉，搞机器翻译的，那我是排位第三，但是常务，我负责常务工作，就叫常务副所长。吕先生兼《中国语文》主编，我是副主编。每一篇文章，从确定题目到最后改校样，每一篇文章我都看五六遍。

当时为了恢复《中国语文》，促进语言学，还策划召开了全国性语言学家会议，在苏州宾馆开会。全国各地的有名的语言学家都来了，一百多人参加，影响比较大。那个时候说筹备成立中国语言学会。

王：很重要的一次会议。

陈：那次奠定基础，然后接着就筹备中国语言学会，在武汉开第一次语言学会，在华中工学院语言研究所，在那边开了中国语言学会成立大会暨第一届学术研讨会。

王：那个时候您特别忙吧？

陈：有一条，从罗先生那里学来的。不管你工作再忙，再累，再复杂，再繁重，你研究学问不能放弃。“因为我们是搞专业的，”他说，“你放弃了，你等于自己没根。你负担的这些行政工作，跟这个也有关系，这两者是互相促进的。”所以说，我最忙的那几年，又搞行政又搞业务，接着调查闽方言，调查其他方言，我到山西调查，到陕西调查，我都去过。另外，我的几篇文章，影响比较大的文章跟著作，都是那几年出来的。在以前采访我的时候，他问到我说：“你在到了语委以后，后来这变化很大，你觉得你喜欢在哪里？”说老实话，我当时不大愿意离开语言所。现在如果叫我再回到语言所，到社科院去，我还愿意回去。为什么？我说，社科院科学研究它有好几个很重要的优点。第一，他是搞学术研究的，他的领导就按照学术研究这个路子，符合科学这个路子来领导、开展工作的。到纯粹行政单位去，那就不一样了，工作指导思想就不一样。所以说，我还是怀念、留恋社科院。第二，社科院当时学风很好，所有研究要求要创新，第一要创新；第二，你每一个创新不管大小，你都要有具体的材料来支撑，你才能站得住。学风很好，要见解有新的，又要有根有据，要扎实，让人推不倒。

（根据采访录音整理。文字转写：周焱；编辑：方梅）

语言所老先生访谈——陈治文

陈治文

被采访人：陈治文（以下简称“陈”）

采访人：张伯江、王伟（以下简称“张”“王”）

采访时间：2012 年 9 月 12 日

张：我就记得您是天津长大的，到天津时您多大？

陈：1933 年，不到 10 岁吧。

张：哦，所以您那个南通那边的老家话还会一些。

陈：不会。因为怎么呢，因为我很早就离开南通了。南通话不好懂。

张：我就记得当时我在写作间，有一次那个汪显清，刚推门进来，然后您就跟他对了两句话。

陈：他是苏北人。

张：嗯，我说您怎么会说呢，因为是苏北人。

陈：他还在我北边呢。

张：嗯，当时您（跟他）说了两句，您跟我说：“我是苏北人。”

陈：现在这种观念就没有，就淡了。你想，我到北京，大概我这一生在北京是最长的。

张：是最长的。

陈：60 年过去了，61 年，是 61 年了。

张：就是呀。……您就从您来我们语言所开始，您就聊聊，您怎么来的语言所。

陈：哦，我们那年啊，我是 1951 年毕业的。

张：嗯，南开。

陈：南开中文系。那个时候啊，我不知道以后怎么样，就是我们那年（来的地方）哪，是中国科学院，那时候语言所属于科学院。

张：对。

陈：科学院呢，在我们这个学校啊，就贴了一个招收宣传，不是招考，就吸收当年毕业的吧。

张：哦。

陈：你要报名，由学校推荐。像我们是文学院吧，文学院和中文系，我是中文系的。那个时候呢，南开还有一个刘涌泉，外文系的。刘璐，刘璐你不知道，是一个女同志，她后来调走了，调到民族所了。

张：就是在所里工作了一段，成立民族所时候去的。

陈：对啊，那个时候，傅懋勣傅先生，王辅世王先生，还有这个，傅懋勣的夫人，叫徐琳。还有谁，我就不记得了。反正就是他们算是少数民族语言所，下边有个少数民族研究所。刘璐就分配到那个所。刘涌泉那时候好像是还没有机器翻译，还没有那个。我不记得他分配到什么地方去了，反正他在语言所里头。那时候，我记得呢，就是你自己报，由学校推荐给科学院。科学院呢大概是根据学校报上去的材料，看看是不是要吸收啊。还不是像后来说的分配，对吧？

张：嗯嗯。

陈：不是说由学校说分配你到这个科学院，或者分配你到哪个单位，不是这样子。我们那时候它有这么一个形式。

张：嗯嗯。

陈：那年哪，我记得有 6 个人，6 个实习研究员。我们南开是 3 个吧？是。我数数啊。

张：南开是你们 3 个。

陈：南开是我们 3 个。

张：另外还有……

陈：另外还有，“二刘三文一徐”，6 个人。我记得是 6 个人。“三文”呢，先说“三文”是吧。

张：对啊，“二刘”都已经在这儿了。

陈：“二刘”有了。“文”呢是蒋希文，对，那回我说过少数民族所还有个周耀文。周，周定一那个周，周耀文。还有个陈治文，这不是“三文”嘛。“二刘三文一徐”，“徐”就是徐琳，徐琳就是刚才我说的傅懋勣的夫人。她也是那年到所的。她好像比我们早一点儿，她是不是随着傅先生一块来的，我就不记得了。

张：哦。

陈：她是云南人，她还是少数民族了，这个徐琳。徐琳是白族人。

张：所以她搞民族语言。

陈：那当然是了，她白族，她又跟着傅先生，傅先生他爱人。

张：还有一个“文”，蒋希文。

陈：蒋希文是燕京毕业的，周耀文是广州还是哪边儿来的，不大记得了，记得不清楚了。

张：那在您，你们 6 个人之前，也有几个年轻人啦，像周定一先生。

陈：不，他不能算年轻啦。你看没有，要说是比较年轻的话，就是邵荣芬。邵荣芬比我大不了几岁，我们到所的时候，邵荣芬、管燮初、周定一，这都是在我们之前。

张：在您之前已经在所里了。

陈：就是，我们到所的时候，他们已经在所里了。周定一，好像是比李荣辈分还要高一点，就是毕业的年限。

张：岁数也要大一点。

陈：现在周定一都快 100 岁了。

张：快 100 岁了。

陈： 李荣活着也就 90 岁多点儿吧。所以，他班次要低啊。

张： 周先生是北大的?

陈： 北大的。

张： 他是跟着罗先生过来的?

陈： 那也可能。因为什么，因为罗先生要建所吧。当时是需要这个语言方面的人呢，罗先生的弟子也多，他当然知道是谁合适啊。

张： 那时候，您说这几个，邵先生、管先生、周先生，李荣先生也在?

陈： 也在啦。

张： 那早期就是这么几个人。

陈： 不，当然还有行政人员啦。

张： 嗯嗯。

陈： 研究人员好像，好像就是这些了。那时候你像吕先生还没来，陆先生，陆志韦，陆先生也没来，还有郑奠，郑老也没有来。

张： 那就是丁先生，罗先生和丁先生负责这个所。

陈： 对，那时候丁先生不管，就是罗先生。

张： 哦。

陈： 罗先生下边呢就有一个，呃，相当于这个办公室主任的样子，叫周殿福。周殿福后来不就是，去搞……

张： 搞语音了。

陈： 对啊。

张： 哦，他是办公室主任那个角色。

陈： 嗯，办公室主任那个角色。

张： 那您来了呢就是最年轻的，那时候。

陈： 我呀，对，可以说吧，也许周耀文比我小一点。

张： 嗯嗯。

陈： 因为我到所的时候已经是二十四五岁了，知道嘛。

张： 嗯嗯。

陈：因为我上了 5 年大学。

张：嗯嗯。

陈：我入学的时候，大学入学的时候，就 20 岁了，是这样子，我比较晚。可能周耀文岁数比我小一点，蒋希文岁数比我略大一点。因为我们那时候上大学啊，都没有很年轻的，都是好像中间有个什么曲折啊，中学的时候蹲班了或者是转学了什么之类的，这样子。刘涌泉比我小，比我年轻，刘璐也比我小。他们好像是比较正规的那种，高中毕业考大学那样子。

张：从校门到校门。

陈：对对。

张：那您？

陈：其实我们也没有离校门。我再说说我的事。抗战时期啊，我在重庆念过这个国立艺专。

张：哦，我记得您说过你学过艺术。

陈：我们那个校长潘天寿啊，你知道，文化大家了。

张：知道。

陈：国立艺专搬到杭州，抗战胜利以后，我回家心切就到了天津，那时候正是解放战争时期。由天津到杭州，交通也不方便。同时呢，也考虑到将来，当一个画家不一定就有出路啊，是不是？还有学画很费钱的，不论你画国画还是你画西画。那时候家里也不是很宽裕。到杭州那笔路费的负担也不轻，即使能去的话。所以就怎么样呢，因为我也有点国文的底子，就报考南开。那会南开也是刚复校，由西南联大迁回来，它也招生，这样就报考，侥幸考上了。

张：之后您是不是也受您父亲影响？

陈：那当然是受了影响。为什么呢？因为那时候，你看，出版物很少，不像现在。有时候，就是拿父亲的那个关于文字学的书（看看），我记得有本什么书，线装的，商务出版的，那上边也引了我父亲的说法。我就觉得奇怪，我就拿着看，似懂不懂的，反正就看看吧。有时候不懂就问问我父亲，我说，人家说的这什么意思啊，还引他的说法。他就跟我讲讲。我父亲就到那商务印书馆买什么《国学常识》

啊，反正这一类书吧。我就瞎看吧，看得懂看不懂的。这个反切，什么叫反切，什么之类的，似懂非懂的。反正就是这样子。

张：您那么早就接触这些东西了哈。

陈：要不然，你说我怎么能写文字学的书，对不对？其实我在大学里边，真是有个文字学的课。你也知道，在大学光学大学文字学的课……

张：不够的。

陈：不够的，对不对？所以我就是说，像你说的……

张：家传。

陈：受了家庭的影响，那确实是有一点影响。

张：那您来所一开始是在语法组，还是？

陈：那时候还没有。那时候语法组还没有成立。我刚来所的时候，那是 1951 年吧，1951 年那会儿正是弄“三反”呢。因为我们年轻啊，对不对，就让我们跑这个。

……

张：哦，吕先生是 1952 年来的？

陈：我不太记得了，不太记得具体哪一年了。

张：没关系，您大概其说说。

陈：我对这年月日记不好。

张：所以您先搞“三反”，没直接先搞业务？

陈：对啊，等到第二年，第二年不是《中国语文》就要办了嘛，就把我调去。那时候是周定一、管先生和我 3 个人，去筹备《中国语文》杂志社。到了这个教育部，在这个大木仓吧，是叫大木仓。

张：现在还叫大木仓。

陈：就是那个地方，我们就到那个地方办公去。

张：就是说那时候《中国语文》是语言所和教育部合办的。

陈：不是教育部，那会儿。

张：文改会。

陈：那会儿是不是文改会，成立没成立都不记得了。

张：嗯。

陈：反正就是教育部跟文改会，其实它可能就是教育部下面的一个……因为怎么呢，那会儿是，主要是吴玉章吴老，他不是要搞这个文改嘛。

张：文字改革。

陈：那个时代，也讲究文改，他也提出要搞文改。……那时候，你可以查一查那个《中国语文》创刊号上，看看是跟哪家合办的。

张：是文改会。

陈：文改会啊。

张：我印象中是文改会。

陈：文改会，可它后来好像没有（单独成立），只好像在教育部下面，因为它后来跑到南小街了。

张：嗯嗯。

陈：还没有自己有一个地盘，挂一个牌子。

张：嗯，所以它地点是在教育部那儿，大木仓那边。

陈：对对，他有几个人吧。

张：那您在《中国语文》做了多久啊？

陈：在《中国语文》快一年吧。（所里）跟我说了，说半年你就回来（指从教育部回语言所）。因为什么呢？因为感觉到，尤其是像我吧，有点私心吧，你到语言所就想搞点什么业务工作。

张：搞研究。

陈：跑到（教育部）那儿去，要到邮局去办发行的事情啦，到银行去开户头啦，给罗先生送稿子啦。我也从教育部跑，从西城，西南跑到东南，送稿子。我说我是打杂跑腿儿，就是这个意思。因为那会儿周先生跟那个管先生比我岁数大，级别也比我高。他们当然不能做这些事情，当然我这年轻的就跑跑。那后来嘛，就是快一年了吧，我就说，我都过了半年了，是不是把我调回来？这样子就调回来了。调回来呢，是 1952 年，这不是 7 月份创刊嘛，到年底的话，那这不就是马上就是

3年了嘛。就3年那会儿语法组已经在那工作了，把我调回来就说到这个语法组工作。

张：那时候语法组已经有好几位了啊。

陈：已经有了，像丁先生。因为我写的是什么，我写的这个是……

张：否定和疑问。

陈：对，已经是排在后面好多章了，他们前面已经在《中国语文》一期一期发表了，对吧？就是《语法讲话》（指《现代汉语语法讲话》，下文同），（撰写）《现代汉语语法讲话》（的集体），就叫语法小组。

张：对。

陈：后来要出书了，才署名。

张：署名。

陈：丁先生不主张这个署名，是吧？你看词典他都不署，"现汉"（指《现代汉语词典》，下文同）他都不署名。后来，因为有吕先生加入进来，他不好说这个不署名。所以，署名大家都署。有七八个，八九个人，对吧。这都是以往的事情了，老先生都不在了。

张：对啊，现在这八位中，就剩您了吧。

陈：还有，可能黄盛璋还在。每一次《语法讲话》再印的时候啊，都有一笔稿费送来，那会大家都"平均主义"，反正这几个人吧，来了多少钱，大家拿8一除，平均分，这样子。那会儿是那个王健慈管。

张：黄盛璋还找得到。

陈：人事变动，都八十几岁的人，这个一早一晚的事情，这就很难说了。我也不敢说谁不在了，对不对。

张：但是确定那几位，前边的那几位都不在了，丁先生、吕先生、管先生。

陈：早就不在了。

张：那当时语法小组就这8个人吗？

陈：语法小组好像是一个松散组织，因为要写这个东西。

张：写《语法讲话》。

陈：我不知道为什么要写这个《语法讲话》。有的事情我不知道。

张：就说您知道的吧。

陈：既然是年轻人嘛，锻炼锻炼你，让你写两章，对吧？这两章也比较容易写。反正就自己先找例句，问句和否定。自己先找例句，自己组织写文章，写完了再找李荣李先生，请李先生看。然后再交丁先生，丁先生不是总负责嘛。他通过了那就发表了。老实说，我对语法也是不灵光。

张：您客气啦。那您在这语法组，主要做的就是这件事？

陈：语法组最后写完就到最后了吧，后面就没有几章了，对不对？老实说，有吕先生来了，这个语法方面可能就……

张：给吕先生了。

陈：那丁先生嘛，他就带着李荣啊等人搞方言去了，对不对？傅先生又不在了，黄盛璋那会儿是搞得什么我也不记得了。因为我那会儿年纪轻嘛，就把我带到语法组去了。

张：嗯，后来您就去方言了。

陈：到方言去了。

张：嗯，合着您就是写完《语法讲话》，就没再做什么语法的。

陈：我后来，就是纪念丁先生那个，你看了那个。

张：丁先生，那个我看了。

陈：那上面，当然我不记得哪一年，我不是按年谱写的。《语法讲话》完了以后就要开这个现代汉语规范学术会议了。那时候为什么到这个中央团校和这个民族学院去调查尖团字，就是为了开那个……

张：规范会议。

陈：规范会议。那个方言，上面得有个报告啊。报告嘛，不知道是丁先生还是李荣他们商量的，咱们就先说全国尖团字的问题吧。就带着我去民族学院和这个中央团校调查。

张：对啊，我一直好奇为什么要到中央团校去调查啊？学生来源多？

陈：对啊，来源多啊。它是因为什么呀，全国各地民族学院那时候很少。我记得有一个湖南的，还有一个，有一年在语言学院开会，我还见到了，好多年不见还记得呢。所以为什么去中央团校和民族学院，就是这个道理。因为他五湖四海的人来的多啊，到那里好挑啊，这样子。规范会议完了以后啊，好像就是又跟这个教育部啊，办这个语音研究班，为了推广普通话，培养各地方音调查的人。在《中国语文》上，早期的，我还有一小段新闻。我记得，有位先生带我去保定，到那个教育厅啊，调查他们河北方言调查是怎么样的。吴先生还跑到全国好多个省。

张：哪个吴先生？

陈：吴宗济。

张：哦哦，那时候他已经来所里啦。

陈：那时候他已经来所了，方言组成立以后他就来了。

张：哦，吴先生刚来也在方言组？

陈：吴先生那人也聪明啊，他就搞那个语音。

张：语音室后成立的？

陈：对。就是刘复弄得那套，还有录音的那种胶卷，老式的录音机，反正用那些机器啊，当时录音有一个屋子。……那会儿有个牌子，因为语音室是北大的一个……

张：语音韵律实验室。

陈：对啊，还有个铜牌子呢，知道吗，在那个房间的那个门楣上面呢。

张：对对对。

陈：还挂了牌子呢。

张：刚才您说到，规范化会议之后，您就去？

陈：那个规范会议之后，就办那个班。

张：语音研究班。

陈：语音研究班呢，前三届啊，它是半年一次。那时候（我）算是方言组的人呢，参加那个班，因为要推广普通话。丁先生、吕先生、周先生他们讲课，我们这些小字辈的就跟着听，当辅导员，他们讲完课我们下边去辅导。后来啊，他们方言组就到昌黎调查方言，我呢就没去，因为语音班还要办。语言所当时计划办三届。

人家说，我们还需要办。需要办嘛，程度降低一点嘛就把我留下了，我就到那儿去当老师了。那当然水平就低了，这真不是客气话，我不是谦虚话。

张：哦，那三期以后就您在那儿讲？

陈：对，一直是我在那儿，这中间还要有一个……它是怎么样呢，我不是说半年一次嘛，就是避开他们寒暑假嘛，因为到了寒暑假你就不能再把人招来，人家也不会送这来啊，对吧。所以，等到，比方说像现在吧，到了 7 月份（研究班）就结束了，然后到 9 月份再开学。这中间呢，像我这样的没事就回所，回所就帮着搞词典嘛。

张：哦，那时候词典已经启动了。

陈：最早那个油印的时候，把那个油印稿啊，送到和平里让我看。因为我那会儿课不是那么一天到晚地讲啊。所里面知道我的课程是多少，你有闲暇功夫就帮着看词典。

张：看词典。

陈：那时候是吕先生在那，吕先生负责，这样子。

张：《现汉》。

陈：放假回来的时候，也到词典室工作。为什么能证明我参加过呢，就是在那个“文化大革命”刚开始的时候不是批判这个……

张：陈望道。

陈：对，你知道这个对不对？他们一看那个片子，那个词典室那个柜子上一截片子上面有“陈”，以为是陈望道。后来一查是陈治文。

张：那时候，吕先生带多少人在做词典啊，刚启动的时候？

陈：多少人我就不记得，因为我没有正式参加过词典。那时候还有个，后来，后来他死了吧，那个徐萧斧？徐萧斧那时候也帮忙。

张：他不是语法组的呀？

陈：他不是。

张：是吗？他写过好多语法……

陈：我不是跟你说，后来方言组跟语法组分开了，他就在后来的那个语法组。

张：哦，他也到词典那儿帮忙去了。

陈：他跟我都在词典室那个大房间里头啊，一块儿帮着修，审查他们编的词条，修改词条。

张：那您印象哪个队伍最壮大啊？是方言那边还是语法，还是词典？

陈：词典那会儿不算一个大室。

张：刚才您说去昌黎，那时候熊正辉他们已经都来了。

陈：来了。方言那会儿，张盛裕、侯精一、熊正辉、白宛如。

张：贺巍。

陈：贺巍，再加丁先生、吕先生。

张：嗯，这个队伍挺大的。

陈：是吧。那会儿词典室人也不少，词典室过去有个什么呀，大辞典编纂处啊，接收过来。不能光项目，人也带过来，有些老人得用啊。

张：有好几位是后来留在所里的呀。

陈：那会儿黎先生，年纪大，黎锦熙那会儿是领着那个辞典编纂处。黎先生，在师大那时候也不教课了。有几个我也不认识，因为跟他们不熟啊，他们有几个人，三四个人吧，后来岁数大了，退休了，离休了之类的，就不在所里边了。后来吕先生接这个，后来又是丁先生接这个，那会还有个什么，李伯纯，还有个叫李文生。李伯纯和李文生不是搞语文条目的，是搞哲社和科技那些条目的。

张：那吕先生到词典那边去，那语法这边谁做呀？

陈：兼的，两边都兼的，大概是这样子。

张：是陆先生负责过一段？

陈：没有，陆先生他，好像没有给陆先生安排一个什么（职务）。你看陆先生主要搞构词那方面的。

张：那是单独的一个组？

陈：不是单独一个组，也没有成立一个组。那会儿有个古汉语组，那会儿是郑奠郑先生，郑老给调过来了，由南方。管先生和邵荣芬呐，都是郑老的弟子。那会儿资料性质的搞得比较多。什么资料汇编哪，长编哪，什么的。

张：一个《古汉语语法学资料汇编》，还有一个《古汉语修辞学资料汇编》。

陈：后来，刘坚、何乐士就到所里了，也是五几年。何乐士在古代汉语，刘坚呢在语法。那个语法小组就是一个松散组织。

张：您语音班结束以后？

陈：语音班结束，回所以后，（领导）说："陈治文你那古书读得多，你到古汉语吧。"那会儿陆先生抓这个古汉语，陆先生跟我说，给你一个题目啊，《经籍纂诂》有的引书啊不正确，还有它有些没有引到，你修正那个吧。

张：哇，这个工程太大。

陈：是啊。后来我就跟吕先生汇报。吕先生说："这么一个大题目你怎么能做得了！你还是到我这儿来吧。"吕先生就把我又叫回去，说："你搞语法。"搞语法搞个什么呢？吕先生也没想好题目。后来就说，那会儿《中国语文》人手不够，就把我调到《中国语文》，这一下就在《中国语文》了。

张：那时候《中国语文》没几个人，是吧？

陈：人不多，陈章太、苏培实、张朝炳，还有一个是年轻的，南方人，姓区的。

张：哦。

陈：就是欧阳修欧的一半，那个"区"字。

张：嗯，那个"区"。

陈：后来就把我调去了。

张：周先生？

陈：周先生是在陈章太之前的。五十年代初那个特别兴这个语法修辞这方面嘛。那个党校就找语言所的人讲课，语言所派谁呢，就派周定一周先生去的。

……

陈：这语言所搬家也是搬得厉害。

张：翠花胡同待了大概待了几年？

陈：待的时间不长。

张：有四五年的样子吗？

陈：可能有吧，四五年，三四年的样子。语言所也好说话，三所就只有语言所动了。

张：对啊，那两个所现在还在呢，考古所和近代史所。

陈：我就说啊，对吧？

张：就去中关村了是吧，后来就？

陈：对，就搬到中关村了。中关村后来就搬到那个……

张：端王府。

陈：端王府之后就跑到地院，地院再到这儿，你们都知道了。

张：对，那“文革”以前，合着就是在端王府相对长一点？

陈：对，在端王府时间长一点，中关村也没待多久。

张：那您跟罗先生共事有几年？年头也不多？

陈：罗先生是五几年，五七年、五八年那会儿，就不在了吧？

张：那他们五几年到民族所？

陈：他们哪一年从语言所分出去我也不记得。

张：哦，这事不太确定，就是说您刚来的时候他是所长？

陈：罗先生是所长，罗先生一直是所长。

张：哦，那他管你们年轻人的工作什么的？

陈：那就是第一年哪，我们刚到所呢，罗先生就把我们几个找了去，了解了解情况吧：你们想搞什么，喜欢什么啊，志向是什么啊？那时候年轻嘛，都说了伟大的理想。那后来罗先生就布置，你们每个人都写一篇学习斯大林论语言学（的感想）。

张：嗯，对，马克思主义和语言学问题。

陈：对啊，就是这个，那是一个大项目。还有一个就是祖国语言健康那个，《人民日报》发表，就配合着吕先生。

张：和朱先生那个《语法修辞讲话》。

陈：罗先生出的题，出的什么呀？好像也没有具体的题目，就结合着这两项吧，每个人写一些东西，交给他这样子，布置这个。罗先生身体也不好，好像是高血压。

张： 高血压。

……

陈： 罗先生是做学问的人，我们到所里，接见一次，布置一个工作，每人都写一个东西来，就这样。然后把我分到《中国语文》，《中国语文》就丁先生、周先生、管先生领着干嘛。后来到了语法组，就丁先生，这样子。大家都知道，罗先生外号叫“罗长官”，脾气挺大，因为他身体不好，他有时候发急啊，比方说因为《中国语文》某一期稿子，因为他是总编辑。

张： 总编辑。

……

张： 那吕先生来所里以后，就是比较镇得住，是吧？

陈： 那当然是了！

张： 那时候他们都管您叫大师哥，是怎么回事？

陈： 那是怎么回事呢？就是，那个侯精一他们那一届啊……

张： 哦，语言专修班是吧？

陈： 语言专修班的，他们是在北大，那个班在北大。他们学了两年。

张： 两年。

陈： 就等于说现在大专那种意思。他们毕业以后就到所里边去分配。但是，因为是语言所办的那个班，他们当然就到语言所了，有十多个人，十多个人嘛。就请丁先生给开一个叫小学，小学常识吧，好像是，就是那么一种课。

张： 讲国学的东西。

陈： 对，这就是讲小学吧，国学当然范围更大。小学，就是小学这一块。那会儿罗先生就说了，说：“给他们办班呢，你们刚来所这 6 个人也跟着去听，去上丁先生课去。”因为我们也是参差不齐啊。都去吧，都去上课去，这样子。在这个班上，丁先生提一些问题。提一些问题，我就回答了，我知道的就我回答了。那丁先生就觉得，我比他们几个人强，所以就说，我是这个班的师哥。所以大师哥这个外号就是这么来的了。后来呢，杨耐思他们，还有一位叫什么记不得了。在这语言所，他们有一个系列。杨耐思，为什么叫杨三哥呢？就是前面还有一个，我忘了叫什么，他们叫他二哥。

张：不是刘坚啊？

陈：不是刘坚，跟刘坚没有关系。

张：那刘坚为什么叫刘二哥呀？

陈：那我就不知道了，那是另外一个系列。

张：还有一个杨三哥的系列？

陈：杨三哥，还有一个系列，就是说，我跟杨三哥他们是一个系列的。

张：（跟刘坚）不是一个系列。

陈：你刚才说的，刘坚为什么叫刘二哥，我不知道。刘二哥这个说法儿我倒知道，单耀海、李国炎、刘坚他们三个人。

张：嗯，同时来的。

陈：也不是同时来，他们三个跟着吴晓铃。对，吴晓铃在所里边。

……

张：您觉得，丁先生对于年轻人指导方面很严厉吗？还是……？

陈：他不轻易说。

张：不轻易说话。

陈：他不轻易说。他后来兼《中国语文》，他在词典室吧，又兼这个《中国语文》的总编辑。他来以后很严，他不是针对某一个人。

张：对事严。

陈：对事严。你看，他在的时候我写过三篇文章，我讲北京话儿化的那个，他审查了，他什么也没提，那就是可以通过发表。第三篇文章是，讨论刘知远诸宫调的。那个里边有一个问题，他说，陈治文你去查一查《昌黎方言志》。那会儿《昌黎方言志》已经出来了。

张：刚出来。

陈：他说："你查一查那个数据，那里边有一个材料对你这个说法有帮助。"我就查去了。所以，你看没有，他不是说对我特别如何。他反正觉得你做的事情有可说的就来说，没可说的他就不说了。丁先生他不大说话。他后来身体不好，血压高嘛。外地啊，有上过语音班的人呢，就到北京来了，当然希望看看丁先生。他们也知道我在语音班，就先跟我说。我说："好，我替你问问吧。"他们不能直接找丁先生吧，他们不敢。丁先生他不愿意应酬。

张：那时候就是李荣先生跟他走得比较近，是吧？

陈：李先生也不敢得罪他。

张：是吧。

陈：他就服丁先生。

……

张：就您觉得他们这几个，老几位风格有什么不同啊？待人啊或者对待年轻人的指导什么的，吕先生、罗先生、丁先生。

张：丁先生一直在史语所，就是没有在大学教过书。

陈：没有，他毕业以后第一年就到了史语所。

张：吕先生还是这个……

陈：罗先生有时候也很有意思。一听说我得了"大师哥"的这个名，有一次我去到罗先生家办事情，我们都是有事情才去他家，他说："大师哥来了！"哈哈哈。他不是开玩笑嘛，所以说，罗先生有的时候你们看他厉害，他有可爱的一面。那会儿王辅世跟刘涌泉，王辅世比我们大不了多少。罗先生考他们，怎么考，考他们吃。罗先生就家里头准备着什么红烧肘子之类的，就请他们，请他们两个人去吃饭。这就是罗先生可爱的一面。罗先生还跟我开过一次玩笑。傅先生抽烟斗。我刚到所的时候，我也不知道天高地厚，我也叼个烟斗。他就跟傅先生说："这个陈治文是跟你学的吧，怎么也抽烟斗？"这就是我说罗先生可爱的地方嘛，对吧？所以，你看罗先生厉害，他有可爱的一面。吕先生绝对不会说这些笑话的。那会儿是吕先生到所以后啊，罗先生就跟吕先生说："这个陈治文归你管吧，你带他吧。"吕先生那会儿出去讲课的时候就把我叫着去，随着听课。所以，吕先生跟丁先生不一样，他出去讲课，叫你一块儿，带你听。丁先生就不是这样的，丁先生在所里也讲课，他是：我讲课谁来都可以，他不说挑谁不挑谁，是吧。所以两个人风格不一样。

张：严格。

陈：对，他讲课是你们都来好，你们不来也好，他无所谓。吕先生他是要带着你，拉着你的手。吕先生，你要请教他，他拿笔拿纸给你写。丁先生是这样，你不敢轻易地，说我拿个东西请你指教指教。我一般是工作上的事（找他），他当主编，要审查稿子。

张：嗯嗯。

陈：就是这样子，他们不一样的。吕先生是你有什么问题，到他家问，都可以，是吧。罗先生，那会儿不在《中国语文》，也都送稿子给他，我到他家去，有时候有事情就跟他说一会儿话。我看他要着急，他要发脾气，我就说，"罗先生，没事我走了。"不等他发脾气我就走了……丁先生后来为什么不耐烦呢，跟他血压有关。

张：跟身体有关。那吕先生当时上哪讲课去啊，在大学里头？

陈：好像也是民族学院吧，好像是。

张：哦，民族学院，就是讲语法？

陈：当然是。那时候《语法修辞讲话》正是风头上，吕先生又是语法专家。我有个损失，就是那会儿记丁先生讲课的时候那个笔记啊。因为那会儿好像是一个，随便一个笔记本吧。还有，丁先生他们到昌黎去，我不是在所里边嘛，丁先生就给我写一封信，叫我到方言组找什么东西给他们寄去。那是他的一封亲笔信。

张：嗯嗯。

陈：丁先生，轻易不给人写东西。那时候我记得是，那时候不是学苏联，学俄语嘛。丁先生知道年轻人购买力有限。我们那时候刚到所时候，用小米折合工资。丁先生送了我一本俄华字典。我请丁先生给我写个字，有纪念的意思。丁先生说不用。他说："我给你写你的名字吧。"好像写了个"陈治文"吧。

张：哦，不是写他的名字，写您的名字？

陈：他不写（自己的名字）。陆先生，他不是出过一本讲构词的书嘛。我在天津上学的时候，陆志韦那会儿也挺有名的吧，我买了一本他的书。

张：就是那个单音词吧，《北京话单音词词汇》。

陈：对，最早的那本，可能你还没见过那个版本。后来他又出了，可能是到语言所以后再编的那个。出那本的时候，就到所了。我说："陆先生，你给我签个名吧！"他签了名，那本书我还留着。这都难得呀！

……

张：那这就有个有趣的事，刚才咱说这几个大学，多少年自己形成这个传统。您等于是见证了语言所几乎是从零开始的那一段，您觉得咱们所这传统是怎么形成的呀？主要还是老先生？

陈：就是刚才说的，你说怎么形成的，这就很难说。就是这日积月累，我刚才说的老所歪风邪气少，新成立的所这种不正之风就可能比较严重，你说为什么有的什么大学里边什么教授剽窃别人的文章，为什么现在有这种事，过去很少有哪个大学的大学教授敢这么干。

张：对对对。

王：但是您看那么些年语言所从来不出这种事，至少没那么明目张胆的。

陈：有时候，个别的也有，这个也不能说一点没有，是不是？

张：没那么严重，主要就是主流的风气在这呢，正气还是主导。

陈：就是，就是。还是正气压过去（压倒邪气）。

张：还是早期这几位老先生他们的个人作风影响的吧？

陈：是，就是这么形成，日积月累的。

王：都是很严谨的。

张：对，而且都是埋头干事。

陈：就是。

王：你像编字典，而且所有的事情他们都亲自领导着干，身先士卒。

张：首先是身先士卒。

王：你说当年吕先生、丁先生他们看词典稿子，把眼睛都看坏，那么用心，那下面的人……

陈：我刚才没说嘛，我们从干校回来以后，在南小街，文改会借给咱们两间房子。丁先生那会儿是星期六、星期日都去啊，丁先生。星期天食堂没有（饭），自己带着面包去。你说，像他那么干的话，你说你不好好干行吗？

王：言传身教，一代带一代。

……

陈：……吕先生了不起啊，吕先生有一本小书，就是他晚年出的一本挺薄的，语文出版社出的那个薄薄的一本。

张：《语文漫谈》？

陈：蓝色，浅蓝色封皮的，前些天我还找出来看看呢。

张：那就是《未晚斋语文漫谈》。

陈：那书名记不住了，我说他怎么了不起啊，他送给我的，他前面当然题了字。文章里头，有两处他亲笔改的，排印上面有问题。

张：排印有错，对。

陈：对吧？一处是那个标点，那几年文章不讲究。我在这一句话里边，我要着重谈哪个，在底下加个黑点，现在黑点有一处（标错了），他都给弄过来。另外有一个字，哪个字我记不清楚了，他认为不对了，他也给改过来，你看这是他看书的地方。你看这是吕先生的，他写了一篇文章，他谈陈刚的那个北京话……

张：《北京方言词典》。

陈：他就说呀，陈刚同志已经去世了一两年了，纪念他，怀念他吧。另外还有一处，他说有一个什么事情，他说写文章的人或者记者呀，就应该去调查一下，问一问，写封信问一问，都行。可是，怎么他就不调查就写文章呢？别人就说了呀，这记者真不好当。可是，吕先生有一篇文章里边，他有一个问题，他就写信问，他写信问别人。可见，他就是有什么问题不清楚，哪怕（对方）是年轻人或者是晚辈，或者不认识不熟的，他都写信问。这就是最认真的地方，对不对？就由这一本书里边，我就能发现他认真的地方。还有就是对人的这个……是吧？

王：特尊重人，虽然严格。

陈：是啊，所以这就是一种风气。

王：是，多严格。那时候所里头交文章给吕先生看……

张：什么人都请他看。而且他先查你这个例子，尤其是涉及古汉语的文章，他先核对你几条例子。他这查了如果有错，他就觉得这个年轻人，这个学风还有待……。我记得他跟我评价谁，他的晚辈，他的最高的评价就是：他引的例子没有错。他跟我说过，刘坚、徐枢写的文章他全核对过，一点错没有。这就是非常高的评价。

陈：他跟你那么讲，你说你要再引例子的话……

张：对啊，我得很小心。

陈：你要马虎的话，你不敢给他看，你要给他看，他要给你说一顿，你不好意思。这就是言传身教。

……

张：我们连一点感性的了解都没有，像罗先生那么早就故去了，吕先生我还算接触过一些。丁先生，虽然赶上过，但是也没赶上过他病倒之前（的样子），我没赶上过。

陈：丁先生你要不跟他有工作关系，很难跟他接触的，他不喜欢那套，就讨厌那套。

张：特别严格。

张：吕先生是不是和善一点？

陈：那是。

……

张：从干校回来，语言所就到南小街了是吧？

陈：对呀。那会儿语言所的端王府的房子就没有了，那怎么办？那就给弄到南小街，只借给了两间房子。

张：就两间房子啊？

陈：那会也没有（多余的房子）。

张：那个原先就是文改会是吧？

陈：文改会，对。文改会大概也占一部分，那会儿叫对外文委，对外文委在那个楼里头。本来文改会大概还占不了这么一个大的（地方），他大概跟那个对外文委是在一起。

……

张：正好我想问您，干校回来都干什么？合着您说就是词典，他们有业务可干（指编词典）。

陈：是呀，你说能办什么？就是闲着吧。

张：整天来学习，政治学习。

陈：也没整天来，学习坐在哪儿？你连个待的地方都没有。

王：两间房有一间还是宿舍。

陈：我是怎么样？我就这样。

张：您挺闲的。

陈：我是在他们那里办公，就是他们那个大屋子，在犄角给我设了一张床，因为我又不是他们词典室的，对吧？我是单身汉，对吧？没地方，没地方待。所以我能够天天跟着丁先生。丁先生来上班，他在改字典，我就能看见他每天干什么，他也能看见我干什么。

张：他的工作一定他自己完成。

陈：丁先生这种人真是洁身自好。

……

张：那是，然后在那儿待几年才搬到地院的？

陈：待的时间不长。

张：那就宽敞多了，一个室一个室的。

陈：对啊。

王：等于正常工作了。

陈：反正起码说各就各位吧，不说门口挂牌子，每人都能在哪个屋子找到吧。

张：那时候做《八百词》什么的，是吧？听说也是“文革”后期就开始了？

陈：大概是这样子。

张：就吕先生带着这一批人。

陈：对啊，那总得有事情做吧？《中国语文》，就把《中国语文》……

张:《中国语文》没复刊呀。

陈：没有。搞鲁迅语录，从《鲁迅全集》里边挑出来，弄这个吧。那会儿好像也还有工人在，不多吧，有几个，在地院的时候，我记得也有。

张:《中国语文》就干这个？

陈：那你怎么办？《中国语文》又没有复刊。

张：没有大项目，是吧？那就是合着词典是个大事。

陈：词典一直没停，可以说是。

王：那东西要出来，这个国务院，国家的事，你想想咱们语言所好像有史以来也只有这么一个国家的，大的交办项目，对吧？其他的也没有，不像其他的经济政治这种很多。

陈：是啊，要说语言所的项目，他就是那个《现代汉语词典》。

……

张:《中国语文》怎么就从早期比较通俗，到后来就很专了，就从“大洋古”那时候开始吧？

陈:“大洋古”那个（开始）。

张：我看 1950 年代那个就很通俗嘛，什么那个侯宝林、李少春、赵燕侠都在上边发文章。

陈：是，是这样的。

张：就是研究性不是很强，一开始。

陈：我没跟你说，那是跟他们合办嘛。

张：后来就不跟他们合办了，

陈：后来不跟他们合办了，后来就跟他们脱离了。

张：以后咱就成专门语言研究的杂志了。

陈：可能是这样子，原来有文改会在那里头一块儿办。

张：我就感觉《中国语文》，从 1960 年代比较专了。

……

张：您那时候写文章，您都拿给老先生看吗？

陈：我大概那会儿也没有那个大胆子。那时候，我最早的时候有豆腐块儿的东西。我没把握呀，我只是找李荣，我就说，李先生你给我看看，他就给我看看。有不对的地方，再记，得改。

张：李先生不比您大几岁哈。

陈：李先生比我大不了多少。那个最早的时候，我就请他给我指点指点，写个什么东西，小块（的）。

张：那《语法讲话》您写那两章，那是丁先生给您改还是吕先生给您改？

陈：那是吕先生看过，李荣看过，最后是交给丁先生定稿，是不是丁先生改过，我就不记得了。我把稿子交上去，就通过了。因为经过两位先生给我把关，改了，再给的丁先生。

……

张：多少人到您这年纪还没您这个阅读能力呢。

陈：我现在就是知足常乐，退一步想，是吧？可是怎么样，一个人要是不能做学问吧，就是说像做文字工作的话，你说这就是苦恼。不能看，不能狠看的，不能狠写了。我最近写的这篇文章很费劲的，我自己知道，实际上是几千字的文章就是改来改去。方梅也知道了，在编辑部就已经给你打了字，可以说就在打字稿上改动，为什么要这样？这就是自己精力不够了，要过去就是一次、两次，就行了。

张：还是您认真。

陈：不是不是，那不是。

张：他们说那个钱先生，钱锺书先生就喜欢在校样上改，弄的排字工人很苦恼。

王：做他的编辑就是精打细算，怎么尽可能改得少。

陈：你知道吗，过去啊是很烦的。那个铅字啊，你要动一点的话，一版多几行的话，这一下子就等于那个……

张：那就原来没错，这又出错了。

陈：现在电脑上面改东西是不是很方便？

张：顺延什么的都没问题，

陈：我是不懂。

张：当时苏培实老师老告诉我别轻易地动行，是吧？在本行内解决，你一动行那师傅就得搬那大铁砣子，一个一个地搬。

陈：就是。还有我们那时候当编辑也不容易，最后一次，叫核红。要自己到印刷厂。最后你得签字，人家才给你打纸样，再印刷。现在好了。

张：所以您这些年尽在编辑部作奉献了。

陈：我要不说当“裁缝”了嘛。

张：要在研究室里边（的话）出的东西还多些。

（根据采访录音整理。文字转写：周焱；编辑：方梅）

语言所老先生访谈——陈平

陈　平

被采访人：陈平（以下简称“陈”）

采访人：王伟（以下简称“王”）

采访时间：2019 年 12 月 30 日

王：今天我们非常高兴，有幸请到澳大利亚昆士兰大学的陈平教授来接受我们的采访。陈平教授是语言所前所长吕叔湘研究员的高足，1981 年在语言所获得硕士学位后去美国加州大学洛杉矶分校继续深造，1986 年获语言学博士学位后回语言所工作，可以说引领了国内从功能语法和话语分析角度开展汉语语言学研究这样一个大的研究方向。他可以说是特定历史时期里头，语言所或者说中国语言学很多事件的亲历者。今天我们就请他以亲历者的身份，跟我们讲一讲当时的一些事情。不妨以吕先生作为一个开头，好吧，陈先生。请您讲述一下有关往事。

陈：好，谢谢。我 1978 年考入语言研究所，荣幸地成为吕叔湘先生的研究生，在吕先生的精心指导下，一步步地走上语言研究的道路。20 世纪 80 年代中期以后我在语言所同时从事一些学术行政工作，亲身领略了吕先生提出问题、解决问题过程中展现出来的鞭辟入里的分析能力以及全面、细腻的思考方式，深深感受到吕叔湘先生的崇高责任感，同时也对语言研究所作为一个国家级研究所，在引领中国语言学研究当中应起什么样的作用有所体会。我举几个具体的例子。

第一呢，是中国加入国际语言学家常设委员会的一些事。“文化大革命”结束后，中国加入国际学术组织的问题渐渐提到议事日程上来。国际语言学家常设委员会是联合国教科文组织下面的一个专业委员会。当时中国与联合国教科文组织有关的工作是由中国社会科学院负责的。1987 年我受中国社会科学院委派，到欧洲去同国际语言学家常设委员会进行会谈，讨论中国加入国际语言学家常设委员会的有关事宜。谈判结果相当顺利，中国加入了国际语言学家常设委员会。回国以后，我将有关工作向吕叔湘先生和院部领导作了详细汇报。国际语言学家常设委员会当时所做的主要工作有两项。一是组织四年一次的世界语言学家大会，二是主编语言学专业年刊《语言学文献》(*Bibliographie Linguistique/Linguistic Bibliography*)。国际语言学家常设委员会主编的《语言学文献》，是当时世界上最有影响、最具权威的语言学文献目录，收入每年国际语言学界的主要研究成果。吕先生听取我的汇报后指示，我们既然交了会费，必须要积极参与，重点工作应该放在尽早把中国语言学界的优秀成果，通过《语言学文献》介绍给全世界。在吕先生的指示下，我再同国际语言学家常设委员会商谈有关问题。得到两条回复。第一，国际语言学家常设委员会非常欢迎中国语言学界将自己的研究成果通过《语言学文献》介绍给国际语言学界。第二，他们对所有提交的论文目录都有统一要求，主要是两个方面，首先，每篇论文除了标题，还要有英文摘要；其次，供稿杂志得采取双盲评审制度，并且有一个国际化的编辑委员会，只有这样才符合《语言学文献》的收录条件。我跟他们说，第一个条件没有问题，我们可以提供英文摘要；关于第二个条件，我们的语言学期刊当时大都还没有成立编委会，来稿评审工作当然要做，但还没有采取严格的双盲评审制度。我跟国际语言学家常设委员会当时的会长商谈，请他们相信中国语言学界，我们会尽快满足所有这些要求，但是我们不愿意等，请求从第二年开始就由《语言学文献》刊登我们提交的论文目录，也请他们相信，我们会严格按照学术标准，选取代表中国语言学界优秀成果的论文目录提交给他们。令人欣慰的是，国际语言学家常设委员会同意了我们的请求。我向吕先生详细汇报以后，吕先生非常重视。他亲自选定十种汉语语言学、外语语言学和少数民族语言学期刊，一篇一篇地审阅这些杂志当年发表的主要论文，从中进行挑选。我记得吕先生选了三十篇，让我们组织人力，把它们的题目和摘要翻译成英语，交由《语言学文献》发表。他同时请我们同有关杂志的编辑部联系，希望他们尽早成立一个国际编委会并正式实行双盲评审制度。就是从那个时候起，在吕先生的亲自领导下，中国语言学界的研究成果开始逐渐在国际语言学界广为知晓，得到应有的重视。

王：那是哪一年？

陈：1987 年与国际语言学家常设委员会谈妥细节，十种中国语言学期刊发表的代表性论文的题目和摘要 1988 年开始刊登在《语言学文献》上。我们现在都知道，发汉语论文最好是发到所谓的 C 刊（CSSCI）上，外文论文发到 SCI/SSCI 刊物上。一般来说，成为 CSSCI、SCI、SSCI 等学术论文索引的供稿期刊，是具备较高学术水平的标志。1988 年开始，中国语言学家的研究成果在具有很高国际声望的《语言学文献》上出现，这在当时是一个非常有意义的标志性事件，我们的影响力不再仅限于传统西方汉学界而是扩展到整个国际学界。只有吕先生这样具备深远的国际眼光、事事处处从为中国语言学界在国际上争得应有地位这样的角度出发的人，才能高度重视这项工作，并亲力亲为，使得这项工作顺利完成。

我要说的第二件事情是语言所一本期刊《国外语言学》的改版，这本期刊就是现在的《当代语言学》。1988 年所学术委员会动议改版，由引进、介绍国外语言学为主，改为刊登我们自己的原创理论语言学论文为主。《国外语言学》如其刊名所示，主要是发表海外语言学论文的汉语译文，也刊登一些介绍性文章。院部批准了我们的改版动议。当时我在语言所学术委员会担任一些工作，受命负责开始改版准备工作。吕先生专门把我找去，告诉我说，语言所的杂志不仅仅是语言所的，而是要为全国语言学界服务；改版是好事，但是也要同时考虑到《国外语言学》现在服务的主要读者，考虑到他们的需求，不能说改版以后，我们就不管了。这主要是两方面的需求：第一是语言所和社科院的图书经费相对较多，国际学术交流频繁，国际语言学期刊和书籍来得及时，收藏量也较大，语言学界其他地方当时就未必有这么充足的学术文献资源；第二是当时语言学界许多人的外语阅读能力并不是那么强，汉语译文是他们获取有关知识的重要途径。吕先生强调，现在《国外语言学》改版，不再刊登翻译文章，这些人的实际需求，大家还得认真考虑。我们此前没有想过吕先生提出的这些问题，老人家的提醒让我们很受启发。吕先生具体指示我们，同当时国内其他几家语言学杂志联系，在组稿选稿用稿方面进行一些分工合作，必要时语言所可为其他杂志在语言学文献资料方面提供协助。这样虽然改版以后的《当代语言学》不再刊登翻译文章，但是读者在这方面的需求，还是能够得到满足。在与其他单位联系的过程中，还有一个意外的事情。当时为改版后的杂志拟定的名字是《现代语言学》，后来获知上海几位青年语言学家编了一本油印刊物，也叫《现代语言学》，出了好几年了。他们在先，语言所不能夺人所好，所以最后我们定名为《当代语言学》。

王：吕先生表这个态，大概是哪年的事情？

陈：1988 年。

王：那应该是从《语言学资料》改为《国外语言学》。

陈：那是更早的事情了。

王：不是，因为我们从《国外语言学》变成《当代语言学》啊，那是 20 世纪 90 年代。

陈：对。改版是 1988 年做出来的决定，那年正式开始这方面的准备工作，包括草拟杂志编辑原则和编委会名单，计划将翻译文章分流到其他哪些杂志，如何与它们分工合作，等等，这项工作最后完成是 20 世纪 90 年代的事情，是沈家煊他们做的，但是大的方针原则是吕先生亲自领导下于 1988 年拟定的。

我 1990 年代定居海外以后，经常与吕先生通信，休假回国也必定去探望吕先生。他跟我说，全世界汉语学习会越来越受到重视，西方大学中文系的人数会越来越多，但是少一本书，就是比较全面介绍现代汉语的起源和发展的整个过程的这样一本书。他建议我写这样一本书。我后来接受吕先生的建议，写了一本书，题目是《现代汉语——历史和社会语言学》（*Modern Chinese: History and Sociolinguistics*），由英国剑桥大学出版社出版。这本书出版二十年了，现在还是西方大学汉语专业的本科生、研究生以及老师常用的一部书。写这部书过程中，我跟吕先生有过多次讨论，从整部书的构想以及各个章节的具体安排，我都得到吕先生很多指导。后来在编选吕先生全集的时候，我将我们的有关通信交了上去，相信有些收入了吕先生的全集。

我从吕先生那儿获得的教益中，体会最深的是他的责任感。吕先生常常教导我们说，文章是写给读者看的，要把读者的需求放在自己心中。其实这远不仅限于写文章，吕先生把读者的需求、把中国语言学界的需求，以及世界上学习汉语的学生和老师的需求，时时刻刻放在心上。这种责任感突出体现在他老人家组织和开展各项工作上面。他把为语言学界服务看成语言所应尽的一份责任，就是说语言所对语言学界有引领、指导和服务的责任，这是语言所的传统。我在吕先生身边学习和工作的时候，吕先生经常同我谈到语言所的历史和将来的发展，我记得他常说的一句话是，语言所是要完成国家交给我们的任务的，就是说无论是选择研究课题也好，还是做长期科研规划也好，都不单单是我们个人的研究兴趣问题，而要考虑到社会的需求。我自己觉得这是吕叔湘先生指导语言所各项工作时的一个重要的思想。明年是语言所建所七十周年，我们很高兴地看到，语言所七十年来在以吕叔湘先生为代表的老一辈语言学家的指引下健康发展，语言所的研究工作引领中国的语言学研究，并且对中国语言学界的整个工作起到服务和指导作用，这是语言所一个非常好的传统。

王：这次在回顾这七十年的时候提到了一个说法，叫作语言所与中国。我觉得您刚才讲的吕先生当年对语言所研究工作的规划，非常好地体现了语言所确实是为国家做学问，而不仅仅是基于学者的个人研究兴趣。陈先生刚才跟我们分享的这些，我觉得现在回头看起来很有意义，尤其是开风气之先，这个事情非常不容易，现在回头一看也就三十多年是吧？与《语言学文献》建立这样一个正式的联系，把我们国内的重要学术成果告诉全球语言学的同行，这个事现在看来是功莫大焉。吕先生在世的时候经常说到这个“两张皮”的问题，我觉得这个是很好弥合这个“两张皮”的一种体现。因为您一直在海外，在澳大利亚从事语言学方面的学术研究，而且领域也比较多，不仅是句法语义问题研究，也包括后来的这个语言规划、社会语言学等，您涉猎非常广。从这个角度来看，您能不能评价一下，语言所这些年在学界的，包括海内外学界的影响力。回顾一下这方面。

陈：语言所在汉语研究方面，包括历时研究和现代汉语研究，无论以什么标准来衡量，都是站在有关领域的前沿的。各个研究室的研究成果在世界各国的汉语言学界受到广泛重视。语言所编辑出版的三种杂志——《中国语文》、《方言》和《当代语言学》，是国际汉语言学研究人员必须关注的学术期刊。所以从这个角度来说，语言研究所无疑是中国语言学界最有代表性的研究机构。语言研究所的研究人员在老一辈学者开辟的学术道路上取得越来越多的成就，现在来说我是语言所的一个老人了，感到非常欣慰，我相信享有优良学术传统的语言所将来一定会做得更好，这是我想说的第一点。第二点，我在最近的几次学术演讲中常常谈到这样一个问题，传统意义上的语言学理论研究，当然是我们研究工作极为重要的一个方面。需要注意的是，世界范围内的理论语言学从 20 世纪 90 年代起明显进入缓滞状态，从理论到方法到主要研究课题，大都在以前画出的圈子内打转。同时，发展趋势日益增强的是语言学应用研究和跨学科研究，一方面满足社会的实际需求，另一方面也有可能反哺理论研究，为我们带来对语言机理更为新颖、更为深刻的认识。这次我回语言所，从一些研究室挂的牌子上，看到语言所的科研工作与外部一些技术公司有着密切合作的关系，开展了许多跨学科应用研究。这是一个非常好的现象，我希望有更多的青年研究人员从事这方面的研究，将理论研究和实际应用研究结合起来，尤其要重视跨学科研究，把它与我们以前熟悉的研究方法密切结合起来，更好地运用我们的研究成果，满足社会需求，为社会提供更好的服务。语言所在这些方面也有很好的研究传统，无论是机器翻译，还是实验语音研究，语言所从1950年代起就站在中国语言学的前沿阵地，吴宗济、林茂灿、刘涌泉、刘倬等先生从五六十年代开始，一直是中国语言学界有关领域的领军人物。我七八十年代在语言所学习和工作时就知道，不断有很多其他单位主动找到语言所，要求在语言应用研究和跨学科研究方面进行合作，涉及领域很广，包括机器翻译、自然语言处理、语音处理、生理病理研究等。过去几十年来，合作范围越来越广，程度越来越深，研究成果也越来越多。无论在理论方面还是应用方面，语言所都有强大的研究实力，做出了大量的第一流工作。

王：我们今天计划内的任务都完成了，可以抚今追昔吗？就是谈一谈当年的一些往事，对您印象很深的一些事情，老先生或其他的人都可以，想一想。

陈：语言所虽然是一个老所，但在接受科研领域新理论和新方法方面，一直是与时俱进。我记得我1983年夏天从加州大学回国休假的时候，吕先生让我在所里作一个报告，谈谈我在海外学习时的所见所闻、所思所想，同时也谈谈对语言所科研工作的一些想法。

王：这个报告是在所里作的吗？

陈：所里作的。当时在美国和其他西方国家，电子计算机开始渐渐进入社会生活的各个方面，不单办公室里电脑开始取代打字机，而且它在科研上用处越来越多。当时给我印象最深的是数据库技术在语言研究领域里日益广泛的应用，由夸克（Quirk）、利奇（Leech）等语言学家引领的大型语料库建设和应用（现在叫语料库语言学），那段时期开始进入发展快车道。很多研究英语诗词、小说的学者，将有关语料输到电脑数据库里进行处理，得出很多新颖的研究成果。我们的传统语言研究有些课题，历来大家都认为学术价值很高，比如说杜甫56岁那年写过一首诗，其中颈联是“晚节渐于诗律细，谁家数去酒杯宽”。语言文学界有人讨论他的“晚节渐于诗律细”是什么意思，体现在什么地方？类似杜甫诗文用韵这样的课题往往引起研究人员的很大兴趣。另外，汉语词语在历代文献及当代社会中的用法，更是我们做语法语义的日常研究课题。这样的课题怎么做？一般来说，首先就是要做卡片，摘抄语料中的相关例句。“文革”后语言所1978年首届二十多名研究生，跟导师集体见面会结束以后，都被带到语言所库房里去，每人领两个大的紫红色外壳的卡片盒，每盒里面有2000张空白卡片，你现在还能在许多研究室里见到。对于包括我本人做的汉语语法研究在内，做卡片是研究工作的第一步。如果你要做杜甫晚年用韵考，估计得做上万张卡片，将他早年、中年、晚年作诗用韵，一一罗列出来进行比对。我那次在语言所报告会上提出的看法是，随着电子计算机数据库技术的广泛应用，以前花几年甚至数十年才能积累起来的资料，将来用电脑来做，恐怕花费的时间要少得多。事后别人告诉我，那场报告内容在所里引起一些争议，少数同事略为不快，认为我是在质疑一些研究课题的学术价值。其实我当时有这个想法是非常自然的，因为我听过好几场报告，讲英语语言研究是如何应用语料库技术高效处理语料的。吕先生对这个想法非常感兴趣，嘱咐我一定多收集这方面的资料，把西文研究所用的一些方法以及相关理论，尽早介绍到国内来，我因此在加州大学还专门修了几门计算机自然语言处理方面的课程。后来很有意思，社科院最早建汉语语料库的是文学所，是钱锺书先生提出的建议，当然语言所也开始在经费和人员方面做了一些前瞻性的准备。要知道那个是在20世纪80年代，社会科学院，包括语言研究所、文学研究所在内的老一辈学者，对传统学问自然非常熟悉，但同时对新技术在理论和研究方法上带来的变化非常敏感，比我们许多人看得远、看得透。

王：那个时候王选的这个输入方案还没完全解决，就是汉字照排。

陈：对，还没有呢。许多人一时还想不到这方面，因为当时汉字进电脑，还是很难的问题。社科院那时就慢慢做一些这方面的准备工作，这个应该来说得归功于老一辈学者的眼光和魄力。三十多年前，近四十年了，我想现在语料库做得好的话，诗歌用韵这样的题目几分钟数据就出来了。吕叔湘先生、钱锺书先生等那个时候就能很敏锐看到将来的方向，并以学界领袖的身份，在科研规划和经费方面作出安排。回想起来，真是非常让人钦佩。

王：老先生当年展现出来的这些风范，包括在中国学术“走出去”等方面所起的领导作用，还有您作为一个海外素有影响的华人语言学家，对语言所的这些传统，包括老先生对于学术发展的远见和眼光所作的这些回顾，我觉得对于我们现在语言所的年轻人是非常有教育意义的。好，今天非常感谢陈平教授跟我们分享他这方面的非常宝贵的回忆，给我们语言所口述历史项目和音像资源，留下了浓墨重彩的一笔。好，谢谢陈教授。

陈：谢谢你的采访。

（陈平提供）

编者的话

《中国语文》编辑部的故事

陈 丽

1997年8月，我入职中国社会科学院语言研究所《中国语文》编辑部，不知不觉间，已在期刊编辑这个岗位上工作了近26年。20多年来，随着国家的日益强盛和科学技术的日新月异，《中国语文》编辑部的工作环境和工作方式也发生了很大的变化：从一篇篇五花八门的手写邮寄投稿到如今的全程网络投审稿处理系统；从铅字排版（尤其还有国际音标、古文字造字等繁难问题）、下印厂核红的艰难，到如今漂亮的方正排版、可用PDF电子版校对的便捷；从查阅文献、引文需要去图书馆翻找，到如今有大量的数据库可以搜索使用；从办公室仅有一台电脑（那时善用电脑的作者、编辑也寥寥无几），到疫情期间长时间居家网络办公……作为一名亲历者，见证了编辑部这些年的变化，也与这本刊物背后默默奉献的许多人一起经风雨、见彩虹。26年的编辑生涯中有很多难忘的人和事，今从记忆中撷取几个印象深刻的片段，就当是讲讲我们“编辑部的故事”，记录一下普通编辑平凡生活中的苦与乐。

一　老编辑

《中国语文》创刊于1952年，1966年停刊，1978年复刊。刚复刊的时候，据说编辑部成员曾达到二十多人，除了《中国语文》还同时编辑《中国语文通讯》（1986 年改名为《中国语文天地》）等刊物。1997 年我到编辑部工作的时候，《中国语文天地》已停刊，很多老同志也已退休，还有的同志调动去了其他单位或所里的其他研究室，编辑部成员精减到了 10 人。记得当时办公室唯一的电脑桌面屏保上总会飘过一行大字“中国语文兵强马壮”，确实如此。

那时候编辑部内部气氛融洽，工作时大家严肃认真，一到休息时便热闹活泼起来，也是苦中作乐。林连通主任是办公室的开心果。刚上班的时候，听到所里的同事都叫他“林总”，我们这些新来的小年轻也跟着没大没小地叫，“林总”也不以为忤。每天的午饭时间就是小型茶话会，大伙吃着盒饭，听林总和编辑部的老同志们讲各种故事：早年间编辑校对是如何的不容易，如何下印厂跟工人师傅们打交道（那时候铅字排版，改动一处有可能整版都得重新处理，大铁疙瘩字模搬来换去，所以三校或核红时如果还须动版，他们面对印厂的工人师傅便非常发怵）；《中国语文》复刊后曾经一度发行 60 多万本的辉煌历史；复刊后分 A 组、B 组同时编辑《中国语文》和《中国语文通讯》，《中国语文通讯》如何受到语文工作者的欢迎；发起组织各种学术会议、举办培训班和讲习班、编辑“中国语文丛书”，投身如火如荼的思想文化建设；等等。真是说不完的峥嵘岁月，激荡人心。每年的元旦或春节，编辑部还会组织茶话会，邀请离退休的老同志们回来，与新来的年轻人见面、交流，共话桑麻。记得 1998 年的元旦我们就是在办公室里开的茶话会，几个办公桌拼成长条，新老编辑围桌而坐，济济一堂，听老先生们讲他们年轻时的故事：建所初期、创刊伊始罗常培、丁声树先生的严格要求、谆谆教诲，去昌黎方言调查、去各地“推普”、举办语音培训班的激越往事，60 年代语言所集体下放干校的难忘经历，吕叔湘先生在干校卖饭票的故事，学术圈的逸闻趣事……欢声笑语间，我们这些初出校门的年轻人逐渐熟悉了刊物的历史，适应了紧张的工作节奏，融入了编辑部这个集体。

除了过年过节，平时也有几位退休的老先生会时不时地来编辑部，说是“回娘家”看看。常来的有陈治文、饶长溶、苏培实。陈治文老先生那时已是七八十岁的老人，但精神矍铄，经常拎个袋子自己坐公交、坐地铁来所里。老人家特别喜欢运动，每周都要去游泳；嗜书如命，常去琉璃厂、地坛书市淘书。陈先生在20世纪50年代初语言研究所建所不久就来所工作了，是《中国语文》的创刊元老，跟他同时期来所的同事们都尊称他为“大师哥”。老先生辈分很高，却没什么架子，特别愿意与年轻人交流，和刘祥柏一起出去开了一次会，回来就成了忘年交；因跟我同姓，每次见到我便亲切地唤我“大侄女”，真是一位可亲可敬的长者。饶长溶先生瘦削干练，一看就是那种“咬定青山不放松”“打不折压不弯”的硬骨头——在我们来所工作前饶先生已因胃癌做过胃部切除手术，他总说自己早已超过了医生预判的生命期限，每次来办公室时都会大声宣布“我又赚了，又多活了5年！”这两位先生退休后依旧笔耕不辍，先后出版了专著，那种精气神着实令人敬佩！苏培实先生是福建人，风度翩翩，儒雅谦和，言谈举止间令人如沐春风。我们都很喜欢听他说话，带着闽南普通话特有的韵味。那时候常来编辑部串门的还有其他研究室的老先生，可谓谈笑皆鸿儒，有被称为“杨三哥”的八思巴文研究专家杨耐思先生，西装笔挺、做派新潮的赵世开先生，《中国语文》曾经的副主编、长得很像末代皇帝溥仪的徐枢先生——这几位先生都是经历丰富、生动有趣的人物。他们一来，时不时开个玩笑，说个笑话，讲个段子，办公室里总是笑声不断，那种风雅随性、活泼轻松的气氛，至今想来依旧很亲切。

当时的主编侯精一先生，颇有开风气之先的胆魄，刊发了不少引领学术潮流的文章。2000年前后，在侯先生的主导下，《中国语文》成立了国际化的编辑委员会，积极推动中国语言学研究与国际接轨。侯先生一直提倡编辑部的同志要编研结合，他自己是《现代汉语方言音档》《现代汉语方言音库》等大型集体项目的负责人，组织全国语言学界的力量，前后历经十数年，采用有声形式保存现代汉语方言，这在当时是极有超前意识的。副主编施关淦先生做事特别细致认真，稿子有哪里漏校了，他就笑呵呵地拿过来给大家看。记得有一次，可能是因为刚开始使用方正排版系统，机器出了问题，二校时无误的地方三校却莫名其妙地出错了，老先生惊得连连感叹：“这可麻烦了！这以后怎么办！”也真是“老编辑碰到了新问题”！隋晨光、孔晓、丁欣兰三位资深编辑，当时比我们年龄大一些，但在老编辑眼里，还是小字辈，所以同事之间都习惯性地称呼他们小隋、小孔、小丁，直到今天，说起他们来，我们还是改不了口。他们三人除了承担《中国语文》期刊出版中各种琐碎繁杂的事务性工作、中国语言学会的工作，还合作编写出版了《〈中国语文〉索引（1952—1992）》《〈中国语文〉索引（1952—2002）》等。在当时电脑尚未普及、没有数据库可用的情况下，这两本索引对语言学研究者来说，都是非常实用的案头必备资料书。

进入21世纪后，三位“小”字辈“老编辑”也相继退休了，我们这些当年更“小”的编辑慢慢地成了老编辑，编辑部里又陆陆续续地来了几位新同事。近几年，时不时传来某位老先生离世的消息，每闻之则唏嘘不已。老先生们为《中国语文》奉献了一生，《中国语文》在学界享有的口碑和影响力，《中国语文》获得的每一份荣誉，都有他们的贡献在其中。新来的年轻同事已经不太知道他们的故事，像当初老先生们给我们讲故事一样，如今轮到我们给年轻的同事讲故事、“传帮带”了。这就是薪火相传吧。

二　稿子的事比天大

刚到编辑部的时候，印象最深的就是“校对比天大”。记得刚上班没多久，就看到主编侯精一先生发火，起因是在本该校对的时间编辑部的同事安排了别的事情。从那以后，加之日常的耳濡目染，我们知道了在《中国语文》编辑部，稿子的事最重要，校对比天大，无论什么事情都不能影响了编辑校对工作。那时候每到年底，当时的“管家”隋晨光老师会把第二年全年六期每一期编辑（加工）、换读、主编通读、发排、校对（三个校次）、核红的时间表安排好，人手一张发给大家。编辑部成员也都默守一个不成文的规定，如有出差、开会、调研、探亲、休假等事项都要选择避开校对的日子。

《中国语文》的校对流程一直有“三校九读”的传统，每个校次每篇稿子的校样至少要三人交叉校读。写文章的人都有这样的体会，自己的文章看了很多遍，还是会有些错看不出来。做编辑久了也有此问题，会出现一些视觉盲点。这时候可以看出交叉换读的好处——每位编辑的知识储备和关注点都有所不同，各有所长，各有短板，交叉换读可以取长补短，发挥集体优势，最大限度地减少可能出现的疏漏。

早年间，每逢校对的时候编辑部还会邀请在北京的作者来编辑部自校，近几年随着科技手段的发展，每个校次都会将校样扫描后发给作者自校。可以说《中国语文》发表的每一篇文章从初校到付印，都经历过十几人次的打磨。也正是因此，《中国语文》的编校质量多年来一直保持着很高的水准。

前段时间看到苏培实先生三十多年前写的一篇回忆文章，提到20世纪五六十年代《中国语文》编辑部的工作情况：

> 那些年月，政治运动多……编辑部的同志总是白天参加政治运动，晚上加班编校《中国语文》，从没有因为政治活动多而使刊物误过期。①

看来《中国语文》从不延期、拖刊的传统是由来已久的啊。犹记得每年的8月院里集中休假时，或是春节假期前后，办公楼里往往人不多，就见我们编辑部还在挥汗如雨、紧锣密鼓地工作，同事间常常互相调侃一下，我们这是在抢种抢收，时间不等人！2003年“非典”的时候，有段时间风声鹤唳，无法去办公室上班，但是《中国语文》的稿子不能停啊，不仅要校对，一篇文章必须由不同的编辑交叉换读的规矩也还得继续——为了尽量减少人员接触，当时编辑部的同事们便两两组合，跟影视剧里的地下工作者似的，约好接头地点，各自戴着口罩，迅速交换手中的稿件。如此几轮，赶在规定时间前完成了校对任务。受新冠疫情影响的这三年，编辑部的同事们更是摸索出了适应新情况的校对模式——扫描校样，将电子版发给不同编辑和作者同时看，再由编务将同一篇文章的几份校对稿逐一过录到同一份纸样上。虽然平白增加了很多工作量，但大家也都克服各种困难，保证了疫情期间刊物的按时出版。

---

① 苏培实：《〈中国语文〉往事杂忆》，载刘坚、侯精一主编《中国语文研究四十年纪念文集》，北京语言学院出版社，1993，第404页。

三　螺丝钉

《中国语文》从创刊至今，尤其是1978年复刊以后，形成了一整套严格、完整的审编校流程。每一篇发表的文章，从投稿到刊出，一般要经历收稿、初审、外审、三审、退改、终审、备用、体例核查、编辑加工、换读、常务主编通读、一校、二校、三校、核红、主编通读、蓝样书签字付印等多个环节，编辑们的工作日常便是在这漫长的流水线上运转。一年又一年，一期又一期，每次拿到新鲜出炉的尚存墨香的杂志，只能有片刻的轻松，马上又要投入到下一期的工作中去。编辑部的每位编辑，就像一颗颗的螺丝钉，坚守在《中国语文》这架不停运转的机器上。

螺丝钉不能生锈，审编校的每个环节，都不能有丝毫懈怠与马虎；螺丝钉也不能动摇，刊物的出版有固定的时间，每位编辑个人的科研、教学、外出乃至日常生活只能随着刊物的周期来调整，如遇冲突，也只能以编辑工作为重，舍弃其他。对编研结合双肩挑的编辑来说，正在进行的研究工作节奏被打断和扰乱是经常发生的事。长年累月持续付出大量心力都是在为人作嫁衣——若没有对编辑这份职业的敬畏心和使命感，没有不计名利、甘于奉献的精神，恐怕很难做到。

编辑的日常工作很多时候是隐形的，并不为人所知。期刊年检需要编辑部提交三审三校材料，整理这些材料可以看到，《中国语文》已发表稿件的三审流程单打印出来都是厚厚的一沓，少则五六页，多则十几页。有的文章，退改意见长达四五页，快赶上写一篇论文了；有的文章，反反复复退修了三四遍。再看退改回来的文章，有的与刚投稿时对比，在观点的提升、材料的充实、表述的精简、细节的推敲等方面均有大幅提升，有的与原稿相比简直可以说是脱胎换骨、面目一新。

三个校次的校样更是花花绿绿。《中国语文》的版面寸土寸金，为了能在有限的篇幅里刊发更多的文章，我们的编辑经常要对某页有大段空白或尾页只有几行文字的文章校样进行精减压缩——有心的读者会注意到，《中国语文》的版面上很少会出现一行只有一两个字、末页只有七八行这种情况。删减时若遇到有表格、图片或是当页的超长附注，处理起来就很伤脑筋——如果你看到我们的编辑像小学生一样在数校样上有多少行，并在旁边标上数字，那么大概率他是正在想办法调整版面，也许为了能使一张表不跨页、一段话和它的附注不分离、一张图片和一段文字能排在一起而绞尽脑汁。至于修改病句、抽检文献、核实数据、上下文对照、繁简字体转换等，那都是最平常不过的工作，甚至标点符号是用英文的还是中文的、某个符号是全角还是半角这种一般读者不太注意的细节，我们的编辑也不会轻易放过。

《中国语文》编辑部还有一种螺丝钉——编务。他们承担着最烦琐的工作，每天坐班，接电话，接收稿件，回复邮件，扫描校样，过录，核红，校样存档，与作者、读者沟通，与排版人员交接，与出版社、印刷厂协调，计算稿费、外审费，寄送杂志，交换刊物，填各类表，报销……头绪繁多，每一个小环节都不能出错。有时候还要干体力活儿，搬杂志、整理旧刊。他们的工作看似普通，却是编辑部运转中非常重要的枢纽，不可或缺。同事们有时开玩笑说，主编、编辑可以离开一个月、两个月，对杂志影响不是很大，而编务这颗螺丝钉看着不起眼，却断然不能松动，否则《中国语文》这台机器有可能会出故障。

四　传承与挑战

2022年是《中国语文》创刊七十周年，编辑部策划出版“《中国语文》七十年纪念丛书”，其中收录了部分吕叔湘先生与前辈主编们关于期刊工作交流的书信等珍贵史料。编辑丛书的过程，相当于是对《中国语文》七十年的历史进行了回顾。我们这一代编辑无缘得到吕叔湘先生亲炙，只能通过回忆文章，看着泛黄的纸张上吕先生修订过的笔迹，读着吕先生关于刊物工作的种种要求，字字句句，如同当面受教，顿觉警醒。

《中国语文》1978年复刊后，“从刊物的大政方针到编辑部的规章条例，从组稿审稿到版式体例，吕先生无不倾注了大量的心血”①。侯精一、徐枢两位先生的文章从三个方面介绍了吕先生对《中国语文》工作的指导，可以看出，《中国语文》

① 侯精一、徐枢：《吕叔湘先生与〈中国语文〉》，《中国语文》1994年第1期。

的办刊宗旨、制度建设等都是在吕先生的直接指导下奠定基础并形成了优良的传统，历经几任主编一直传承至今。

文中提到的诸多事例，今天读来依旧深受教益。如提倡务实与创新相结合的办刊宗旨，文中写道：

> 提倡“务实”的学风是《中国语文》的特点。我们对于那些行文故作“高深”，貌似理论性很强的空讲语言学的文章是不欢迎的。
>
> ……他（指吕先生）特别告诫我们“不要被貌似艰深的行文唬住”。诚如吕先生所说，写文章是为了“供人读”，即使内容真的很艰深的文章，也要考虑“供人读”这样一个最基本的问题。

“务实”与“创新”，正是《中国语文》多年来选用稿件的标准。提倡调查研究、少做空谈，“有几分材料说几分话”，提倡朴实的文风，是《中国语文》一直以来的坚持。

文中还有一个事例给我留下了深刻印象。引原文如下：

> 1978年6月30日吕先生来信：
>
> ……
>
> 现在按目录次序把我认为有问题的地方提出来，请大家研究研究。（1）《说“之所以”》是个小题目，不宜放在第一篇。不能因为是叶老（叶圣陶——笔者注）的文章就得放在前头。稿件的取舍以及编排的先后，都要“对事不对人”。对事不对人，日子长了，所有的人都会谅解，对人不对事早晚要闹出不愉快。

稿件的取舍以及编排的先后，都要“对文不对人”——这也是《中国语文》一直以来贯彻的原则。当今很多刊物只看作者名头，碰到在读博士生、硕士生文章一律不用，在《中国语文》不会出现这种情况。《中国语文》一直以来非常注重作者队伍的发掘与培养，青年学者的发文比例一直很高，有不少在读博士生、硕士生，甚至本科生的论文入选。

在传承优良传统的同时，近年来《中国语文》也有了许多新的发展。2010 年 1 月启用在线投稿系统，所有稿件投递、作者查询、审稿流程（包括外审专家评阅意见）、内部编辑等工作全部实现了网络化管理，所有环节均有完整电子存档。建立了 500 多人的匿名审稿专家库，评审环节更加规范。

2016 年《中国语文》为满足学界需求进行了扩版。与时俱进，开设专栏、组织国际学术研讨会、举办青年学者论坛等，扩大国内国际影响力。重视拓展数字化传播渠道，充分利用语言所微信公众号“今日语言学”的传播力，在公众号上及时推送每一期新刊的目录和主要文章的详细摘要。

新的历史时期，《中国语文》也面临许多挑战。如何在众多的语言学刊物中继续保持领先水平，保有鲜明特色；如何将刊物的发展与国家、时代的发展紧密结合，关注现实需要，服务国家社会；如何更快更好地反映学术动态、引领学术发展（如人工智能带来的新的研究课题）……对我们这一代编辑来说，还需要不断完善自身的知识结构、提升学术水平，任重而道远。

（原刊于中国社会科学院科研局编《“为人梯者”说——中国社科院学术期刊编辑心声之二》，社会科学文献出版社，2023。收入本书时略有改动。）

《中国语文》的风格

陈章太

《中国语文》杂志是1952年创刊的，到今年已是四十周年了。今年4月在北京召开了“中国语文研究四十年学术讨论会”，我想此举除回顾四十年来我国语文研究所走过的道路，也还兼有纪念《中国语文》创刊四十周年之意。从1961年开始，我曾在《中国语文》编辑部服务二十多年（如果除去“文革”期间，实际只服务十几年）。1983年离开以后，又一直是《中国语文》的一名忠实的读者，即使到了国外，仍是每期必读。无论是作为编者还是读者，我从《中国语文》都获取了许多教益，因此我对《中国语文》怀有深厚的感情。因受聘任教于日本，我未能参加这次有意义的盛会，只能在这遥远的异邦，向《中国语文》表示敬意，并写此短文纪念她创刊四十周年！

《中国语文》创刊以来，发表了大量的语文研究成果，基本上反映了最近四十年来我国语文研究的状况，组织了多次重要的活动，开展了一系列学术交流，团结了大批语言研究者和语文工作者，培养了不少有成就的语言学者，直接、间接地指导了语文研究工作，为我国语言研究和语文工作的发展做出了重要的贡献。

四十年来，除去“文革”中被迫停刊，《中国语文》共出版杂志二百二十多期，编辑、出版了一套丛书和一部分专集。从这厚厚一大摞的杂志和丛书专集里，人们不难发现《中国语文》有一种非常平实的风格。这种风格表面上看来实在、无奇，但当深入领略之后，会觉得她是多么的深沉、可贵啊！这如同优质的龙井茶一样，表面上清淡，没有什么特别吸引人之处，既没有一般红茶诱人的色泽，也没有茉莉花茶扑鼻的芳香，但饮入口中，甘鲜醇美，久久生津，让人回味无穷。不少读者看过《中国语文》之后，就是被她这种平实的风格逐渐吸引住了，而成为语文爱好者或语文研究者。

《中国语文》创刊到现在，大体经历了三个阶段。从1952年创刊到1960年为第一阶段，这个阶段的杂志性质，是“推进中国文字改革运动，……传播正确的中国语文知识，协助语文教育，联系全国语文工作者，交流工作经验”的综合性语文刊物，其编辑方针是普及与提高相结合。从1961年改刊到1966年停刊为第二阶段，这个阶段的杂志性质改为“关于语言研究的学术性刊物”，其编辑方针也相应改成“以提高为主，适当兼顾普及”，并从1963年起改月刊为双月刊。从1978年复刊到现在为第三阶段，这个阶段的期刊性质和编辑方针与前一阶段相同，只是内容更加广泛，形式比以前活泼，“力求以有限的篇幅容纳较多的内容”，因此文章一般都不太长。尽管三个阶段的特点有所不同，但刊物的平实风格却是基本不变的，只不过随着时间的推移，这种风格越来越成熟和明显了。

《中国语文》的平实风格，主要表现在以下几个方面。

第一，杂志的内容充实，让人读后，或在理论上，或在方法上，或在观点上，或在材料上，或在知识上，或在信息上，会有所得。《中国语文》发表的文章，大多有实实在在的内容，材料也比较丰富扎实，具有一定的广度和深度。不少论文、报告是在深入调查、长期研究的基础上，经过认真缜密的分析、思考而写成的，因而能体现《中国语文》的平实风格。这样的好文章，在正常时期的各期杂志上都有几篇。以比较有代表性的1952、1956、1962、1965、1979、1984、1990年的杂志为例，其中具有观点稳妥、材料丰富、内容实在、水平较高的研究论文、调查报告、知识讲话、书刊评介、国外论著译述等，大约占了三分之二以上的篇幅，而那些问题争鸣、语文评论、笔记补白及动态报道等，也都有一定的具体内容。这些方面，很少能够看到空谈泛论式的文章。

第二，杂志组织讨论的问题大多比较实际，这对提高语言理论认识、解决语文实际问题很有帮助。如第一阶段对文字改革、现代汉语规范化、汉字简化、汉语拼音方案制订、普通话异读词审音、汉语教学语法体系拟订、少数民族语言调查与规范、少数民族文字制订与改革等问题的讨论，充分反映了我国语文生活中的一些大事，这使语言研究和语文工作同各有关方面紧密结合起来，对文化教育的普及，科学、技术的进步和社会、经济的发展，发挥了积极的作用。

第一阶段讨论的主语宾语问题、词类问题、名词术语规范问题、高等院校语言课程设置与改革、一般语文教学等问题，第二阶段讨论的《切韵》音系的性质、《中原音韵》音系的性质和入派三声以及“闻”等古代汉语、近代汉语词义问题，第三阶段讨论的语法分析方法、教学语法体系、结构问题、修辞学的对象和任务，以及“烂漫”等某些词义问题，虽然不属语文生活中带全局性的大事，但也都是一些实实在在的语文问题。至于第一阶段和第三阶段讨论的一些语言理论问题，如语言与言语、语言发展的内因和外因、语文词典和语文教学有无阶级性等，也有一定的内容和意义，并不是毫无可取的。

《中国语文》在开展这些问题的讨论时，始终坚持求实的态度，既作认真组织和必要的引导，又不划定框框强加于人，因此多数讨论取得较好的实效。

第三，实事求是地对待各种语言学流派、新兴语言学科和不同的语言学观点。这方面主要表现在如何对待我国传统语言学、结构主义语言学、转换生成语言学以及应用语言学、数理语言学等。从过去发表文章的基本倾向看，《中国语文》对待传统语言学和结构、主义语言学等语言学学术流派是不带偏见的，所采取的是实事求是的态度。也就是既肯定这些学术流派各有其实际基础和理论基础，各有其成就，对语言在社会、科技等方面的应用和语言学自身的发展，各有其重要的贡献，同时又指出这些学术流派各有其不足和局限性，从而提倡各个学术流派相互吸收，取长补短，并存共进。实际上是主张继承、发展传统语言学，同时研究、借鉴结构主义语言学、转换生成语言学，努力发展适合我国语言特点和语文生活实际的现代语言学。对于那些不加分析地过分颂扬某个学术流派的观点，或是片面否定，甚而无理攻击某个学术流派的做法，《中国语文》是不赞成的。当然，过去《中国语文》的某些文章中，在这个问题上存有这样那样一些不全面、不正确的观点，这是个别的现象，不能看成《中国语文》的基本态度。因此，对《中国语文》在这方面的一些不合实际的指责，是不公平的。

应用语言学和数理语言学等新兴的实用语言学科，对于语言在社会和科技方面的应用，有着重要的意义。《中国语文》从实际出发，近些年来对应用语言学和数理语言学等给予一定的注意，发表了一些很好的文章。这对这些实用语言学科在我国的发展起到了促进作用。随着社会需要的扩大和科学技术的发展，应用语言学和数理语言学等正在迅速发展，希望《中国语文》给予更大的重视和支持。

在学术问题上，存有不同的认识和不同观点，这是正常的。对于语文研究中各种不同的学术观点，《中国语文》总是努力按照百家争鸣的政策精神去对待的；不同观点的文章，只要言之成理持之有据，一般都予以发表，以促进语言学学术讨论和学术繁荣。这方面第一阶段做得比较好，第二阶段和第三阶段就有所不足了。讨论、争鸣的文章不太多，不同的学术观点的文章不大容易看见，而近些年在一些语言专业学术会议上这方面却表现得相当活跃，这是值得思考和重视的。学术研究要讲民主，语言学问题更可以争鸣。传统语言学也罢，国外语言学也罢，只要对发展我国现代语言学有用的，我们都应该借鉴，应该大胆拿过来为我所用，这才是正确的态度。

第四，刊物的文风朴实，编校态度严谨。纵观《中国语文》，很难看到在某些时候、某些地方时兴的那种花里胡哨、晦涩难懂的文章。一般文章大多是对语言事实和语文应用问题的具体分析和描写，叙述清楚，条理分明，文风朴实，让人易懂。有的论文的内容一般读者接触较少，乍看起来不大好懂，甚至会觉得有点儿艰深。这类文章多数是采用现代语言学的方法，如结构主义语言学、转换生成语言学、数理语言学等的方法来分析、描写汉语或少数民族语言的语音、语法和语义等问题，内容比较专门，分析比较细致。对这类文章，只要有些专业基础，再加细心阅读，就会明了其义，并获得新的知识。

值得一提的是，《中国语文》上的文章，大多是经过作者、编者的反复推敲和多次修改才定稿的，排印时又经过多次认真、细致的校对，因此一般行文都比较明快，语言比较规范，错字极少。《中国语文》的这个特点，在我国众多刊物中是比较突出的，可见其作者、编者对写作、编辑、校对的严谨态度。

《中国语文》的平实风格完全符合语言研究的特点，是语言学杂志所必须具有的风格。语言是一种结构体系，是社会重要交际工具。语言的结构体系是实实在在地存在着的，语言的社会应用有其客观规律。研究语言结构和语言应用必须采取求实的态度，踏踏实实地进行调查研究，认认真真地加以分析描写，才能取得良好的效果。

事物一般不可能尽善尽美，《中国语文》的风格也不可能完美无缺。《中国语文》把主要精力放在求实上，对创新有所照应不到。当然，创新不够有其客观原因。一些新的语言学科在我国的基础比较薄弱，有的还未建立，而研究语言及其应用的新观点、新方法、新材料不大容易产生；巧妇难为无米之炊，不能要求《中国语文》超越我国语言学当前条件的限制。我们只能从实际情况出发，并根据发展的需要，对《中国语文》提出殷切的希望，祈望她在保持“平实”特点的同时，能够在“创新”方面取得更大的成绩，开拓新领域，研究新课题，介绍新观点，提供新信息，讨论新问题，做出新贡献！

《中国语文》已经走过了四十年的路程，未来的道路更长，任重而道远。祝愿她越办越好，蒸蒸日上！

（原刊于刘坚、侯精一主编《中国语文研究四十年纪念文集》，北京语言学院出版社，1993。）

吕叔湘先生与《中国语文》

侯精一　徐　枢

1978年《中国语文》复刊，当时任中国社会科学院语言研究所所长的吕叔湘先生兼任了这本杂志的主编。《中国语文》创刊于1952年，1966年“文革”初期停刊，一停就是十一二年。《中国语文》是当时最早复刊的少数几个刊物中的一个，办好这份刊物是一件不太容易的事，吕先生就是在这样一种情形下管起了《中国语文》。从刊物的大政方针到编辑部的规章条例，从组稿审稿到版式体例，吕先生无不倾注了大量的心血。这从他给编辑部写来的大批工作信件、审稿意见可以清楚地看出来。下面从办刊宗旨、培养作者和编辑部自身建设三方面来谈。

一　务实与创新相结合的办刊宗旨

务实与创新相结合是《中国语文》的办刊宗旨，这是吕叔湘先生一贯倡导的。这种思想比较充分地反映在1980年他在中国语言学会成立大会上的讲话当中。这篇讲话全面而透彻地说明了搞好语言研究与语言教学必须处理好的四种关系：中和外的关系、虚和实（“理论”与“事例”）的关系、动和静（应用科学与纯粹科学）的关系、通和专的关系。在这次讲话中，吕先生特别指出要避免两种偏向。一种偏向是谨守中国语言学的旧传统；另一种偏向是空讲语言学，不结合中国实际。吕先生说:“很多国家里边有很多学者在那里研究中国的语言，中国的历史，中国的艺术。他们在方法上，有时候甚至在材料上，有胜过我们的地方。他们的研究成果有很大的参考价值，我们不一定全都接受，但是至少我们不可以不知道。”（参见《把我国语言科学推向前进》,《中国语文》1981 年第 1 期）吕先生这里批评的两种倾向，前一种倾向是不能创新，后一种倾向是不能务实。这一讲话的精神在于倡导务实与创新相结合的研究方向。吕先生的这些从自身多年的研究实践中总结出来的极为重要的见解，对于编好《中国语文》无疑具有重要的指导作用。下面举两个例子来谈。大约在 20 世纪 80 年代中期，我们收到了一篇分析孟子语言的文章，当时编辑部已准备刊用。当我们去吕先生处谈工作时，他问我们，这个问题查过国外学者杜百胜（W. A. C. H. Dobson）的书没有，我们说还没有。他要我们暂缓发稿，先查一下。我们设法借到了杜百胜 20 世纪 60 年代出版的书，发现文章的基本观点与用例都与该书大致相同，于是把这篇文章撤了下来。当然，在不同时间、不同地点得出相近结论的事也是有的，但作为《中国语文》这一学术刊物的编辑，总要尽可能全面地了解各方面的研究情况。正像吕先生说的，对于国外的研究成果我们不能不知道，否则如何谈“创新”，如何保持刊物注重务实与创新相结合的特点？下面再举一例。

复刊不久，1978 年 8 月 21 日吕先生在审一篇讲借词的来稿时写道：

> 这篇文章，从题材论，可用可不用。不用很简单，这是中西交通史方面的题目，就语言学说，题材较冷，多数读者不太需要。要用就比较麻烦。首先要摸一下作者的底，或者请作者交底。因为有种种迹象可以看出，作者是用了第二手材料的，但是他没有说明。表面上看，作者都是用的第一手资料，在一定程度上这是一种假象。当然，通过第二手材料找到第一手材料进行自己的研究，这在研究上是正常的现象。怕就怕除了从第二手材料中取来的东西外没有做出自己的贡献。这就难免被专家揭破，不但作者面子上不好看，编者也要负“失察”之责。

过了六天，8 月 27 日吕先生在给我们的信中又专门谈了这个问题：

> 今天偶然翻阅《中国伊朗编》[劳费尔（B. Laufer）著，商务印书馆 1964 出版]，见 ×× 文中所举的六条……都有论述。但似非 ×× 文的蓝本。×× 文当另有所本，但无论如何，单以六条……而论，×× 文简陋，远不及 Laufer 所论详尽。即此一端，足以评 ×× 文的价值，似可退稿，不必纠缠。

提倡“务实”的学风是《中国语文》的特点。我们对于那些行文故作“高深”，貌似理论性很强的空讲语言学的文章是不欢迎的。

吕先生的《未晚斋语文漫谈》在《中国语文》前后登了三年，最末的一篇《有感》，写于 1992 年 1 月 6 日。这是两首七言诗，其中也谈到这个问题，很值得一读。节录如下：

> 文章写就供人读，何事苦营八阵图？
> 洗尽铅华呈本色，梳妆莫问入时无。

早在 1980 年 3 月 16 日吕先生给我们来信分析某篇稿子的问题时，也谈到类似的话。他特别告诫我们“不要被貌似艰深的行文唬住”。诚如吕先生所说，写文章是为了“供人读”，即使内容真的很艰深的文章，也要考虑“供人读”这样一个最基本的问题。

二　培养作者队伍

办好《中国语文》需要有一支基本作者队伍。刊物培养作者的重要途径就是针对作者的来稿进行讨论，编者如能就作者的来稿提出充分的修改意见，对作者有所帮助，彼此间建立一种良好的关系，基本作者的队伍也就自然而然形成了。在这方面吕先生做了大量的工作。现在保存的二三十件吕先生写的审稿意见，或代拟的详细修改提纲，充分说明吕先生在培养《中国语文》作者队伍方面花费了大量心血。

吕先生写的退改意见或修改提纲少的也有七八百字，一般都是千余字或更多。下面酌选几份审稿或退稿意见，由此看出吕先生对后学是如何关心培养的。

（1）1980 年 1 月 30 日他对一篇讲补语的来稿的审稿意见（整个审稿意见近两千字，以下讨论的都是具体问题，这里只酌引几句）：

> 本文有见解，但组织得不很好，主要论点不突出，因而显得条理不太清楚。如重新组织，并补充必要的材料，能成为一篇很好的论文。就这样发表，未免可惜。……
>
> 来稿区别“能”的意义为六种，就本篇的需要说，可以把（1）（2）（3）合并为（甲）（有能力，有条件，估计有可能），把（4）（5）合并为（乙）（准许，允许），（6）与本题无关。可以画个简单的图。……
>
> 最后，重复一句，这篇稿子如果就这样发表（或小修小改）很可惜。稍微费点事可以把它修改成一篇很好的论文。

（2）1979 年 11 月 6 日对一篇来稿的审稿意见：

> 这篇稿子有两个毛病，一是乱，二是浮。“乱”是说它没有说明从什么出发，达到什么目的，以什么为纲，以什么为目，简单说就是没有章法，有点想到哪儿说到哪儿的味道。“浮”是说它基本上是“印象派”的写法，先有一个印象，然后“求证”，不是先订下一个搜集材料的计划，在材料中归纳出结论。
>
> 处理的办法:（1）将就原稿的内容，选取其中比较可信、比较中肯的部分，重新排比，使更有条理，作为一篇“漫谈”发表。字数以四五千字为宜。（2）彻底重做，从搜集材料入手。书面材料如何选择，口头材料如何调整，都要有计划，要注意消除片面性。然后在充分分析材料的基础上重新起草，写成一篇正式论文。

吕先生在培养作者上花费了许多精力，吕先生的心血没有白白花费。有多位经吕先生指点过的作者，借助《中国语文》这块园地，成熟了，并有了一定的知名度。他们辛辛苦苦写的论文又回过头来充实了这本刊物，为刊物增光、添色。

这里特别要提一提吕先生对初学写作者的指导和帮助。一位年轻人写来一篇谈宾语和数量补语并见于动词后的相关位置的文章，吕先生读后写了很详细的意见。为了帮助这位外地的年轻作者，吕先生同意用自己的名义把这些意见告诉他。现摘录吕先生的意见如下：

> 作者很花了一些工夫，应当予以鼓励。但是，这篇稿子可没写好，在现有的基础上也难于修改。他列出四个问题，这四个问题互相牵连。读完了给人的印象是"多么复杂的问题啊！"实际上是不是这么复杂还可以研究。如果换一种作法，比如……（分三项列出论证步骤，这里从略）

有感于这位青年作者来稿所犯的毛病带有普遍性，吕先生在审稿意见的基础上专门写了一篇文章，题为《给一位青年同志的信》，指导青年进行专题研究。文章从进行研究之前要了解前人对这个问题的研究有哪些成果说起，然后讲到如何收集材料、分析材料，以至形成论点，最后写成文章。吕先生在文章末了还谈到在写作时应注意避免的几种毛病。这篇文章发表在我们编辑的《中国语文通讯》1979 年第 6 期，后收入《吕叔湘语文论集》（商务印书馆，1983 年）。吕先生的这篇文章对培养青年同志更好地进行研究、撰写文章是很有帮助的。

三　重视编辑部的自身建设

编辑部自身的建设对于办好一个刊物是很重要的。在这个问题上，吕先生抓得很紧。

第一，吕先生抓编辑条例及编辑部工作细则的制定工作，这在复刊之初是很有必要的。

1978年7月20日，吕先生在给我们的信中明确指出：建议在第三期发稿之后组织两个小组。一个小组搞“《中国语文》版式”（可发给作者），以后除非文稿性质特别或作者特别要求，一律照此版式。另一个小组搞一个“编辑部工作细则”。

不久，这两个材料都搞出油印稿来了。《中国语文》编辑部工作条例有九项内容：一、收发工作；二、稿件处理；三、审稿要求；四、轮值与辑稿；五、加工校对注意事项；六、报刊图书管理；七、资料工作；八、轮值业务组职责；九、其他。其中五、六两项的行文吕先生都作了改写。照录如下。

第五项原稿：长文章如果审了一部分就能决定不用的，可不用全读。

修改稿：长文章应先通观大意，特别注意问题的提法和结论，借以决定是否从头仔细审读。

第六项原稿：审稿时不得在原稿上批改。

修改稿：审稿时不得在原稿上批注，如有意见可供退作者修改或编辑部加工时参考，应另纸写出。

关于本刊体例的油印稿，吕先生随文改动的更多，最后在文末吕先生特意用红笔批上：最后搞一实例，让上述各条（除8、10）都有机会表现一下。

第二，从严要求。这里举一个例子，说明吕先生是如何从严管理编辑部的。

1978年6月30日吕先生来信：

> 《通讯》（指《中国语文通讯》——编者注）第一期的稿子都看了。编辑工作相当粗疏，超出我的估计。是不是有轻敌思想？——“《通讯》这种小玩意了，不在话下！”我看，杀鸡也要用牛刀。
>
> 现在按目录次序把我认为有问题的地方提出来，请大家研究研究。（1）《说“之所以”》是个小题目，不宜放在第一篇。不能因为是叶老（叶圣陶——笔者注）的文章就得放在前头。稿件的取舍以及编排的先后，都要“对事不对人”。对事不对人，日子长了，所有的人都会谅解，对人不对事早晚要闹出不愉快。……

以下吕先生分七项用一千余字指出有问题的地方，末了吕先生说：

看了××来信，《中国语文》二期要印50多万，真是一则以喜，一则以惧。编辑部的同志都要想到怎样满足这么多读者的期望，要不要对自己提出更严格的要求。以现在的人数应付现在的工作还不算太忙，要抓紧时间学习。还有，有些事情谈不上“学问”或“知识”，只是头脑灵不灵的问题（上面指出的问题多数是这一类）。学问、知识要日积月累；头脑灵，眼睛紧，这是肯不肯对自己提出严格要求的问题。请召集编辑部的同志，开个小会，念念这封信，谈谈感想。

第三，倡导认真细心地工作。

多年来，吕先生在编辑部以身作则，倡导认真的工作态度，细心的工作作风。以上所举的吕先生多封来信、审稿意见都充分说明了这一点。这里再补充两个例子。

1979年1月3日吕先生来信：

引文必须核对，偶检一处即误。（来稿）十六页引左传定公十八年，按定公只有十五年，此“十八”乃“八”之误。……

1984年1月14日吕先生的审稿意见：

此稿初审与二审意见正相反，但有一共同点，就是没有根据（书评）所列节次把所评的书翻开来查看查看，只是根据（书评作者）本身说话，这是不能解决问题的。……

凡审稿，该查考的必须查考，切不可图省事。

吕先生的极其认真的工作态度也表现在他对每期英文要目的翻译总要反复斟

酌，仔细修改，并经常告诉我们为什么要这样改动。1986 年第 5 期上将刊发《受事成分句类型比较》一文，吕先生修改英文要目后还是感到不满意，又立即同编辑部联系，询问题目中的“受事”是指主语还是泛指，因为所指不同译法也就不同。他说，英文题目更加要求清楚明白，不像中文题目，有时含混一点也就过去了。经我们说明题意后，他又再次作了修改。

第四，抓基础资料建设项目

要了解语言学界的大致“行情”，必须有语言学论著篇目索引的工具书。为此，吕先生 1979 年 10 月 30 日来信说：

> 认真考虑《语言学索引》的增订工作，收到 1980 年。现在就着手，明年六月搞完，明年下半年的在 81 年初补进去，81 年一季度即可发稿。如等 80 年完了再搞，一季度就发不了稿。

语言学索引指《中国语言学论文篇目索引》乙编。这项工作原由语言研究所图书馆负责，鉴于当时图书馆人手不足，吕先生让我们去做，以满足各方的需要。为了做好这项工作，吕先生亲自动手修订乙编的分类及说明。修订意见及说明修订理由的文字写了好几页纸。在吕先生的倡导、关心之下我们完成了增订《中国语言学论文篇目索引》乙编，并编了个副产品《语文教学篇目索引》。对于编辑者来说，通过紧张的工作全面摸了摸与语言学有关的各种期刊的大致情况，并且熟悉了大型资料工具书的编写，得到一次很好的锻炼。增订本出来后给我们以至语言学界都带来很大的方便。

吕先生在《中国语文》这本刊物上倾注的心血确实太多了，特别是在兼任主编的七八年当中，所内所外的事情很多。作为全国人大常委会委员、全国人大法制工作委员会委员，会议很多，复刊之初又赶上《现代汉语八百词》定稿，当时已七十四岁高龄的吕先生实在是太忙了。但还是挤时间，一丝不苟地指导《中国语文》的工作。1979 年 6 月 6 日晚，吕先生托人给我们带来一封短信，就生动说明了这个问题。

送来五篇稿子，意思是钻个空子趁人大还未开会。不知已无空可钻。6.7—6.12 人大常委开会，6.15 人大报到。赵元任《中国话的文法》译稿的三校样堆在我桌子上，正在发愁，不知如何打发。此外，还有些零碎活以及若干必须复的信。除了 ××× 的一篇外，别的我都只翻了翻，写的意见不足为凭，你们再审定吧！

在我们庆祝吕叔湘先生九十华诞的喜庆日子里，回顾吕先生十几年来对编辑部工作的指导，大家深深感到，只有像吕先生那样热诚、认真、细心地对待《中国语文》的编辑工作，心甘情愿地为他人去做嫁衣裳，我们的刊物才能够越办越好。

（原刊于《中国语文》1994 年第 1 期。）

峥嵘的岁月

——《中国语文》编辑部往事回忆

林连通

我年轻时就喜欢语文，尤其是汉语。上大学时，我还担任了汉语课代表。那时，我就希望将来能从事汉语方面的工作。但毕业后，却分配在国家机关从事干部工作。粉碎“四人帮”后，中国迎来了科学的春天，1977 年，中央批准《中国语文》复刊。为了加强编辑力量，中国社会科学院语言研究所向社会招聘编辑。1978 年春，我应招调到了《中国语文》编辑部，实现了自己的愿望。

《中国语文》编辑部创建于 1952 年 7 月，是中国科学院语言研究所（今中国社会科学院语言研究所）的一个部门，与研究所的组室平行，对外称《中国语文》编辑部，对内称中国语文室。侯精一、王伯熙、施关淦等先生先后担任过编辑部主任。我于 1988 年担任编辑部副主任，1993 年担任编辑部主任。2002 年底我退休后，方梅研究员担任主任。2003 年秋，我被返聘继续编纂《中国语言学年鉴》，由原来的主编改任执行主编。《中国语文》编辑部日常的主要工作是办刊物，编丛书，举办学术会议，组织科研活动。《中国语文》《中国语文通讯》《中国语文天地》等刊物都是由《中国语文》编辑部编辑的。《中国语文》编辑部可回忆、记载的事很多，由于篇幅所限，下面只讲几件事。我想，这几件事对人们了解《中国语文》编辑部的情况和《中国语文》编辑部自身的建设可能会有一些帮助。

一　锐意进取　打造名刊

办好《中国语文》是《中国语文》编辑部的主要任务。

《中国语文》开始由中国科学院语言研究所（今中国社会科学院语言研究所）和中国文字改革委员会（今中国语言文字工作委员会）共同主办。后改由中国科学院语言研究所一家独办。当时，郭沫若先生任中国科学院院长，曾多次到语言研究所视察，并为《中国语文》题写刊名。刊名原为繁体字，1961 年初，又由郭老改换为简化字（见下图）。创刊时，《中国语文》定位是综合性为主，兼顾普及和提高，设有文字改革讨论、中国语文研究、语言学著作译述、语文知识讲话、语文教学、语文评论、语文书刊评论、语文笔记、报道、消息等栏目。20 世纪 60 年代后，以研究性的论文为主。1978 年复刊的时候，兼顾语言研究和语文教学问题。20 世纪 80 年代后，以研究性的论文为主。从 1952 年 7 月创刊至 1962 年 12 月为月刊，共出 121 期；1963 年 2 月至 1966 年 4 月为双月刊，共出 20 期；1966 年 4 月至 5 月又出月刊两期；1966 年 6 月起停刊；1978 年 5 月复刊，至今一直是双月刊。先后由人民教育出版社、中国语文杂志社、中国社会科学出版社和商务印书馆出版。1978 年前，罗常培、林汉达、丁声树等先生先后担任

郭沫若题写的《中国语文》刊名

总编或主编。1978年后，吕叔湘、侯精一、沈家煊等先生先后担任主编；陈章太、徐枢、饶长溶、王伯熙、施关淦、刘丹青、方梅等先生先后担任副主编。经过多年的努力，《中国语文》成了海内外发表中国语言文字科学重要研究成果的园地，引领着学术的潮流，推动着学科的发展。1999~2008年，《中国语文》四次获中国社会科学院优秀期刊一等奖；2002年，获中华人民共和国新闻出版总署中国期刊方阵双效期刊奖；2003年，"欧洲科学基金会人文科学标准委员会"用科学方式选出全球85种引用率较高的语言学刊物，《中国语文》位居三种入选中文类期刊之首；2005年1月，获中华人民共和国新闻出版总署"第三届国家期刊奖百种重点期刊"。

《中国语文》能获得这些殊荣，取得骄人的成绩，蜚声海内外，除了全体编辑的努力之外，和所、院、中央的关怀、支持是分不开的。为了保证《中国语文》的质量，语言研究所的所长和一些大师，长期兼任《中国语文》的总编或主编。所长吕叔湘先生，即便不当《中国语文》主编了，还在帮《中国语文》把关，审阅即将发排的文稿，一直到1997年住进医院。1978年春，《中国语文》编辑部在苏州召开"批判'两个估计'、商讨语言学科发展规划座谈会"，胡乔木院长送来了书面讲话；1992年4月22~24日，《中国语文》编辑部以中国语文杂志社的名义和中国社会科学院语言研究所在北京紫薇宾馆共同主办"中国语文研究40年学术讨论会"，庆祝《中国语文》创刊40年，对我国40年来语文研究的主要领域进行回顾评述，胡绳院长到会讲话，鼓励大家要搞好包括语言学在内的两个文明建设，迎接21世纪的到来；2002年夏，在《中国语文》创刊50年之际，李铁映院长到《中国语文》编辑部视察；是年6月27~29日，在南昌举行"庆祝《中国语文》创刊50周年国际学术研讨会"，江蓝生副院长作了书面讲话，肯定了《中国语文》的成绩，指出了努力的方向。中央对《中国语文》也是非常支持的。《中国语文》是中国社会科学院复刊最早的五个学术刊物之一，而且是由中央的最高领导亲自批准的。此件我因工作之需调阅过，《中国语文》编辑部现存有它的复印件。

二　批判“两个估计”　迎接语言学春天

1978年春，江南草长，水蓝莺飞。《中国语文》编辑部召开“批判‘两个估计’、商讨语言学科发展规划座谈会”。会议由吕叔湘先生主持，陈章太先生负责会务工作。我和王克仲、刘洁修等先生在秘书组工作，王克仲先生任组长；冯家荣、苏培实、单耀海、隋晨光、孔晓等先生在生活组工作，冯家荣先生任组长。这是《中国语文》编辑部复刊后召开的第一次会议，也是1955年召开的现代汉语规范化学术会议以来语言学界规模最大的一次盛会。参加这次座谈会的有29个省、自治区、直辖市的65个单位的语言学工作者，共100多人。会议期间，邀请了新疆、西藏、青海、宁夏、内蒙古、云南、吉林延边等七个地区的代表举行了小型的座谈会，由吕叔湘先生亲自主持。这次会议商讨语言学科发展规划，为今后学科的发展奠定基础。与会者揭批“四人帮”横行时期，语言研究机构被撤销了，中学语文知识不教了，语文图书、资料和文稿被大批抄没、焚毁了。其结果是语文水平普遍下降，语文运用相当混乱，在一定程度上影响了社会主义革命和社会主义建设。有的学者说，有个知青给家里写信，竟把“老大娘”写成“老大狼”，把“睡在炕上”写成“睡在坑上”。大家认为，我国语言学虽有一定的基础，但底子并不厚，进展也不快，特别是受“四人帮”破坏之后，同世界水平相比，差距就更大了。我国是一个历史悠久、人口众多、语言丰富的大国，但至今还没有一部较详尽的现代汉语语法书，没有一部汉语大词典，没有一部汉语发展史专著，没有一部汉语方言地图集，没有一部利用汉藏语系语言材料的普通语言学著作，也没有一套成体系的、有较高水平的语言学教科书，比较语言学、数理语言学等则更薄弱了。大家认为，在世界科学技术高速发展的今天，语言学不仅同哲学、逻辑学、社会学、历史学、民族学、人类学、教育学、文学、心理学有着密切的关系，同时也与数学、声学、生理学、物理学、计算技术、通信技术和某些工程发生了紧密的联系。围绕着语言学，正在兴起许多很有发展前途的新兴的边缘学科。在我国，这些学科的建立和发展，对于提高整个中华民族的科学文化水平，具有很大的意义，同时也将为语言学的研究开拓广阔的天地。与会者都希望在当前的大好形势下，抓紧开展科研工作。规划既要有远大的奋斗目标，还要切实可行，有具体的措施。

这次座谈会历时一周，我们由于跑上跑下、加班加点，深感疲劳，但会议开得很成功。与会者畅所欲言，提高了认识，分清了是非，增强了信心，鼓足了干劲。吕叔湘先生在总结大会上，给这次会议以充分的肯定，并满怀激情号召大家解放思想，携手去迎接语文战线万紫千红的春天！会后参观名胜寒山寺，代表们看到姑苏城外的盎然春意和千帆竞发的京杭运河，兴致勃勃，信心百倍。有的人吟诵起了唐人张继的名诗《枫桥夜泊》，有的人撞起了寺里的大钟。洪亮的钟声划破了南国的万里长空，似乎是在欢呼着一个新的时代的到来！

为了推动我国语言学科的发展，《中国语文》编辑部举办过许多这样的会议。如 2002 年，《中国语文》编辑部就举办过三次会议。6 月 3 日，在北京国际饭店召开了《中国语文》创刊 50 周年座谈会；6 月 27~29 日，在南昌召开了庆祝《中国语文》创刊 50 周年国际学术研讨会；9 月 22~26 日，在泉州召开了第六届全国古代汉语学术研讨会。每次会议从策划、筹资到实施，都要花费很多的时间和精力，但大家无怨无悔，一次次地为它付出辛劳，做出贡献！

三　关注现实需要　服务国家社会

1978 年初，《中国语文》编辑部的同志，分几路到全国各地联系工作，并对语文教学问题做了调查。“文革”期间，大中小学的语文教学受到了严重的破坏，尤其是中小学，学生用 2700 多个课时（占总课时的 30%）学习本国语文，却是大多数不过关。吕叔湘先生认为，这就是少慢差费，会拖四化建设的后腿。他根据大家调查来的材料，撰写了《语文教学中两个迫切问题》，发表于 1978 年 3 月 16 日的《人民日报》上。此文引起了学界和社会的强烈反应，叶圣陶、朱德熙、张志公、章熊等专家教授纷纷在《中国语文》发表文章进行讨论，从而拉开了我国中小学语文教学改革的序幕。为了把讨论引向深入，《中国语文》编辑部和中国社会科学院语言研究所，于 1978 年 9 月 5 日至 6 日联合召开了“北京地区中学语文教学问题座谈会”，与会者 80 多人。吕叔湘先生主持会议，我负责会务工作。朱德熙、张志公等 12 人在大会上发言。会后，汇编了《语文教学问题》一书。我和于根元、陈章太、吴昌恒、张朝炳参加编辑。1979 年 3 月，此书由中国社会科学出版社出版，发行 30 万册。为方便广大语文教师的教学和研究，《中国语文》编辑部还编辑了《语文教学篇目索引》（1950~1980），收文章题目一万条，由叶圣陶先生题签，扉页刊载了叶老的《语文教学二十韵》，1982 年由上海教育出版社出版。《中国语文》复刊前，每期只发行几千本，复刊后一度发行了 60 多万本，震动了学界和发行、出版界。我想，原因虽然有多种，但和开展语文教学问题大讨论极有关系。因为这一问题，关乎育人和国家发展的大计，事系学校、教育机关和千家万户。

自《中国语文》编辑部在苏州召开的“批判‘两个估计’、商讨语言学科发展规划座谈会”之后，广大语文工作者纷纷向《中国语文》投稿。为了满足大家的需要，推动语文科研工作的发展，《中国语文》编辑部于 1978 年夏，着手创办《中国语文通讯》，具体工作由我负责。1978 年 10 月 25 日出版第 1 期。该刊为双月刊，内部发行，由中国社会科学出版社出版。主要刊登三类文章：1. 介绍国内语言文字的科研和教学的文章；2. 暂时不宜在《中国语文》上发表的文稿；3. 语文工作评论。此刊颇受欢迎，叶圣陶、李荣等名家也在这里发表过文章。至 1985 年 12 月，该刊共出 45 期。1986 年，该刊改版，更名为《中国语文天地》，双月刊，公开发行，语文出版社出版；内容扩展至语言研究和语文应用各个方面；由《中国语文》副主编王伯熙先生负责。该刊的栏目是吕叔湘先生设计的。吕先生也在这里发表过文章。此刊读者较多，发行量胜于其他两刊。后因经费和刊物的指标问题，于 1990 年停刊，共出了 24 期。虽然时间不长，但影响不小，经常有读者来函来电，要求复刊。

改革开放以后，万象复苏，各行各业急需人才。可是，由于“四人帮”的破坏，人才断档，青黄不接。为了解决语文方面存在的这个问题，《中国语文》编辑部于 1988 年 6 月 15 日至 30 日，以中国语文杂志社的名义，与中外文化书院联合主办了“全国首届编辑讲习班”。1988 年 9 月 15 日至 30 日，又举办了第二期。1988 年 7 月 25 日至 8 月 13 日，《中国语文》编辑部以中国语文杂志社的名义，与中国民主同盟北京市委智力开发部联合主办了“现代汉语讲习班”。这三期讲习班，都在北京燕岭宾馆举行，由我和施关淦先生负责，贾采珠先生参加了一些具体的工作。吕叔湘先生均出席了开学典礼，并发表了讲话。授课的有刘绍棠、陈原、朱德熙、林涛、陈章太、曹先擢、张志公、张寿康、郭良夫、徐枢、饶长溶、于根元、陈平、刘月华、刘汉报、林斤澜、戴文葆、阙道隆、孟庆远、张仲锷等知名的作家、专家、教授、编辑家。共有320多位记者、编辑、科研工作者和高等院校的老师参加学习。三期都收到了较好的效果。事后，编辑讲习班的讲义汇编成《文字编辑纵横谈》一书，1992年由中国书籍出版社出版。吕叔湘先生在《中国语文天地》上发表过的文章《编辑的任务是把关》修改后作为开篇收入了此书。

为了推进语言文字的研究和教学工作，《中国语文》编辑部在编辑杂志的同时，还以中国语文杂志社的名义，编辑了一套丛书。在2002年纪念《中国语文》创刊50周年的时候，根据初步的统计，共出书50多部。其中《语法研究和探索》就有10部，其数量最多，影响最大，至2008年已出版了14部，现还在继续编辑出版。

语言文字的规范问题，是语文生活中的一件大事，关系着国家的大局。吕叔湘先生一直关心此事。在《吕叔湘全集》（商务印书馆1993年版）第四卷中，他说："汉语工作者当前的主要任务是促进现代汉语的规范化。"1992年8月17日上午，我和吕叔湘先生出席了"中国语文报刊协会"成立大会。在大会上，吕先生又说："我们看到的书面语言，问题不少。小至于错别字，大至于篇章结构，语句不通，让人不知所云，甚至废话连篇等等……报刊协会可否从全局考虑来解决这个问题，这对提高文化素养和工作效率，促进语文规范化，都有很好的作用。"《中国语文》编辑部也非常重视语文规范化的问题，在《中国语文》和《中国语文天地》上分别开设了"语文评论"和"前哨"栏目。吕先生带头写了许多有关语文规范化问题的文章，有一些还在《光明日报》《北京晚报》等报刊上发表。为了满足社会的需要，《中国语文》编辑部还先后编辑出版了《词语评改五百例》（语文出版社1984年版）、《词语评改千例》（语文出版社1992年版）等。前者由《词语评改五百例》编写组编写，参加者未载；后者由《词语评改千例》编写组编写，"后记"载，有我和施关淦、孔晓、隋晨光等先生参加编写。1995 年，新闻出版署为了进一步加强语文规范化的力度，提高报刊的文字质量，首次在它们主管的刊物《中国报刊月刊》上开设“专家指错”专栏，请中国语文报刊协会派人支援。当时，吕叔湘先生是协会的顾问，我是协会的常务理事，于是，我应邀主持了这一栏目。吕先生在栏目上发表了《书面语常见的一些毛病》的文章，以示支持。此项工作历时两三年，大概帮助他们办了三十几期，后由他们自己主持。由于新闻出版署的重视，报刊界出现了讲规范，抓质量的好风气。一些报刊希望《中国语文》编辑部帮助他们把文字关。我和施关淦、姚振武、郭小武、孔晓、隋晨光等先生，应中国邮电新闻工作者协会之邀，参加了他们四届的报刊编校质量的评比工作。我还赴呼和浩特、长春、上海等地为他们举办的编辑、记者培训班和主编培训班讲课。1998 年，中国语文报刊协会先后在郑州、北京举办编辑、记者、新闻干部讲习班，我也应邀去讲课。是年，吕叔湘先生逝世。为了弘扬吕先生的精神，方便读者，尤其是广大的编辑、记者和新闻干部，我主编了《文章病例评改集全》一书。此书近 80 万字，是当时篇幅最大、大谈特谈语病的一部专书。孔晓、白长茂、隋晨光等先生参加了编写。1999 年春，在吕叔湘先生逝世一周年时，书由湖南出版社出版，《中国社会科学报》在刊发纪念吕叔湘先生逝世一周年文章的同时，刊发了这部书出版的消息。我退休后，仍然心系语文规范化的问题。2003 年，我应中国编辑学会之邀，为编校讲习班讲课。2009 年，我又应该会之邀，参加了他们的“编辑作者常用手册系列”丛书《常见语言文字错误防范手册》的撰写工作。我写了“常见语法错误”和“篇章评改”两章，近十万字。此书 2011 年由中国标准出版社出版。

《中国语文》编辑部还积极支持高等院校和科研单位的教学工作。不少先生应邀参加硕博论文的评审和答辩工作，从复刊至今，不下 500 人。侯精一、刘丹青、方梅、沈家煊等先生在这方面做了许多的工作。我也做了一些，参加答辩、评审的硕博学生，也有一二百人。侯精一先生常说，“培养人才，大家有责”。由于这些工作，对语言学科人才的培养、队伍的建设具有重要的意义，因此大家年复一年，乐此不疲。

四　潜心研究　努力著述

《中国语文》编辑部的学人，不仅认真办刊，编丛书，而且还潜心于科研工作，努力著述。吕叔湘先生任主编时，把《中国语文》编辑部的人员分成两班，一班编杂志，一班读书搞科研，轮流换班工作。在吕先生的关怀、支持下，复刊以后，《中国语文》编辑部的编辑，不仅编辑水平有进一步的提高，而且出了不少成果。这些成果，对语言文字学科的本体研究和应用研究都做出了积极的贡献，在学界和社会上颇有影响。从 1978 年至 2011 年，在《中国语文》编辑部工作过的学人，发表的文章不下 300 篇，出版的书不下 50 部（来编辑部之前和调离编辑部之后的成果不计），有几千万字。下面记载的，仅是部分专著。

侯精一：《平遥方言简志》（山西社会科学院《语文研究》杂志增刊，1983 年版）；《长治方言志》（语文出版社 1985 年版）；《晋语研究》（日本东京外国语大学亚非语言文化研究所 1989 年版）；《现代汉语方言音档》（主编）（上海教育出版社 1992~1999 年版）；《山西方言调查研究》（温端政、侯精一主编）（山西高等教育出版社 1993 年版）；《平遥方言民俗语汇》（语文出版社 1995 年版）；《现代汉语晋语的研究》（商务印书馆 1999 年版）；《现代汉语方言概论》（主编）（上海教育出版社 2002 年版）。

饶长溶：《把字句·被字句》（人民教育出版社 1990 年版）；《客家话通用词典》（罗美珍、林立芳、饶长溶主编）（中山大学出版社 1990 年版）；《汉语层次分析录》（北京语言文化大学出版社 1997 年版）。

徐枢：《宾语和补语》（黑龙江人民出版社 1985 年版）；《语素》（人民教育出版社 1990 年版）。

王伯熙：《文风简论》（中国社会科学出版社 1979 年版）。

施关淦：《名词·动词·形容词》（人民教育出版社 1990 年版）。

于根元、张朝炳等：《语言漫话》（上海教育出版社 1981 年版）；于根元、张朝炳、韩敬体：《语言的故事》（东方出版社 1994 年版）；于根元、苏培实、徐枢、饶长溶:《实用语法修辞》(安徽教育出版社 1993 年版)。

苏培实:《标点符号规范用法》(湖南出版社 1995 年版)。

陈刚:《北京方言词典》(商务印书馆 1985 年版)。

张朝炳:《汉语速记》(笔名:张潮)(宁夏人民出版社 1978 年版)。

刘洁修:《汉语成语考释词典》(商务印书馆 1989 年版);《成语源流大辞典》(江苏教育出版社 2003 年版)。

贾采珠:《北京话儿化词典》(语文出版社 1991 年版)。

刘丹青:《话题与焦点新论》(徐烈炯、刘丹青主编)(上海世纪出版集团、上海教育出版社 2003 年版);《话题的结构与功能》(徐烈炯、刘丹青著)(上海教育出版社 2007 年版);《语法调查手册》(上海教育出版社 2008 年版)。

张伯江、方梅:《汉语功能语法研究》(江西教育出版社 1996 年版)。

郭小武:《郑州方言音档》(卢甲文、郭小武编写)(上海教育出版社 1998 年版)。

刘祥柏:《汉语官话方言研究·江淮官话》(齐鲁书社 2010 年版)。

陈丽:《平遥话音档》(乔全生、陈丽编写)(上海教育出版社 1999 年版)。

王冬梅:《现代汉语动名互转的认知研究》(中国社会科学出版社 2010 年版)。

隋晨光(主编)、孔晓、丁欣兰:《〈中国语文〉索引》(1952~2002)(商务印书馆 2004 年版)。

沈家煊:《语法化与语法研究二》(论文集)(沈家煊、吴福祥、马贝加主编)(商务印书馆 2005 年版);《语法化与语法研究三》(论文集)(沈家煊、吴福祥、李宗江主编)(商务印书馆 2007 年版);《认知与汉语语法研究》(商务印书馆 2006 年版)。

林连通:《永春方言志》(林连通、陈章太著)(语文出版社 1989 年版);《泉州市方言志》(社会科学文献出版社 1993 年版);《建瓯话音档》(林连通、潘渭水编写)(上海教育出版社 1998 年版);《福建人学习普通话指南》(主编)(语文出版社 2001 年版);《文章病例评改集全》(林连通、陈炳昭主编)(湖南人民出版社 1999 年版);《中小学常用字三用字典》(陈炳昭、林连通、张仪卿)(花山文艺出版社

1990 年版）；《近义词反义词详解辞典》（陈炳昭、林连通、张仪卿主编）（湖南出版社 1996 年版）；《学生古汉语词典》（林连通、陈炳昭、张仪卿编著）（江西教育出版社 2000 年版）；《新世纪汉语多用词典》（主编）（湖南人民出版社 2003 年版）。此外，还担任了《中国语言学年鉴》（1995~1998）（语文出版社 2002 年版）主编、《中国语言学年鉴》（1999~2003）（商务印书馆 2006 年版）执行主编、《中国学术年鉴》（人文社会科学版，2004 年卷，中国社会科学出版社 2005 年版）副主编、《中国学术年鉴》（人文社会科学版，2005 年卷，中央编译出版社 2006 年版）副主编兼编辑部主任、《现代汉语使用手册》（中国社会科学院语言研究所《中国语文》编辑部编）（北京出版集团、北京出版社 2009 年版）主编。

《中国语文》编辑部的科研之风甚盛。在职的努力著述，勇攀高峰；离退休的，还在发挥着余热，笔耕不辍。陈治文先生虽已至耄耋之年，还在《中国语文》2010 年第 4 期纪念建所 60 周年的专刊上发表论文《繁台辨》，侯精一、林连通等先生也成果不断，并主持着国家重点项目的编写工作。

编辑是学术、文化的传播者和引领者，也是无名的英雄。《中国语文》编辑部的这些往事，许多已尘封多年，鲜为人知，但体现着《中国语文》编辑部的学人服务国家、社会大局，支持社会科学发展，拼搏向上的精神。为了发扬这一精神，我想，在《中国语文》70 年的发展史上，应当留下这些无名英雄的足迹！

［原刊于周志宽、杨匡汉主编，林连通、郭家申、郎樱副主编，《中国哲学社会科学发展历程回忆（文学卷）》，中国社会科学出版社，2014。收入本书时略有改动。］

作得嫁衣，消得憔悴

刘祥柏

作为《中国语文》编辑部的一名老编辑，我想从普通编辑的角度谈谈自己长期从事学术编辑工作的感受、感想。

编研结合

1997 年 7 月我走出校门，便进了语言所的《中国语文》编辑部，一家享有盛名的语言学期刊编辑部。语言所 1950 年成立，是中国科学院最早成立的一批研究所，1977 年后隶属新成立的中国社会科学院。《中国语文》1952 年 7 月由语言所创刊，著名语言学家罗常培、丁声树、吕叔湘等曾经先后任主编。有这样的名刊、这样的名家、这样的名气，对于一个初出茅庐的年轻人来说，正可谓慕名而来。

刚进编辑部，就有机会耳濡目染前辈先生们流传下来的求真务实的办刊传统。当时的主编是侯精一先生，侯先生经常挂在嘴上的是丁先生、吕先生；说起丁先生、吕先生做主编时的桩桩件件，事情虽然不大，但是一提起来便神情庄重，讲的都是如何认认真真编审校、如何小心翼翼办刊物的事。说老先生们从不摆架子，校对的时候，放下手头其他工作，跟普通编辑一样，从一校、二校到三校，都是从头到尾，一点不落；校改作者的稿子，有时候写的修改意见，甚至跟作者的原稿篇幅一样长；并且编辑、校对、加工稿件的时候，一笔一画，一丝不苟，连标点符号的每个点、每个圈都清清楚楚写出来，从不潦草；老先生们很善于发现稿件有价值的部分，从不吝啬于帮助年轻作者完善不成熟的稿件。

学术期刊的编辑是编研结合的双肩挑模式，既要做专业的编辑，又要做专业的学者。在编辑生涯的几十年中，不断被告诫，仅有编辑能力是不够的，还需要在学术之路上学有专攻；不仅如此，在编辑的位置上有更好的机会可以见多识广，还应该做出更多的科研成绩。

我的专业方向是汉语方言研究，需要做大量的方言田野调查，才有进一步研究的基础。《中国语文》是双月刊，每一期之间衔接紧密，很难有整段的时间可以出差做方言调查，只能见缝插针，化整为零，把一个调查分为多个时间小段，每次抓紧时间做一些短时间的调查，通过多次调查完成一个完整调查的拼图。

调查是为了研究，不过做编辑的工作，并不能总是由着自己的兴趣，想调查哪儿就调查哪儿，想研究什么就调查什么；而是反过来，要考虑编辑工作的需要。编辑工作中经常遇到不熟悉的方言或语言材料，这是家常便饭。此种情形之下，就有必要了解、学习或调查相应的方言或语言，不断积累相关方言或语言的第一手调查材料，熟悉投稿作者的文章所研究的语言或方言。多年来，我调查过吴、闽、粤方言，调查过徽州方言，湘西的乡话等方言；学习一些民族语言、汉语方言，学习一些小语种外语，包括学习梵语、巴利语等，也都并非仅仅出于个人研究项目的需要，而往往是出于编辑工作的需要。打开眼界，才有鉴别，自己做调查研究，才能更好地做编辑，才能有编研结合的基础。

作嫁衣

《中国语文》有三校九读的流水线式编校传统。很多刊物有责任编辑的制度，一篇稿件有一个专责的责编；而在《中国语文》，一篇稿件实际上有多个人相当于责编，有人负责“死校”，有人负责通读，人人都要对此稿件负责。一校、二校、三校加起来，每一篇稿件都有十多人次的校读。所谓流水线模式，就是一位编辑校对或通读完签字后，就要把稿件立即放回稿件台，由下一位编辑如是重复这个流程。每一位编辑都可以到稿件台查看自己之前看过的稿件，看看别的编辑同仁在自己的编校基础之上又看出了哪些问题，看哪些问题是自己之前没看出来甚至是弄错了的，真可谓校对的擂台场，能看得到自己的踌躇满志，也能看得到自己的尴尬冷汗。所谓没有对比，就没有伤害，对比之下，常能给自己领到一记当头棒喝。当然，很多时候是欣慰，这么多人在给一篇稿子把关，如同一众亲人簇拥一位新人，努力为之锦上添花，甘作嫁衣裳。

除了宏观上给稿件把关，在各种细节上还要千锤百炼。仅举一点为例，研究古今中外的语言，难免要引用古今中外的文献或语言材料，核对引文就成了硬杠杠。过去为了查找一篇罕见的引用文献，要费很多力气，现在各种电子文献多了，查验相对容易多了。但是很多作者也容易在这方面栽跟头，仅通过互联网络或电子文献作为引经据典的依据，而较少去查原始文献，疏忽了网络或电子文本存在错漏的潜在风险。有一次，我在校对一篇研究古汉语语法的稿子，作者在学界也颇有名气，其中涉及关键证据的书证例句有十几条，经过逐一查对后，发现里面有七八条例句跟所引文献不完全一致。写信问作者，所用书证为何版本，所列例句有不一致之处，是否有误。作者回复所用版本与我核对版本相同，说是确实粗心大意，不一致的地方全是引用有误，并语带感激，说《中国语文》的编辑真是认真仔细，让稿子避免了很多硬伤。

语言研究当中不仅有观点的阐发，还有大量的论据需要一一罗列，其中不乏各种统计数据。讨论语言的历史演变涉及汉语史或汉语方言的材料，需要对比相关的数据及其比例。有一篇稿件统计相关证据，列出所有字例，并逐一分类统计。我逐一数了字例，发现比作者的统计数字少一个，相差一个字例看似不要紧，却导致后面的所有统计和相应比例数据均出现了数字无法吻合的问题。去信作者，询问究竟是计数有误，还是漏列了某个字例。作者重新核对了一遍，发现字例无误而计数有误，所有统计表格里面的数字需要相应重新计算一遍。虽然这种错误并不影响文章的论证，但是避免了硬伤，避免了低级的失误。

实际上，编辑这种幕后工作不胜枚举。很多时候，作者有时也不甚了了，并不知道编辑究竟做了多少工作。很多作者写完稿子，便不愿再多看自己的稿子，有些鲁鱼亥豖之处，看了多遍，也始终看不出来。有的作者并不了解编辑部的编辑加工校对过程，对编辑的功能和作用甚至存有偏见，以为编辑的主要作用是掌握稿子的生杀大权，决定是否刊用。实际上稿子的生杀大权系于稿件自身学术水平的高低，而编辑之于稿件，如同装修者将毛坯房变成精装房，考虑的是学界的需求，考虑的是读者的方便和作者的“羽毛”。

前不久，一位读者给我发信息说，在一个公众号上看到有一篇发在《中国语文》上的文章，文章参考文献引用自己的名字时，把自己的名字弄颠倒了，由此质疑《中国语文》是否编辑校对时敷衍了事。编辑部立即核查，发现公众号上的文章确实有误，而《中国语文》印刷版与电子版均正确无误。原来公众号所用为作者自行提供的电子原版，其中存在的部分错误作者自己也并不了解；而之前投稿《中国语文》的原稿被采用后，经过编辑部全面的编校和加工，其中的一些错误之处得到更正；编辑部做的这些工作，作者没有全部亲身参与其中，自然也无从知晓。作者的同一篇电子稿件，率先用于《中国语文》，经过了精加工；后出现于公众号，保留了作者原稿状态。这件事让我颇为感慨，编辑部是不是应该办一个校样见面会之类的展览，拿出来一部分稿件的原稿、一校样、二校样、三校样，摆放出来，请作者本人参观感受一下，看看自己的稿件有人甘心奉献为人作嫁之后是如何更加完善的。

人憔悴

《中国语文》是双月刊，论文刊载量大，刊登的文章覆盖语言学各个研究领域，在语言学界的影响举足轻重。《中国语文》办刊时间长，在语言学界占据特殊的地位，这是历史形成的，也是作者、编者共同努力之下形成的。

《中国语文》获得过中国出版政府奖，获得过中国社会科学院历届优秀期刊奖，也获得过历届最具国际影响力学术期刊奖，被中国社会科学评价院评定为语言学权威期刊，这些奖项或评价是对刊物学术水平的肯定，也是对编辑部工作的肯定。编辑部各位同仁看重刊物的学术传承作用，看重当年那些老先生们的殷切期望，唯恐期刊在自己的手中中道败落，编辑工作始终秉持求真务实的宗旨，始终坚持认真仔细、如履薄冰的态度。身在其中，冷暖自知。受这种传统的影响，身为编辑人员，深知奉献精神是编辑工作的处世哲学。“板凳坐得十年冷”本来是说做学问的态度，做编辑仿佛更是自带这种宿命，为伊消得人憔悴而不觉有他。

《中国语文》早在2000年前后就遵循国际惯例，采取双向匿名评审的机制，既落实了公平公正的用稿制度，又减少了编辑部遇到的各种干扰，减轻了承受的负担，各位编辑可以全心投入稿件质量的提高方面；同时早早形成了良好的风气，学界有了口碑，了解《中国语文》的这种制度和风气，相应也容易断了人情稿的念头。《中国语文》用稿不考虑作者的名气，只考虑稿件本身的学术水平。如果一定要说有所倾斜的话，长期的传统是扶持名不见经传的青年学者，这个传统至今未变。很多老学者回忆，自己发在《中国语文》第一篇论文往往也是他们步入学界的开端，作为青年学者受到极大的鼓舞，因此走向学术之路。最近十多年，《中国语文》编辑部主动举办青年学者论坛，倾听心声，把握研究动态，了解他们的研究成果。编辑部主动与学者们广泛交流，为进一步提高刊物的学术水平而共同不懈努力。《中国语文》编辑部规定编辑与作者之间只能通过投稿编审系统进行公事公办的联系，而不允许在编审环节出现任何形式的私下联系，杜绝编审环节出现任何形式的私相授受或用稿不正的风气。编辑部的努力与编辑同仁的坚持，使得《中国语文》的匿名评审机制在这20多年间能够行之有效，形成良性循环。

《中国语文》编辑部也一直重视年轻编辑的工作与生活。在当年，编辑部里的老先生们每逢有酬劳分配的时候，常把自己的一份主动降低，留给年轻的编辑同仁。他们的理由也很简单，老人工资比新人高，即使编辑工作量比年轻编辑更大、编校质量更高，也愿意把酬劳多分一些给年轻的编辑。这种内部机制传承至今，对于编辑费或绩效考核等，《中国语文》一向不论资排辈，年轻的编辑享有跟主编、主任同等的待遇。这也是《中国语文》编辑部薪火相传的初心，把利益多留一些给年轻编辑，也希望他们将来能够代代相传，消得憔悴，不悔当初。

成就感

一个学者的成就感源自学界的认可与评价，一个学术编辑的成就感应该是源于编辑成就与学界的认可。只不过在现实方面，对于学术编辑来说，两者工作性质之间的内在冲突，两者成就感之间的巨大落差，却令人不无忧虑。

学术编辑必须是优秀的学者，同时又是优秀的编辑，承受着双重的工作压力。对学术编辑采用非学术类普通编辑的评价方式来评价，是学术编辑难以获得成就感与荣誉感的重要原因。普通的科研人员可以通过学术评价体系对相关的研究成果加以鉴别、鉴定，如出版或发表优秀学术成果、获得学界奖项等，都可以得到学界的高度认可，从而获得成就感和荣誉感。学术编辑的评价考核方式本应该按照学术编辑的特殊方式进行考评，即考核学术编辑在期刊编辑工作中的学术贡献；但目前的现实是，学术编辑的考核主要是依据科研成果进行考评，迫使学术编辑额外投入大量时间和精力在个人的科研方面做出成果。而另一方面，现有的诸多规定又削减学术编辑的科研经费。学术编辑的本职工作是必须全力做好学术编辑工作，但个人考核看的不是学术编辑成就而是科研成果，学术编辑对学术期刊特有的学术贡献无法体现，往往只能按照编辑校对工作量进行计件或计时考核。实际上，学术编辑的成就不在于编辑工作时间的长短，而在于通过学术论文的编辑加工有助于学术论文质量的提高，有时甚至有点石成金的重要作用，这些方面正是学术编辑拥有成就感、自豪感的重要因素，但在目前的考核体系完全无法体现，学术编辑自然也就无法通过考核获得成就感与荣誉感。学术编辑合力编辑学术期刊，本身就如同开展长期的科研项目，其贡献在于学术贡献，而不是劳务贡献。单纯考核学术编辑的科研成果或单纯考核学术编辑的编辑工作量，都是失之偏颇的；再加上削减或砍掉学术编辑的科研经费，人为加剧了学术编辑的工作难度，更让学术编辑难以获得相应的成就感与荣誉感。编辑部吐故纳新，需要新生力量，如何让编辑新人有获得感，有成就感，有荣誉感，甘愿一辈子为他人作嫁衣裳，甘愿奉献终身，让编辑部后继有人，长期可持续发展，就成了摆在编辑部面前的头等大事。给学术编辑造成的种种困惑，形成长期的挫折感，反过来会影响学术期刊的良性发展与长期提高，这些方面的问题都值得进一步思考与研究。

（原刊于崔建民主编《“作嫁衣者”说——中国社科院学术期刊编辑心声》，社会科学文献出版社，2022。）

我与《中国语文》结缘

沈家煊

《中国语文》诞生的那年，我六岁，还在上海上幼稚园，想不到以后的人生会与《中国语文》结缘。我的毛病是不上心记事，所以回忆是点滴的，还有一半是随想。

与《中国语文》结缘，首先我是它的读者。我研究生毕业留在语言所工作，在《国外语言学》研究室，了解到《国外语言学》的前身《语言学资料》曾经是《中国语文》的附属刊物，从而领悟到介绍和引进国外的理论和方法，不能为引进而引进，什么新引进什么，引进要有为汉语研究服务的意识。现在时移境迁，这个意识还是要有的。从那时起我成为《中国语文》的忠实读者。历年的《中国语文》按年份整理排放，占我书架很多空间。书房里堆满了书和杂物，有时要找本书很困难，找不到只好暂时放弃，而要找一期《中国语文》还是很容易的。可惜的是缺 20 世纪五六十年代的《中国语文》，有次在潘家园旧书地摊发现一本五几年的合订本，就赶快买下来。

现在翻翻五六十年代上面刊登的文章，还是觉得很有意思，很受启发。近年做研究，发现陆志韦先生——他可是语言研究所的老前辈了，是语言所的一级研究员——发表的两篇文章，读后感到，要是早一些读到并重视这两篇讲的内容，我做汉语语法研究就不至于醒悟得这么晚了。一篇是 1955 年的《对于单音词的一种错误见解》，对他 1951 年出版的《北京话单音词词汇》作反思，承认用同形替代法离析出来的单音词其实有很多仍然是语素不是词。中国社会科学院学者文选之一的《陆志韦集》没有收录《北京话单音词词汇》，但是收录了那篇论文。邵荣芬先生在“编辑的话”里称赞陆先生，这种自我反思、一味求真的态度体现了一个科学家的本色。陆先生发明的同形替代法，得到美国结构语言学大师哈里斯的赞赏，说跟他的“切分–归类法”是一致的，但是陆先生说自己是从古代对对子的方法得到启示，同形替代法是“民族形式”的结构分析法。另一篇是 1962 年的《从“谓语结构”的主语谈起》，里面说“西洋的描写语言学，骨子里还不过是印欧语的语言学，对我们的帮助只能是有限的”，指出汉语语法学界还没有对“句子”的概念作认真的反思，特别提到对“我们先读论语孟子”一句的分析，说第一刀切在“我们”后那是先肯定了一个欧式的主谓句，但是汉语习惯的切分是第一刀切在“先读”之后，因为谓语结构（现在叫动词短语）做主语在汉语里是常态。文中还提出“句字”的概念，一个字为一个句子。我在想，赵元任先生 1968 年《中国话的文法》里对汉语句子结构的看法很可能跟陆先生的这篇论文有关，做中国语法学史的人可以去考证，哈里斯得知陆志韦的同形替代法，好像是赵元任的中介。

我遗憾无缘见到陆志韦先生，早年读他的《中国诗五讲》，他用英文给外国使节讲解，我深深为他的学识折服；他提到汉语的语序很灵活有如重新洗牌，我印象深刻。又得知我和陆先生都是湖州（吴兴）老乡，听所里老人谈起他在“文革”中的遭遇，不胜唏嘘。

我从荷兰访学回来，吾师赵世开让我在他创办的语言学沙龙上作一次汇报，这个沙龙一直延续到今，没有中断。那次汇报吕叔湘先生也来听，先生当时好像还是《中国语文》的主编，听后发言，开头说，“我老了，国外的情况也许跟不上了”，听了让人动容，至今印象深刻。先生其实一直关注国外语言学的进展，这从他 1987 年发表在《中国语文》上的《说“胜”和“败”》一文就可以看出。当时国外的“作格语言”类型说盛行，先生有透彻的领会并指出，说汉语是或者不是作格语言，那只是一种比附的说法。那篇文章用浅显易懂的语言把什么是作格语言讲得清清楚楚，我从中学到，学习国外的理论如果不能跟汉语的实际紧密结合，那就不算真正学到手。

我是《中国语文》的作者。为了写这篇纪念文，我查了一下，从 1986 年发表第一篇《“差不多”和“差点儿”》起，到 2021 年的《动主名谓句》，一共有 22 篇之多，其中有两篇是跟我的学生合写的。这里有近水楼台先得月的原因，不值得骄傲。我在学术生涯上的成长离不开编辑部的一些老编辑、老领导对我的提携。吕先生之后，侯精一先生曾长期担任主编，我前期的论文大都是侯先生当主编的时期刊发的。记得侯先生当主编的初期，每一期发稿前都到吕先生的家里去汇报。有一次他从吕先生家回来后找我，我有一篇拟发的文章，现在记不清是《“判断语词”的语义强度》还是《“语义的不确定性”和不可分化的多义句》了，他要我说说那篇东西到底讲的什么。我想一定是我在文章里没有表述清楚，提要部分可能就没写清楚，惭愧不已。但是侯先生还是给刊发了，我很感激。

顺便讲到文风，《中国语文》提倡的文风，是朴素的文风。我深深折服于吕叔湘先生的文风，读先生的《汉语语法分析问题》，感到，能把深刻的道理表述得如此浅显易懂，适当的欧化又不失汉语本色，真是无人能及。比如，书中在讲到词类转变的时候说，“同类的词都能这么用的不算词类转变”，是指动词既然都可以充当主宾语，就不能说动词转变成了名词。这实际是在讲语法研究的“简单原则”。现在一般人写论文学西方，爱提这个原则那个原则，吕先生从来不提什么原则，用通俗易懂的话把道理讲清楚。我现在越发感到，写论文先是把思绪理清，然后用清晰的文字表述，好像是两个步骤，其实是一个步骤。如果你不能用清晰的文字表述出来，那表明你的思路还没有真正理清。在文风和表述上，在吕先生面前我永远是小学生。

我结识的老编辑里还有徐枢先生，高高的细长身材，戴一副深度近视镜，说话总是不紧不慢，没有见他跟谁厉声说过话。姜还是老的辣，徐先生的文字功底了不得，他默默地为作者作贡献。有一次他拿了我要刊发的一篇文章来找我，哪一篇记不清了，指着里面的一句话说，“从意思上看，你好像应该这么说”，他就给我改了一个字，说这样意思就通顺了。我一看果真如此，惭愧不已，连声道谢，真是一字师啊。徐先生的博士生任鹰，在做论文的时候常来找我讨论问题，徐先生从不干涉甚至是鼓励的，这是徐先生的大度，学术胸襟开阔。我主持语言所工作时期，考虑到中文信息处理和外国人学汉语的需要，给词典标注词类的呼声很高，于是决定给《现代汉语词典》标词类。我找徐枢先生来主持这项工作，他欣然答应了，开了几次专家咨询会，徐先生发表的意见总是合情合理，我很佩服。现在回顾，标注词类的工作虽然做成了，但是有利有弊，功过得失只能由后人来评说了。怎么个标注法，当时有两种意见，一种是要标得细一点，词的类别多一点；一种是宜粗不宜细。所幸的是，我跟徐枢先生交换意见，取得一致，偏向胡明扬先生坚持的宜粗不宜细。《现代汉语词典》的词类标注还有改进的余地。

老编辑里我熟悉的还有施关淦先生。中等身材，慢慢的步伐，说话也是不紧不慢，但有时也会加重语气说话。所里碰头的日子，施先生常到我们国外语言学编辑部来聊天。在语法研究上我们有共同的兴趣和关注点，他发在《中国语文通讯》和《中国语文》上的两篇文章对我有重要的影响。前一篇是《“这本书的出版”中“出版”的词性》，后一篇是《现代汉语的向心结构和离心结构》。私底下他告诉我，有一次开现代汉语语法学术讨论会，针对朱德熙先生“出版”做主宾语的时候仍是动词的观点，他提出这会违背向心结构的定义，当时朱先生听了一愣，觉得确实是个问题，所以后来专门写了一篇文章企图重新定义向心结构。朱先生的这个回应仍然不能使他满意，施先生就又写了上面说的后一篇文章。我也敬佩施先生的为人，他的太太长年患病，治病要用玉米棒子的须须，他就亲自到乡下去收集，带着麻袋，回来跟我们讲他的经过，夫妻情深，听了很感动。徐先生和施先生都已作古，他们俩的音容笑貌还时常在眼前浮现，我很怀念他们。

作为作者，我 1995 年在《中国语文》上发了篇《“有界”与“无界”》，发表后有一位至今不认识的老先生给我写了封信，密密麻麻的工整小字写了十几页，谈他的感想。这只能说明《中国语文》有广泛的影响力，不见得我的文章有多好。这篇文章后来得了个中国社科院的优秀科研奖，我一再说这是提拔了我。现在回想，这篇东西无非是借鉴国外认知语言学家兰格克的成果，讲了名词和动词在汉语里也有界性上的平行关系，有一点新贡献就是把形容词也加到平行的行列中来。汉语形容词有重叠和非重叠两种形式，西方语言没有，所以兰格克意识不到。我对这篇文章的自我评价不是很高，但是通过写这篇东西我领悟到，注意汉语的形式特点可以为语法理论添砖加瓦，跟国外同行对话。

我当过一段《中国语文》的主编，是接侯精一先生的班。我主持语言所的工作后，事务多头绪多，要感谢侯先生为我分担重荷，在一段时间里仍然主持编辑部的工作，尽心尽力。记得刚加入编辑部的时候我还参加校对工作，后来他们看我忙就不叫我参加了。编辑部有一套长期形成的严格的编审校程序，所以我也用不着太操心。只是遇到一些有争议的文稿用不用，要我拿个主意，每一期篇目的排序让我定夺。记得丁邦新先生来稿，总是同时给我来封信，并叮嘱编辑不要轻易作文字改动。丁先生来稿我们求之不得，也解决了常缺头篇文章的烦恼。有人反映编辑部的审稿流程太长，有拖拉的情况，有一段时间我发现刊登的文章晦涩难懂，外界也有反映，我就去编辑部督促改进。除了做这些工作没有其他贡献，我实在是有愧当这个主编。有人几次敦促我改组编委会，我总是下不了决心，新陈代谢是一般规律，但是要淘汰老的又觉得不舍。我现在还是编委会的成员，但也没有尽到责任，偶尔审一两篇稿子，大家体谅我精力体力不济，我很感谢。

兼容并蓄、提携后进、提倡好的文风，这是《中国语文》的优良传统。过去常见不同观点的争论，现在少见了。我当主编时候，遇到与我观点不同的文章，年轻人写的，我也同意刊发，但总的来说对学术争论不够重视。现在刊登的文章，特别是研究语法的文章，长的居多，还越来越长，我自己就没有带个好头，以后要改进。

以上就是我与《中国语文》结缘的点滴回忆和随想。我衷心祝愿《中国语文》继承优良传统，发扬光大，与时俱进，为中国的语言学做出新贡献。

《中国语文》往事杂忆

苏培实

1956年9月，我从复旦大学毕业，分配来语言研究所工作。我们同来的有五位，三位学语言专业的，我和潘慎同志是学文学专业的。吕叔湘先生在给我们分配工作时让我们两个学文学专业的先到《中国语文》编辑部工作一两年，以后再到专业组室去。吕先生的想法是，因为我们在学校有关语言的课程学得少，而《中国语文》编辑部像语言学的一个门市部，是语言学的一个窗口，信息多，容易熟悉"行情"，先在这里工作一两年，对以后的业务工作大有好处。吕先生当时有个打算，即新分配来语言所工作的大学毕业生都先在编辑部工作一两年，然后再分配到专业组室里去。我和潘慎同志以及稍后由南京大学中文系毕业分配来语言所的郑达同志，就是接替先于我们在《中国语文》编辑部工作的刘坚同志、边兴昌同志和陈祺瑞同志的。但由于阴错阳差，吕先生的主张没有能坚持贯彻，我也一直留在编辑部，为广大的读者、作者们"打杂"服务到今天，成为在《中国语文》编辑部连续工作时间最长的人。三十六年过去了，真是弹指一挥间。三十多年来，我也的确在广大的读者、作者和周围同志朋友的帮助下，学到了不少东西，走进了语言研究的殿堂。

《中国语文》创刊四十周年了，值得说的事确实不少，然而1978年复刊以后的各种情况，大家都比较熟悉，况且已有许多人从多种角度写文章做了介绍，不需我在这里赘说。但是1966年停刊前的那十四年，却让人感到往事茫茫，印象不深了。即使像我也不知道该说些什么才更有意义。下面几件事在我脑子里留下很深的印象，写在这里，或许能勾起年长一些的语文工作者的美好回忆，帮年轻一些的同志增加对《中国语文》的历史的了解。

1. 编委会。《中国语文》从创刊时就组织了一个强有力的编委会。我刚到编辑部工作的那些年，编委会每月都要开会，编委们有职有权，刊物的大政方针、组稿、编辑计划都由编委会讨论决定。20世纪50年代的《中国语文》是月刊，编委们轮流值班，编辑部按计划集好每期的稿件后，先送值班编委审查，然后召集全体在京编委开会，由编辑部逐一报告该期稿件的情况，让编委们讨论，最后定稿，由编辑部对稿件进行文字和技术加工后送出版社发排。编委会每次开会，除了讨论该期稿件外，也讨论有关刊物的其他事宜。总之，刊物对稿子的取舍是相当民主的。谈到编委会，我以为不能不谈一下《中国语文》杂志社已故的、唯一的社长韦悫同志。韦老是《中国语文》创刊时成立的《中国语文》杂志社的第一任社长兼编委。1960年，《中国语文》改组编委会，韦老仍然担任社长，直到1966年那场史无前例的浩劫迫使《中国语文》停刊为止。韦悫同志当时身为教育部副部长，但待人那么和蔼热情，对《中国语文》的工作尤为积极、主动，从各方面去关心她，支持她。他给《中国语文》撰写过多篇社论、评论；每次开编委会，他总是最积极的参加者之一。20世纪50年代，北京市的交通还没有现在这么方便，每次开编委会，总有几位编委为赴会的交通问题犯愁。韦悫同志当时就享有专用小卧车的待遇，他每次来编辑部开编委会，总要顺道或特地绕道去捎带几位出行不很方便的编委，一道来开会，而且总是事先通知编辑部，好让编辑部有个安排。除了开会以外，韦悫同志有时会独自来编辑部，看看编辑部工作人员，问问编辑部的工作情况、有无困难等问题，有时还提提他对工作的建议。韦悫同志对《中国语文》这么关心，同编辑部的关系这么密切，那么多年，除了因为需要，编委会或编辑部要他为刊物写社论或评论外，他从没有利用他的地位和职权给编辑部硬塞过他的熟人或亲朋好友的关系稿件。现在想想，真是让人倍感钦敬。韦老已经作古了，但是他生前对《中国语文》所倾注的热情，还是很值得我们怀念的。

2. 编辑部。《中国语文》从创刊的时候起，一直有一个很好的、很和谐的编辑部，不管人多时还是人少时，关系总是很融洽，工作总是很认真。我来到编辑部时，编辑部已经有一套比较严密的工作制度，稿件的运转，各种信件往来，都有严格的管理登记，那么多年，我不记得有哪位作者的稿子被丢失过。编辑部给每个同刊物有过交往的作者都立有户头，保存了有关该作者的一些基本信息，比如通讯地址、工作单位、发表作品的情况等。这些工作，绝大部分是当时负责稿件出纳的诸世德同志做的，她的辛勤劳动，给编辑部提供了多少方便！那时候，编辑部的工作人员不多，除了按期编发《中国语文》外，为了活跃学术空气，促进学术活动，十几年间还编发了几十本丛书，工作是相当紧张的。那些年月，政治运动多，有时连着几个星期甚至几个月地搞政治运动，编辑部的同志总是白天参加政治运动，晚上加班编校《中国语文》，从没有因为政治活动多而使刊物误过期。1962 年以前，《中国语文》出的是月刊，周期短，工作就显得更紧张。那时候，编辑部每周有开例会的制度，交流一些工作中的情况和问题，有话则长，无话则短。但是在每一期刊物签字付印后，编辑部的同志总是要聚在一起，一方面说说笑笑，轻松一下；另一方面则利用这个时间，回忆一下刚付印的刊物的编校过程，看看有无漏洞或毛病，这或可算是个总结。紧接着就得商量下一期的集稿。编辑部的集稿很民主，一部分稿子是按计划约作者写的，或是从来稿中选取的；另一部分稿子或有时效性，或为次要一点的，常常是临时凑起来的。

20 世纪五六十年代，编辑部还建有一个颇具规模的通讯员网。编辑部关心全国各有关高等院校的语言教学和科研情况，通过通讯员网和广大作者、读者沟通，使刊物最大限度地满足语文教学和科研工作的需要。通讯员们为办好《中国语文》出过不少力，起过不可替代的作用，许多老通讯员几十年来一直是教学和科研第一线的骨干力量，我们正是怀着感激的心情来回忆这些通讯员同志们的。

20 世纪五六十年代，先后在编辑部工作、为《中国语文》效过力的，除了前边提到过的以外，还有郑之东、周定一、陈治文、张人表、王显、宁榘、彭楚南、张朝炳、马贵英、沈士英、龚千炎、麦梅翘、廖珣英、陈章太、区伯伟、杨耐思、范方莲、陈建民、金有景、侯精一、王伯熙、于根元、张惠英等同志，已故的徐萧斧在语言所工作期间曾帮编辑部审阅有关现代汉语语法的稿件。《中国语文》取得今天的成绩，有这些同志辛勤工作所做的贡献。

3. 出版社。《中国语文》从创刊起到 1960 年底是由人民教育出版社出版的，这是一段很让人怀念的、愉快的合作。那段时间，编辑部只管刊物的编辑和每期三次校对工作，出版和发行事宜，包括同印厂和邮政报刊发行局的往来，全部由出版社负责，出版社则指定廖剑芳同志专门管《中国语文》的事。那个年月，出版者是名副其实的出版者，除了负责出版发行事务外，还付给刊物作者稿费、编辑部的编校费，没有听说过承担出版任务的出版社向刊物收取管理费的。廖剑芳同志的责任心很强，她协调着有关各方在工作中更好地合作。每期刊物的排印日程都是由她安排的，几方同意后，她总是按日程严格执行。每期发稿前几天，廖剑芳同志总要先给编辑部来电话，询问该期稿件准备的情况，有无困难，有什么需要特殊处理的问题（比如特殊的字需要刻或预做图版），等等。待到了发稿日期，编辑部把加工好了的稿件交通讯员送给出版社的廖剑芳同志后，别的事就没有了，就等着印厂排好看校样了。至于校样能不能按时出来，也用不着编辑部去操心，到时候出版社准能把校样送到编辑部。编辑部按规定的日程运转，一个校次校对完毕，把红样退给出版社，出版社自会送印厂改版。改好后，出版社又会把新的一次校样送来编辑部；到最后一个校次，则由出版社廖剑芳同志安排并陪同编辑部的人员到印厂去核红，然后签字付印，这常常要在印厂干上一整天。付印后，编辑部就等着出版社送样书了。一般情况，编辑部总能比一般读者早三至五天看到印好了的刊物。

4. 印刷厂。《中国语文》从创刊起，除了 1960 年末三期和 1961 年头两期外，其他的都是在北京京华印刷厂（现在的北京新华二厂）印刷的。这个刊物一直有比较好的印刷质量，是同印厂新老几代师傅辛勤的劳动和高超精湛的手艺是分不开的。尽管 20 世纪 50 年代编辑部在工作中不同印厂发生直接关系，而是通过出版社沟通、协调与印厂的关系，但是长期的合作和工人师傅对工作的责任心，使编辑部和印厂建立了极为良好的协作关系。那时候，似乎大家只有一个心眼，一切活动都是为了把刊物办得更好。于是工作中相互关照、相互体谅的事所在皆是。举例说，有时编辑部约好了的稿件未能及时送到，耽误了印厂的排版日期，或者是一些时效性的稿件需要等待，也耽误了印厂的排版时间，凡是碰到这种情况，印厂总是用一种谅解的态度，调整自己的工作，以适应刊物按时出版的需要。印厂工人师傅的责任心还表现在如下的事情上，即有时刊物已经核红签字，上机印刷了，但当工人师傅发现某处校对可能有误时，总是停机并打电话来编辑部核对，直到把错误改正了才再开机印刷。这种责任心，就是到现在想起来，还是让人肃然起敬的。

《中国语文》走过四十年了，刊物所以能以今天的面貌摆在读者面前，我总以为同这四十年来所有为《中国语文》出过力的同志们的辛勤劳动是分不开的。今天，在工作碰到困难时，我常常会想到前面所提到的那些人和事，并总是能从那里得到帮助和力量。

（原刊于刘坚、侯精一主编《中国语文研究四十年纪念文集》，北京语言学院出版社，1993。）

《中国语文简报》和《中国语文通讯》

于根元

1978 年 5 月 10 日，《中国语文》出版了复刊后的头一期。8 月 25 日，《中国语文》的补充刊物《中国语文通讯》接着出版了。这一年的 5 月 10 日到 9 月 9 日，编辑部还编写印发了 11 期《中国语文简报》（以下简称《简报》），就上面两个杂志的有关工作和语言学界的一些重要情况向有关方面报告并说明自己的意见。《简报》由陈章太同志分管，我做了一些具体工作。《简报》的内容由大家提，有时候由提的人起草，有时候请更合适的人起草，大家都参加这件事。

11 期《简报》里，5 月 17 日的第 4 期送给比较少的有关领导同志和有关部门。其余 10 期送的面比较广，一般送到了《中国语文》的通讯员。这 10 期编写的时间和标题是：

第 1 期，5 月 10 日，《语文工作者批判“两个估计”、商讨语言学科发展规划座谈会的情况》。

第 2 期，5 月 14 日，《词典工作的情况和问题》；

第 3 期，5 月 16 日，《关于语文教学问题》；

第 5 期，6 月 23 日，《〈中国语文〉来稿的情况和问题》；

第 6 期，6 月 30 日，《〈中国语文〉的发行情况》；

第 7 期，8 月 3 日，《关于“统一祖国语言”这个口号》；

第 8 期，8 月 3 日，《关于读者来信的一些情况》；

第 9 期，8 月 25 日，《押题之风不可长》；

第 10 期，8 月 30 日，《语言究竟要不要规范化？》；

第 11 期，9 月 9 日，《北京地区中学语文教学问题座谈会情况报道》。

下面介绍一下第 3、5、7、9、10 这五期《简报》。

第 3 期是《关于语文教学问题》，由陈章太起草。《简报》归纳了许多语文教师在来稿来信中和在座谈会上提出的主要意见。《简报》归纳当时语文教学中存在的主要问题是：一、教学目的不明确；二、缺乏统一的科学性强的教材；三、教学方法陈旧；四、师资缺乏，教师负担过重；五、缺乏工具书、教学参考资料和课外读物；六、社会上一般人对语文的重要性认识不足。《简报》提出了改进语文教学的五点意见：一、组织讨论，明确语文教学的基本任务；二、设立语文教学科研机构；三、加强对学生课外阅读的辅导；四、适当增加师资，有计划地培训教师；五、加强语文重要性的宣传。

这一期《简报》后来在几个地方上的语文刊物上发表了。其中对第一点改进意见的落实，是在 9 月 5 日、6 日，语言研究所和《中国语文》编辑部联合召开了北京地区中学语文教学问题座谈会，吕叔湘先生主持。《中国语文》在当年第 4 期上作了详细报道，还刊登了章熊、张鸿苓、朱德熙、龚肇兰、许嘉琦、张志公、吕叔湘在会上的发言稿。后来在这个基础上，又选了几十篇来稿，编辑成《中国语文》复刊后的第一本中国语文丛书《语文教学问题》，由中国社会科学出版社次年 3 月出版，印了 30 万册。陈章太、吴昌恒、张朝炳、林连通和我参加了编选工作。

第 5 期是《〈中国语文〉来稿的情况和问题》，主要由苏培实起草。《简报》对 1977 年的 36 篇来稿和 1978 年头五个月的 550 篇来稿，作了分类统计，详细分析了来稿选用率偏低的主要原因，并进一步分析了由此反映出来的那时候语言研究中存在的几个问题。《简报》提出了六点改进的意见。《简报》的部分内容改写后加上别的内容成为《四点希望》，以编者的名义在《中国语文通讯》头一期上刊登了。

第7期是《关于“统一祖国语言”这个口号》，由我起草。《简报》认为当时推广普通话的宣传中颇为流行的这个口号在政策、理论和实际工作方面是不妥的。8月19日，中国社会科学院将其作为第40期简报送给中央领导同志和中央各部门，标题改为《“统一祖国语言”这个口号是错误的》。9月29日，中国文字改革委员会摘了这一期《简报》的内容作为第85期简报发出，标题为《“统一祖国语言”的提法不妥》。后来，这一期《简报》作了改写，我个人署名，刊登在《中国语文通讯》当年第2期上。

第9期是《押题之风不可长》，由林连通起草。改写后由林连通署笔名林波，也发在《中国语文通讯》当年第2期上。

第10期是《语言究竟要不要规范化？》，由徐枢起草。8月24日《人民日报》发表了一封题为《语言是活的东西》的读者来信，许多人给《中国语文》编辑部来稿来信来电话，认为该文的不少观点是错误的，希望及时澄清。我们当然也有同样的想法。徐枢归纳分析了很多方面的意见，用综述的形式写了这期《简报》。后来，基本上没有改动，以编者的名义刊登在《中国语文通讯》当年第3期上。《人民日报》那时候也收到许多类似的信稿等，后来以他们的名义刊登了这一期《简报》的内容，给读者作了一个交代。

那时候，语言学界很多人由此觉得，关于语言规范化恐怕要进一步讨论，要把几个基本问题说清楚。《中国语文》编辑部现代汉语组的同志就此讨论了好几次。后来，由施关淦吸取陈刚起草的稿子的一些内容，写成《有关现代汉语规范化的几个问题》，刊登在《中国语文》1979年第1期上，署名羡闻翰，意思是《中国语文》编辑部现（羡）代汉（翰）语组的文（闻）章。

我从1963年8月进入《中国语文》编辑部，到1984年10月调到语言文字应用研究所，在《中国语文》工作了21年。在《中国语文》，我得到编辑部陈章太、侯精一、张朝炳、陈治文、范方莲、苏培实、饶长溶、徐枢和许多朋友的指导、关心和帮助。在《中国语文》工作很紧张，也很愉快。在纪念《中国语文》创刊四十周年之际，我回顾语言学界不少朋友可能不完全知道的这一部分工作，留下一些文字记录，想让语言学界的朋友对《中国语文》编辑人员的工作有进一步的了解，也以此表示我对《中国语文》杂志以及对《中国语文》编辑部朋友们的感情。

（原刊于刘坚、侯精一主编《中国语文研究四十年纪念文集》，北京语言学院出版社，1993。）

不忘前辈引路人

——在《中国语文》工作留下的记忆

张伯江

《中国语文》创刊至今七十年了，我跟《中国语文》结缘也有超过四十年的历史。1980 年刚进大学读书的时候，陆俭明老师到宿舍来跟新入学的同学聊天，他看我们对专业毫无感觉，就告诉我们，课外要看学术刊物，我们这个专业的刊物就是《中国语文》。我听了陆老师的话，就每期到邮局去买这本杂志。到 1981 年底，我就索性订阅了。从 1982 年起，每两个月，胡同里走街串巷送信的邮递员，给我家送报纸的同时，还会送来新出的《中国语文》。我从上面追着读了“析句方法大讨论”的系列文章，到了 1982 年朱德熙《语法分析和语法体系》刊出，读来耳目一新。尤其是第一次见到谈汉语和印欧语从词组到句子一个“实现关系”一个“组成关系”那两个示意图，似懂非懂之间，大受震撼。

没想到的是，毕业分配时候，老师告诉我，分我到《中国语文》工作。我最大的欣喜就是，可以不花钱看《中国语文》了。

到了《中国语文》编辑部开始工作，感受到的压力远远大于欣喜。首先是工作气氛浓厚，整个编辑部像一部机器，到了这里很快就成了机器上的一个部件，不由分说运转起来。那时我是个不满 22 岁的新人，徐枢、饶长溶先生就手把手地教我怎么综合审稿意见，给作者写修改信；张朝炳先生教我怎么填写审稿单；陈治文先生教我怎么在古书中查找文中引例。贾采珠老师更是技术方面的全才，每一期的编稿、加工、校对、下厂、核红，她是一条龙负总责的，侯精一老师戏称她为“戴红箍的”，侯老师还说，要把我培养成能“戴红箍”的。于是我就跟着贾老师实习每个过程，经常是办公室的红蓝墨水、印刷厂的黑色油墨染了衣裳，洗也洗不掉。一年以后，我真的当起了这个“戴红箍的”，熟悉了编辑部方方面面的业务。

那时的稿件，作者都是手写的。各人书写习惯不一样，所用稿纸大小不一样，字迹不清、体例不一、引文不确等问题比比皆是，每期发稿之前对原稿的编辑加工最为烦琐。所有加工任务完成以后，要用打号机在每页稿纸上郑重打上编号，就可以正式送到工厂排印了。记得有天中午我在贾老师指导下在办公室打号，饶长溶老师走过来说，他一上到六楼，远远听见咣当咣当的打号机响，心里就无比愉快。因为稿子一发排，就意味着一项重要工作完成一个阶段了。

到了校对的时候，全体人员每天来上班，大家流水线作业，每篇稿子的校样至少有四五个人读过。这个传统，《中国语文》至今还保持着。那时办公室都是一个个隔间，上面是相通的，大家各自在自己的小隔间里凝神专注地校稿，发现了问题难免大呼小叫，跟其他同事交流。不论男女老幼，都较上了劲儿，发现别人一个失察，便要得意地嚷出来。几位年纪大的老师甚至为了一个书证反复争吵，直到各自服气了才罢休。那种气氛真的是让人难忘。《中国语文》几十年来差错率一直保持在一个较低的水平，跟一代一代编辑们这种较真儿的精神是分不开的。

最难忘是几位经验丰富的老先生，他们处理遇到的难题时的那种智慧和手段，真的是让人叹服。我曾经跟陈治文先生同处一个小隔间，他是20世纪五六十年代起就在《中国语文》工作的老编辑，经历过这份刊物各个历史时期，见多识广。有一回，遇到一篇文章里有个很大的表格，版面安排的时候无法安置在原有文字的段落下，不得不调整到另一个页码上，而这一调整，跟表格相关的一条注文也要调换位置，全文的注文顺序就全打乱了，我为难之际，就请教陈先生。他前后看了看，就笑了，把校样往桌上一拍，说：“有办法。考考你，你想吧！”我无论如何没想出来，他笑着教我说：你可以把那条附注文字改为表下注啊，这样对其他注文就没有影响了。我大为震惊，真没想到还有这样的妙招！

张朝炳先生年纪更大些，从来所就在《中国语文》工作，校稿子如同火眼金睛，什么差错都逃不过他的眼睛。最让我感动的是，1986 年他退休以后，拿到每一本新出的《中国语文》，都会从头到尾认真读一遍，然后用红笔勾画出每一处失校的错误。他也每次都把他校读过的这本杂志拿到编辑部来，给大家看，每次他发现的问题都在十处以上，让我们十分汗颜。

最难忘的是吕叔湘先生对《中国语文》的指导。《中国语文》1994 年刊登过侯精一、徐枢二位先生的《吕叔湘先生与〈中国语文〉》一文，里边讲了吕先生在确立办刊宗旨、培养作者队伍和重视编辑部自身建设方面的许多具体的事例。1998 年《中国语文》又刊登过署名“本刊编辑部”的文章《沉痛悼念吕叔湘先生》，文中说：“吕先生做主编不是挂名的，而是实实在在地做事。接任主编的那一年吕先生已是 73 岁高龄了，他不辞辛苦、不惜牺牲自己的研究时间，为编出一本高水平的学术刊物和培养一个高水平的编辑部，做了大量工作。”

我到编辑部工作的时候，吕先生还是主编，虽已年逾八旬，仍然具体做着终审、定稿的工作，发现问题就召集编辑部开会。1985 年，先生卸去主编一职，做《中国语文》的顾问。侯精一老师在一篇回忆文章里说：“1985 年吕叔湘先生因年事已高，辞去主编，所里让我当主编。但在最初的两年，稿件取舍还是由吕先生决定。我与副主编在每期的发稿前都要去吕先生家汇报，平时有问题也常向先生请示。”侯老师说的那两年，我是亲身经历了的。在我的感觉中，吕先生对《中国语文》的关心和参与一点不比从前少，仍然是遇到问题就毫不客气指出来，也偶尔还到编辑部召集会议，来“训话”——那时编辑部每两个月开一次工作例会，那两年吕先生是每次都要来参加。

我记得 1986 年 4 月的上半月，吕先生一直在参加全国人大的会议，非常忙碌。他还是在会议的间隙抽空审读编辑部送给他审读的文章。人大会议刚结束，他就来参加编辑部例会。到吕先生讲话时，他很严厉地开口说，从他审读的这篇文章说起，要说说编辑部的审稿问题。他说：我看到审稿单上的收稿日期是 1 月 16 日，而初审所签的日期是 3 月 6 日，也就是说，初审审了 49 天！这是为什么？我们的审稿原则，一定要赶早不赶晚，对作者要有责任感。他提高声音说：“我没耽搁过半个月以上。我也不是不忙。”吕先生这话说出来，会场顿时一点声音都没有，而我也是第一次看见吕先生动怒。动怒的原因，是谈及“对作者要有责任感”，这句话，到现在我还记得当时的声音。

两个月以后的6月中旬，吕先生又如期来参加编辑部例会。三天前我给他送去《中国语文》请他审读的一篇谈古汉语兼语结构分析的文章，他用了一下午一晚上看稿，第二天又用了半天时间写了长达三页的审读意见。来编辑部开会时，他就结合这篇文章给大家讲审稿问题。他重点讲的是，这文章主要论点是正确的，但结论超过材料所允许的范围；像这样的文章，该怎样发现作者的逻辑问题，我们又该怎么提出修改建议。他讲得很细，就像讲了一堂课。像这样听吕先生讲审稿，我就在编辑部例会上听到了好几次，讲的都是审阅有难度的稿子。那时他已82岁高龄，他对一般熟人请他看稿、作序等事一概婉拒，对《中国语文》的审稿却格外认真对待，还把他多年读书思考、查阅文献、分析问题的经验教给我们，我想，这就是他对这本杂志，对中国语言学事业的一种责任感。

吕先生非常关心年轻编辑的成长。20世纪80年代中期，姚振武、郭继懋、杨平、方梅以及我本人先后来到《中国语文》工作，来的时候都还不到三十岁。每个新人来了，吕先生都会要来学位论文看看，然后请到家里问问读书计划和发展方向，然后给出他的建议。他不仅告诉每个年轻同志如何发展既有的方向，还鼓励他们全面发展，做一个出色的学者和业务能力全面的编辑。这几位当年的年轻人，后来都在学术研究上取得了一定的成绩。跟语言所其他在研究室成长起来的青年学者不同的是，我们是真正的“干中学”的一代：从审稿校稿中学选题、学论证、学材料、学文风。《中国语文》的几代前辈学者，通过这本杂志，培养了不少的年轻学者，也培养了编辑部一代又一代的接班人。

回忆《中国语文》

周定一

1952 年 7 月《中国语文》创刊的时候，编辑部由中国科学院语言研究所和中国文字改革研究委员会（即后来的中国文字改革委员会）人员组成，设在文改会内。文改会那时和教育部同在北京西单附近新皮库胡同一个大院里头，而语言所那时在东城王府大街的翠花胡同。每天我们语言所的几个人去文改会和郑林曦、曹伯韩、彭楚南等同志在一起编这个杂志，相处得很好。1955 年初文改会迁到景山东街，编辑部随迁，这个地方和语言所很近了。1955 年底再把编辑部迁到语言所，由语言所单独出人承办，但编辑方针未变，只是为了适应头年底接连召开的几个语言科学和语言工作会议之后的新形势，在任务方面作了些调整。新的编委会仍包括文改会里头的一些专家，社长仍是文改会副主任韦悫。这种合作关系，一直延续到 20 世纪 60 年代初期逐渐改变编辑方针任务，并改月刊为双月刊的时候为止。

社长韦悫是位老教育家，他担任着教育部副部长和文改会副主任两项要职。大家尊称他韦老。他始终重视这个杂志，掌握编辑方针和政治方向，许多社论多半是他亲自撰写的。每次开编委会（常委）都由他主持。社里碰到与外部的纠葛，他每每出面处理。有几次春节期间，社里在小酒楼设便宴，酬谢新华印刷二厂为这个杂志操劳的工人师傅，韦老以主人的身份到场，和工人师傅们杯盏相劝，谈笑风生。

从杂志创刊到20世纪60年代初，韦老确实起了“社长”的作用。

最初编辑委员只9个人，后来慢慢增加。最后多至32人（见1956年第1期“编者的话”），其中有在上海、南京、山东的几位。这么一个庞大的编委会实际上很难运转，只类似“统战”性质，似乎从来没有开过会。能起作用的是常务编委会，总共十来个人，大约每隔两三个月能开一次会，认真听取编辑部的汇报，商谈有关事情。社长之外还设总编辑，最早由语言所所长罗常培先生担任，1955年4月由文改会的林汉达先生（原副总编辑）继任。1957年整风和反右运动以后，总编辑一职无形中取消。事实上，总编辑（主编）的职责落在语言所的几位领导（主要是吕叔湘先生）身上。这样，编辑部要接受三方领导：编委会（常务编委会）、社长、总编辑。“一国三公，吾谁适从”的事似乎倒也没有过，只记得对要不要配合政治运动或政治大事发表社论，有过不同的意见。

20世纪50年代的《中国语文》发表过不少社论，其中有些虽未标明“社论”而内容也是社论性质的。这许多社论大致可以归为三类。头一类是为宣传国家的语文政策和贯彻本刊的方针任务而发的，如《为完成语文工作的三大任务而奋斗》（1956年1月号）、《党的第八次全国代表大会鼓舞我们前进》（1956年10月号）等。第二类是为响应全国性政治运动，可以说，是迫于形势而发的，如反右社论（1957年8月号）等。第三类可以说是对于重大政治事件表态性的社论，如庆祝苏联革命四十周年的社论（1957年11月号）、声讨西藏叛乱事件的社论（1959年5月号）等。对头一类的社论大家没有异议；对第二类的社论如果已经有人提出或已经写好，他人也不便反对；对第三类的社论，编委中每每有人认为与语言学或语言学界无关，可以不必刊发，但多半是“马后炮”。社长韦老对社论抓得很紧，他个人署名的文章多半也是社论性质的。

《中国语文》是为了两项重要的任务创办的：一项是，研究和宣传文字改革；另一项是，发展新中国语言学。这两项任务体现在编辑方针上的时候，文字改革方面所要谈论的范围还比较明确，比较好掌握，而发展语言学所涉及的问题却多得无法列举。而且，既要“传播正确的语文知识”（见创刊号稿约），又要为提高语言科学的水平出力，就是说，要兼顾普及和提高。这样，凡是与语言有关的问题都无所不谈，真是“杂志”。好处是，帮助语言学界把语言学从旧中国的“不做或者反对所谓普及”、只是“国家之崇尚学术”的“点缀”这种狭隘状态中解脱出来，扩大了语言学领域和语言工作者视野。而且，它吸引了许多年轻人参加语言问题的讨论。他们中有不少人逐渐成为我国语言学的骨干力量。记得 1956 年，在中宣部召开的包括本刊编辑部负责人在内的一次小型座谈会上，周扬同志语重心长地说：“搞编辑工作的要善于发现人才，帮助成长。有些人，就像一堆火种在开始冒烟。你扇它几下，就可能吐出火苗，越烧越旺；你不去扇它，就可能熄灭。搞编辑工作就要善于扇火。”他这番话对我们编辑部的同志，尤其对我个人，很有鼓励和启示作用。

平心而论，20 世纪 50 年代的《中国语文》在普及语文知识、参与社会“语言生活”，在贯彻国家语言政策，在促进新中国语言科学的发展、为日后深入研究开拓局面等方面，是尽了力的。而且，作者和读者都比较多，印数曾达到 6.5 万册，一般有二三万册。

当然，缺点也很明显。比如说，语文教学问题，国外（主要是苏联）语言学的介绍译述，国内少数民族语言文字的情况和研究，都不得不管；作家语言，新闻语言，相声、快板语言，京戏语言，音乐语言，以至速记、旗语、盲文，等等，总之，只要与语言有关的问题，都轮番上阵，组织讨论。这样，非但杂，而且势必对许多提出的问题无法深入讨论研究，只能点到为止，作用不大。不见得每期都这么杂，但给人这么个总的印象。记得王力先生 20 世纪 50 年代末在一篇什么文章里（也许是一次讲话中）说道：“我是《中国语文》的编委，可是我不知道它是干什么的。”（大意）这批评够尖锐的。这就好比一片庄稼地，五谷杂粮，什么都种，主粮就显不出来了。这缺点，固然是当时这个杂志的方针任务所致，但也是因为编辑部没有把好关。

力量比较集中的讨论研究是有不少的，如文字改革和汉语规范方面的一些重大问题，从 1952 年开始，都持续展开讨论，为 1955 年底先后召开的全国文字改革会议和现代汉语规范问题学术会议的重大决策和决议，起了一定程度的学术上和舆论上的作用。语法方面，创刊号开始连载的《语法讲话》，可以说是科学性与普及性相结合，提出一个描写、分析现代汉语的新体系，渐为语法学界所肯定，也引起对其中个别问题的不同意见，但没有大的争论。引起热烈争论的是高名凯先生发表在1953年10月号的《关于汉语的词类分别》。高先生的意见本来是冲着苏联学者康拉德《论汉语》的学说而发的(《论汉语》译文头一年在《中国语文》连载数期)，却立即引起我国语法学界的热烈讨论，一直到1956年才慢慢淡下去。几乎在词类问题辩论的同时，兄弟刊物《语文学习》对主语宾语问题开展长期的讨论。词类和主宾语这两个汉语语法关键问题的讨论，牵动了许多相关的语法研究。老一辈的语法学家用新思维、新方法重新研究了旧题目，许多青年也加入争鸣，百花齐放，互相促进。

可是，《中国语文》任务多，版面有限，不可能发表太多的语法论文，尤其是无法容纳某些长篇大论。虽然把一些文章编为专集放到《中国语文丛书》里去，也还满足不了一些作者的愿望，于是被指责为“妨碍百家争鸣”“压制批评”，被告到中宣部甚至国务院去。记得有一次去中宣部参加一个与社会科学刊物有关的会，科学处的负责人于光远同志听汇报，轮到《中国语文》时，我刚一开口，他就说：“你们这刊物的官司够多的了。”我当时倒不紧张，因为早有精神准备。

1956年7月27日到8月1日，以《中国语文》杂志社的名义在青岛召开语法座谈会，全国各地的语言学者四十余人出席，可谓盛会。大家互通了语法研究的情况，交换语法研究的意见(见本刊1956年8月号报道和9月号《语法座谈会纪要》，同年9月号《科学通报》也有《语法座谈记略》)。局外人对这次座谈会抱大希望，以为能解决什么重要问题(如词类、语法体系)。其实，没有论文宣读，没有意见交锋，不要求得出什么结论，或订出什么计划，只是各抒己见“座谈”而已。这次座谈会主要用意在于消除“误会”，减少分歧，加强团结，通力合作发展语法科学。会后在本刊发表了一篇5万多字连载四期的长文《词类的区分和辨认》。并非因为它有多高的学术价值，而是出于非学术性的别的方面的考虑。有人看了纳闷，为什么要用这么多的宝贵篇幅来登这种文章。当时有位在语言所研究汉语的苏联同志就曾向我这样提问，我忘了是怎样回答的了。

《中国语文》创刊的时候我在编辑部，我干了一段时期就调去干别的工作了。

1955年底又回到编辑部，一直干到1960年底才离开。我回忆的只是20世纪50年代自己亲历的一些事情。回忆中的事当然不止这些，但有些事，自己很珍视，别人听起来却未见得有兴趣，就不去谈它了。

（原刊于刘坚、侯精一主编《中国语文研究四十年纪念文集》，北京语言学院出版社，1993。）

朝花夕拾

一 《中国语文》封面

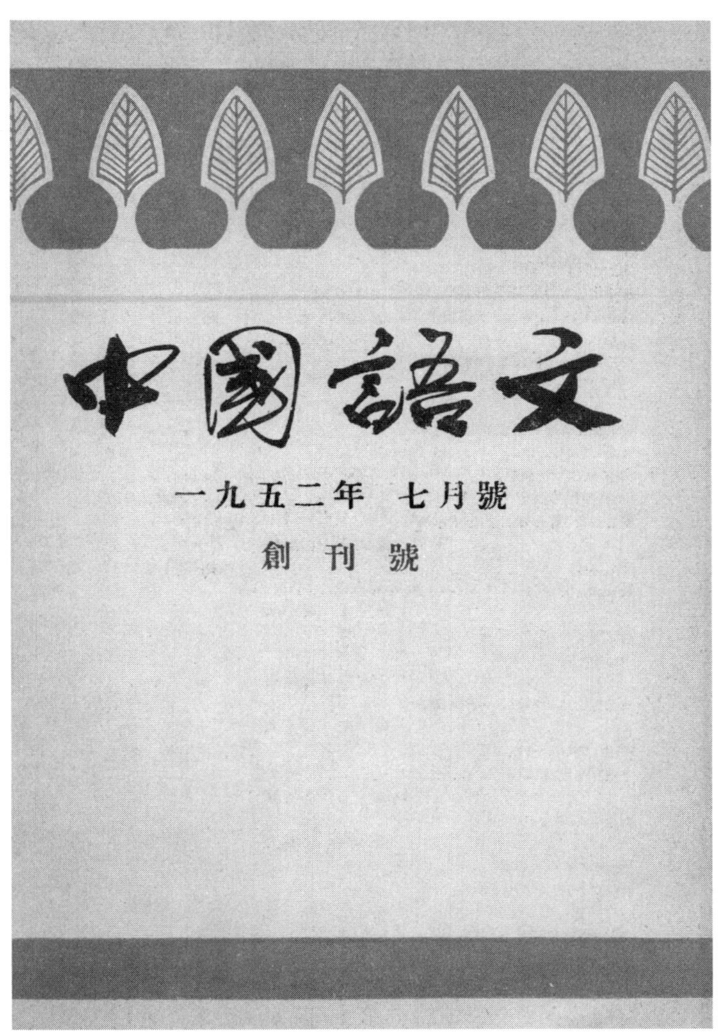

《中国语文》1952 年 7 月号（创刊号）

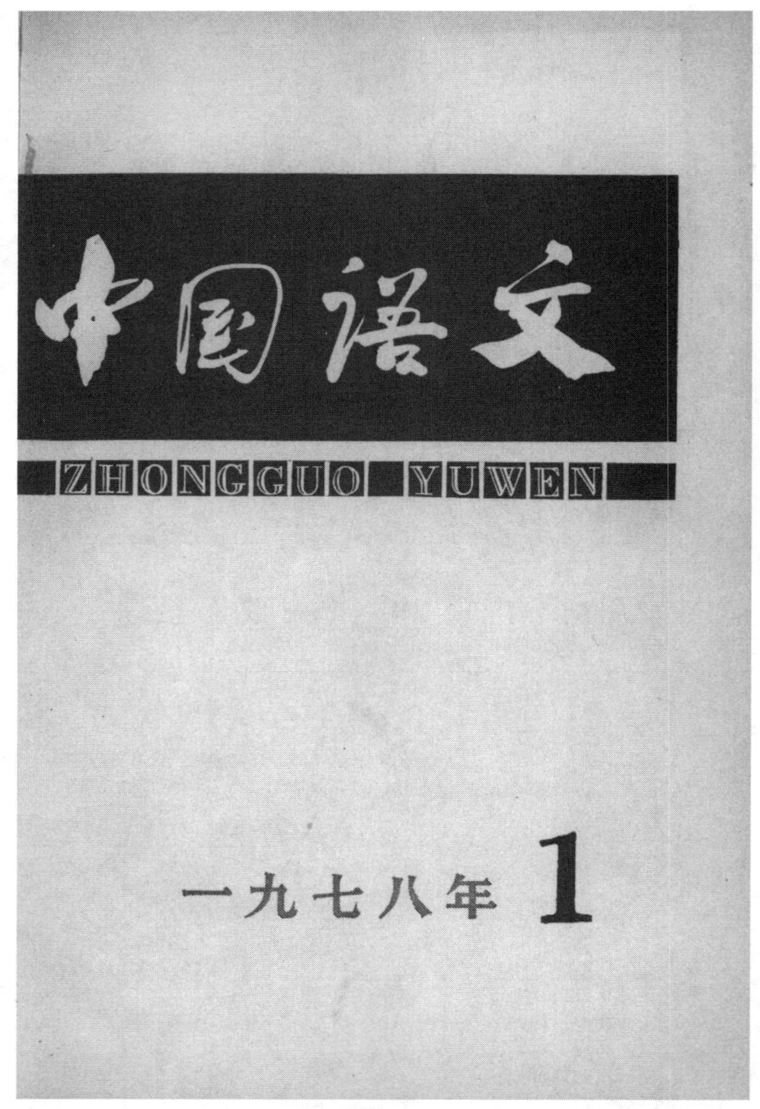

《中国语文》1978 年第 1 期（复刊后第 1 期）

二 《中国语文》编辑部历史资料

原《中国语文》杂志社招牌，郭沫若先生题字

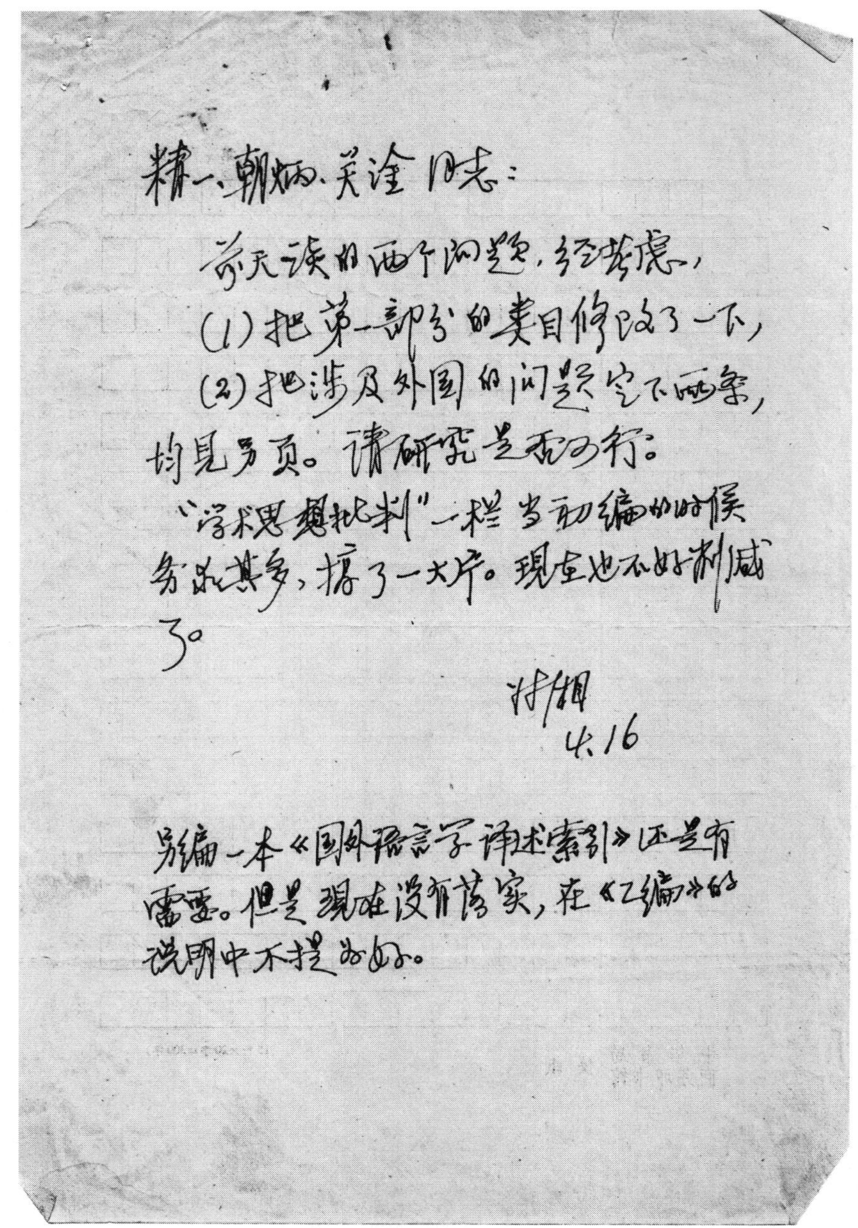

精一、朝炳、关淦同志：

前天谈的两个问题，经考虑，

(1) 把第一部分的类目修改了一下，

(2) 把涉及外国的问题定下两条，

均见另页。请研究是否可行。

"学术思想批判"一栏当初编的时候务求其多，掠了一大片。现在也不好删减了。

叔湘

4.16

另编一本《国外语言学论述索引》还是有需要。但是现在没有落实，在《乙编》的说明中不提为好。

吕叔湘先生写给侯精一、张朝炳、施关淦三位先生的工作信件（第 1 页，共 4 页）

关于国外语言学和外国作者

原索引所收论文以及此次增补的条目大致可分6类：

(1) 中国作者谈中国语言；

(2) 中国作者谈外国语言；

(3) 中国作者谈一般理论和问题；

(4) 外国作者谈中国语言；

(5) 外国作者谈外国语言；

(6) 外国作者谈一般理论和问题。

第(1)类与第(3)类当然收。第(2)类当然不收。第(4)类与第(6)类，原索引收了不少，都是译文。现在考虑一概不收*，因为拿有无译文作收与不收的标准是理由不充分的。只有一种情况要考虑，就是外国作者直接在中国刊物上发表的论文(不是从外国刊物上翻译过来的)，似乎应该收。例如：外国学者在"现代汉语规范问题学术会议"上的发言，《乙编》收了谢尔久琴科(38页)、鄂山荫(38页)、郭路特(110页)、格拉乌尔(16页)，都可以保留。又如夏伯龙论翻译(155页)是在北京大学的讲演，赫迈莱夫斯基《汉语的形态和

* 这样就删出去不少篇。

吕叔湘先生写给侯精一、张朝炳、施关淦三位先生的工作信件（第2页，共4页）

2

的语法问题》（109页）是在語言所的报告，也都可以保留。

第（5）类，原索引未收。《語言学译丛》、《語言学动态》、《国外語言学》里也有一些，不知道此次做了卡片没有。做了卡片也要删出去。

有一个要考虑的问题，就是赵元任、李方桂……等人称不称"中国学者"？我的意见是论血统不论国籍（至少本人出生在中国的），作"中国学者"看待。他们在国外刊物上用外文发表的论文，如果有译文在国内刊物上发表，收。

还有一个将来可能出现的问题，就是中国学者在外国刊物上发表的论文收与不收？我们的大原则是只收国内刊物上发表的，那就只好不收。

总起来说，有四个方面划界问题：

内容：中国境内語言，境外語言，一般理论与问题。

作者：中国学者（国内的，国外的），外国学者。

论文所用文字：中文，外文。

发表场合：中国刊物，外国刊物。

归纳之，可以将原书（乙编）头上的"说明"第一条改写为两条如下：

1. 本书所收论文以在中国刊物上发表的为限，以中国作者的著作为主，酌收外国作者直接在中国刊物上发表的著作。台湾有刊物发表的论文，由于资料的限制，暂缺。

2. 本书所收论文以论述中国境内的語言及一般性語言理论与问题为限，论述国外各个語言的著作不收。

吕叔湘先生写给侯精一、张朝炳、施关淦三位先生的工作信件（第3页，共4页）

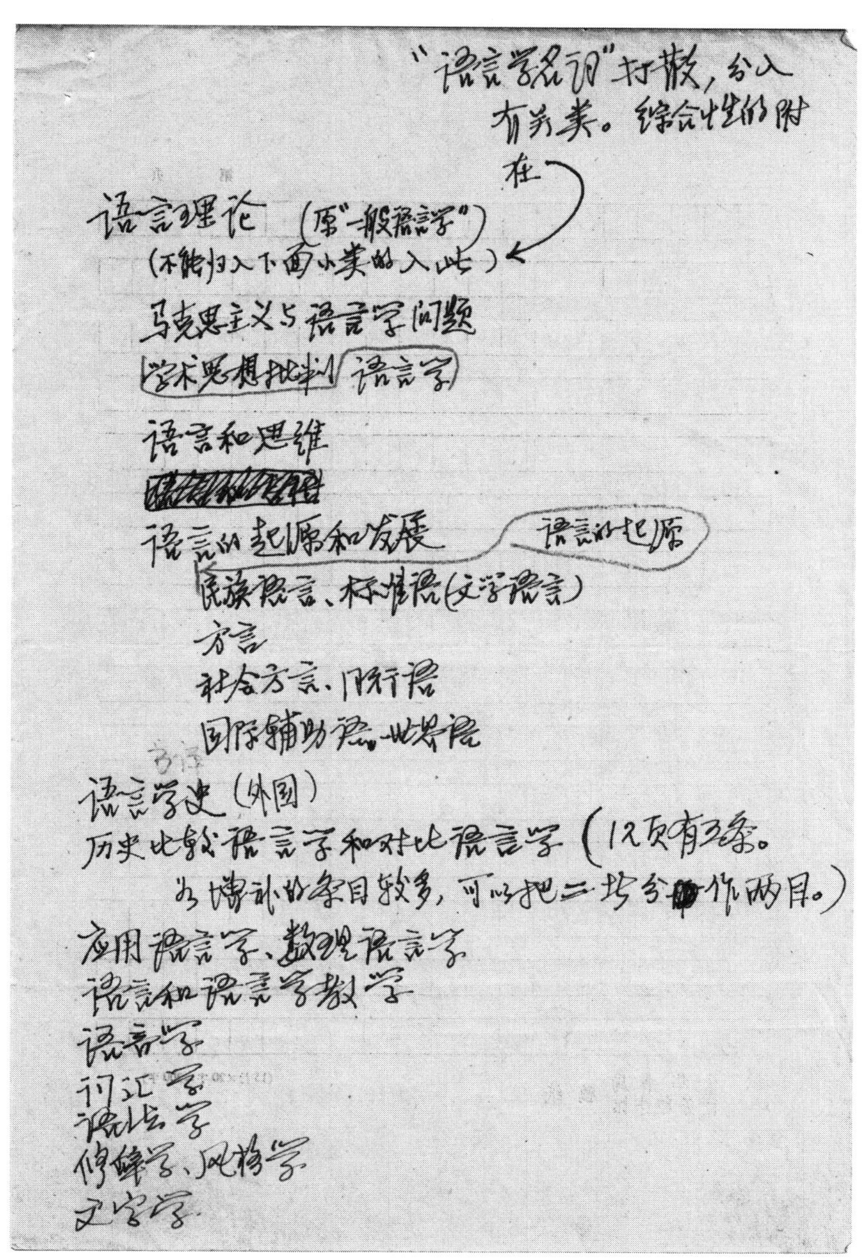

"语言学名词"打散，分入有关类。综合性的附在

语言理论（原"一般语言学"）

（不能归入下面小类的入此）

马克思主义与语言学问题

学术思想批判 语言学

语言和思维

[illegible]

语言的起源和发展 语言的起源

民族语言、标准语（文学语言）

方言

社会方言、隐行语

国际辅助语、世界语

语言学史（外国）

历史比较语言学和对比语言学（12页有2条。为增补的条目较多，可以把二者分[illegible]作两目。）

应用语言学、数理语言学

语言和语言学教学

语音学

词汇学

语法学

修辞学、风格学

文字学

吕叔湘先生写给侯精一、张朝炳、施关淦三位先生的工作信件（第 4 页，共 4 页）

中国语文杂志社

作者很花了一番工夫，应当予以鼓励。但是这篇稿子可没写好，在现有的基础上也难于修改。他列出四个问题，这四个问题互相牵连。读完了给人的印象是"多么复杂的问题啊！"实际是不是这么复杂还可以研究。如果换一种做法，比如：

1、先假定：正规是"补宾式"，凡是符合这个次序的例子就不去寻找条件，认为是"本应如此"。（不用"甲式""乙式"，免得老是叫人翻到第×面去查对。）

2. 检查不能用"补宾式"只能用"宾补式"的例子，除宾语为代词外，有无别的什么条件要求采取这种次序。

3. 检查两式都可用的例子。分别：

(A) 可以无条件换来换去的。查考什么条件使得如此。

(B) 虽两式都可用，但意思有区别的。什么区别？（＝什么条件）

这样进行，也许眉目较清楚，结论较简单。没有试过，不知道。但不妨一试。无论如何，原稿使读者有治丝愈棼之感。

有两个因素作者没有提到。一个因素是音节多寡，可能起作用。一个因素是方言。作者所用材料的作者有京津地区的，有江浙的，有西北的，有本人强调代表方案的。语序问题有的不涉及方言，但宾补问题似乎颇有关系。

叔湘 ×.3

吕叔湘先生为年轻作者修改文章拟订提纲

YUWEN CHUBANSHE
语文出版社
北京朝阳门南小街51号

方梅同志：

不知道你近来家务事是否轻松些了？是不是有点时间读英文？我借给你的The Use of English是一本好书，如果能够每天挤出一点时间读一页，有一年光景可以读完。读完这一本书，不但英文阅读能力可以大有长进，可以进而读别的书，并且可以从这本书获得有关以英语为例的有关语言的知识以及相关的术语，再读别的讲语言的书（用英文写的）也就不感觉困难了。我非常盼望你能够通过这本书获得利用英文写的语言学著作，这对于你的研究工作将有很大帮助。

即问

近安！

吕叔湘
91.11.10

吕叔湘先生写给方梅同志的信

三 《中国语文》编辑部工作照片

吕叔湘先生与《中国语文》副主编陈章太、侯精一商量工作

编辑部成员与吕叔湘先生、吕师母合影，后排从左至右依次为副主编饶长溶、徐枢，编审陈刚和主编侯精一

1987 年春，编辑部成员合影（前排从左至右依次为陈治文、张朝炳、贾秉芝、林连通、王伯熙；后排从左至右依次为苏培实、饶长溶、贾采珠、徐枢、张伯江、郭继懋、姚振武、隋晨光、孔晓、施关淦）

1991 年，编辑部成员与吕叔湘先生、吕师母合影［前排从左至右依次为方梅、吕师母、吕叔湘、杨平、隋晨光、丁欣兰；后排从左至右依次为张伯江、林连通、徐枢、于光辉（语言所后勤同志）、郭继懋、苏培实、施关淦、孔晓、贾采珠］

1995 年，编辑部成员合影（从左至右依次为郭小武、施关淦、孔晓、方梅、徐枢、丁欣兰、张伯江、隋晨光、林连通、侯精一）

1995 年，编辑部成员合影［前排从左至右依次为郭小武、施关淦、丁欣兰、方梅、蔡文兰（语言所科研处处长）；后排从左至右依次为隋晨光、姚振武、侯精一、孔晓、徐枢、林连通］

2003 年，编辑部成员在社科院密云培训中心（从左至右依次为孔晓、丁欣兰、侯精一、刘丹青、方梅、林连通、隋晨光）

2010 年，编辑部成员合影（前排从左至右依次为隋晨光、陈丽、王冬梅、丁欣兰、沈家煊、刘丹青；后排从左至右依次为唐正大、孙志阳、刘祥柏、孔晓、方梅、刘靖）

2010 年，编辑部成员合影（前排从左至右依次为陈丽、王冬梅、刘丹青；后排从左至右依次为孔晓、刘祥柏、隋晨光、方梅、孙志阳、唐正大）

2021 年，编辑部成员合影（前排从左至右依次为王冬梅、牟烨梓、成蕾、陈丽；后排从左至右依次为唐正大、方梅、张伯江、刘祥柏、孙志阳）

附录:《中国语文》编辑部

一 历史沿革

《中国语文》创刊于1952年7月，编辑部是语言所内与研究组室平行的部门。创刊之初是由中国科学院语言研究所与中国文字改革委员会合办，编辑部设在文改会。1956年起，编辑部设在语言研究所，20世纪60年代起独立。

从创刊至1962年12月为月刊，共出121期；1963年2月至1966年4月为双月刊，共出20期；1966年4至5月又出月刊两期，1966年6月起停刊；1978年5月复刊以后为双月刊。先后由人民教育出版社、中国语文杂志社、中国社会科学出版社、商务印书馆和社会科学文献出版社出版。

《中国语文》创刊时，办刊宗旨定位于综合性为主、兼顾普及和提高。设有文字改革问题讨论、中国语文研究、语言学著作译述、语文知识讲话、语文教学、语文评论、语文书刊评论、语文笔记、报道、消息等栏目。进入20世纪60年代以后，发表的文章以研究性论文为主。

1978年复刊时，兼顾语言研究和语文教学问题，定位为以刊登研究性论文为主、覆盖汉语语言学研究各个分支学科的学术性期刊。

半个多世纪以来，汉语语言研究最重要的学术成果多数首刊于《中国语文》，这些文章引起的学术讨论和引发的学术潮流深远地影响着汉语研究的发展。目前，《中国语文》是汉语语言学界最有影响力的学术期刊。

二 历任负责人

1. 中国科学院时期：

罗常培、林汉达、丁声树先后任总编或主编（1958年至1966年，由常务编委周定一主持工作）

2. 中国社会科学院时期：

历任主编：吕叔湘、侯精一、沈家煊、刘丹青、张伯江

历任副主编：陈章太、侯精一、徐枢、饶长溶、王伯熙、施关淦、刘丹青、方梅、李明、刘祥柏、陈丽

历任编辑部主任：侯精一、王伯熙、施关淦、林连通、方梅、刘祥柏

三　学术影响

1998 年，《中国语文》被纳入中文社会科学引文索引 (CSSCI) 语言学类来源期刊。

2003 年，“欧洲科学基金会人文科学标准委员会”用科学方式选出全球 85 种引用率较高的语言学刊物，入选的中文类期刊共 3 种，《中国语文》名列第一。

根据“中文学术图书引文索引”(Chinese Book Citation Index，简称 CBKCI）2017 年底发布的统计报告，2017 年，在国际和国内被引排名前十位中文期刊中，《中国语文》名列第三。

2018 年，《中国语文》被中国社会科学评价研究院评定为“2018 年度中国人文社会科学期刊 AMI 综合评价”A 刊权威期刊。2023 年 2 月，《中国语文》被中国社会科学评价研究院评为“中国人文社会科学顶级期刊”，属语言学学科中唯一的顶级学术期刊。

据 2022 年《中国学术期刊影响因子年报》(中国科学文献计量评价研究中心和清华大学图书馆联合研制)，《中国语文》再度入选“2022 中国最具国际影响力学术期刊”(人文社会科学)。这是《中国语文》自 2013 年以来，连续第十次入选“中国最具国际影响力学术期刊”。

2022 年 11 月，《中国语文》获国家哲学社会科学文献中心 2021 年度语言学最受欢迎期刊，同时荣获获得国家哲学社会科学文献中国 2016~2021 年最受欢迎期刊。

四 主办会议

1. 现代汉语语法学术讨论会

“现代汉语语法学术讨论会”是现代汉语语法研究的全国性学术会议，由《中国语文》编辑部与语言研究所句法语义研究室（2004 年以前称现代汉语研究室）主办，高等院校、语言学期刊和出版社联合主办或协办。“现代汉语语法学术讨论会”已持续举办三十多年。1981 年在北京举办了第一届会议，截至 2021 年共举办了 21 次会议。会议每两年举办一次，公开征集论文，通过专家匿名评审确定参会资格。商务印书馆、北京语言大学（北京语言学院）是会议的长期合作单位。

会议论文选编成论文集《语法研究和探索》，以中国语文杂志社署名，作为“中国语文丛书”正式出版。截至 2022 年,《语法研究和探索》已出版二十一辑。

2. 语言类型学国际学术研讨会

语言类型学国际学术研讨会是由语言研究所、《中国语文》编辑部主办，高等院校联合主办或协办的国际会议。首届会议于 2013 年 11 月在江苏常熟理工学院举行。会议每两年举办一次，单数年进行，公开征集论文，通过专家匿名评审确定论文参会资格。会议工作语言为汉语和英语。

会议论文遴选后出版集刊《语言类型学集刊》（中国语文丛书）。《语言类型学集刊》（第一辑）2017 年由世界图书出版公司出版,《语言类型学集刊》（第二辑）2018 年由上海教育出版社出版。

3. 互动语言学与汉语研究国际学术讨论会

互动语言学与汉语研究国际学术讨论会是由《中国语文》编辑部主办、高等院校联合主办或协办的国际会议。互动语言学与汉语研究国际学术讨论会是唯一主要以汉语为对象语言的口语研究专题学术研讨会，会议两年举办一次，双数年进行，公开征集论文，通过专家匿名评审确定论文参会资格。会议工作语言为汉语和英语。

会议论文遴选后出版集刊《中国语文丛书》《互动语言学与汉语研究》。《互动语言学与汉语研究》（第一辑）2016 年由世界图书出版公司出版，《互动语言学与汉语研究》（第二辑）2018 年由社会科学文献出版社出版，《互动语言学与汉语研究》（第三辑）2020 年由北京语言大学出版社出版，《互动语言学与汉语研究》（第四辑）2023 年由社会科学文献出版社出版。

4.《中国语文》青年学者论坛

"《中国语文》青年学者论坛"是由《中国语文》编辑部主办、高等院校联合主办或协办的全国性会议。会议邀请《中国语文》的青年作者或者主持国家社科基金项目等重要课题研究工作的青年学者，并特邀学界专家参加。首届"《中国语文》青年学者沙龙"于 2012 年在北京举行，自第二届（2014 年）开始每年举办一次；自第五届（2017 年 4 月）始，更名为"《中国语文》青年学者论坛"。

《中国语文》编辑部面向青年学者组织的学术论坛，为编者与作者之间、青年学者和专家学者之间的交流提供了互动平台，实现了学界动态、刊物需求、意见反馈等多方面的充分交流，在编者与学者之间架起了一座沟通的桥梁。论坛通过知名专家与青年才俊共聚一堂的形式，交流了各自的研究领域与学术专长，营造了浓郁的学术氛围，为培养学术新人、引导和推动学术发展起到了积极的促进作用。

五　出版物介绍

1. 附属刊物

（1）《语言学资料》

《语言学资料》是《中国语文》的附属刊物，双月刊、内部发行。编辑工作先后由刘涌泉和伍铁平负责。

《语言学资料》1961 年至 1966 年共出刊 32 期。《语言学资料》对国外的结构主义语言学、语言年代学、类型学、词源学、语义学、人类语言学、转换生成语法、历史比较语言学等领域都有译介。其中"描写语言学专号"在国内语言学界曾产生重要影响。《语言学资料》是当时国内介绍国外语言学理论和方法的重要刊物。

（2）《中国语文通讯》/《中国语文天地》

《中国语文通讯》创刊于 1978 年，双月刊，由中国语文编辑部编辑。编辑工作由《中国语文》副主编王伯熙具体负责。

自 1978 年 8 月至 1985 年 12 月共出 45 期。主要刊登三类文章:（1）介绍国内各地语言文字的科研和教学情况的文章;（2）选题内容暂时不宜在《中国语文》上发表的文章;（3）语文工作评论。

1986 年,《中国语文通讯》扩大版面，内容扩展至语言研究和语文应用的各个方面，改名为《中国语文天地》，自 1986 年至 1989 年共出双月刊 24 期。1989 年后停刊。

2. 中国语文丛书

（按出版时间顺序排列，除特别署名外，均为《中国语文》编辑部编辑）

《论汉语》，康拉德著，彭楚南译，1954 年，中华书局，上海。

《中国文字拼音化问题》，郭沫若等著，1954 年，中华书局，上海。

《拼音文字和汉字的比较》，陈越等著，1954 年，中华书局，北京。

《国内少数民族语言文字的概况》，罗常培等著，1954 年，中华书局，北京。

《中国文字改革问题》，郑林曦等著，1954 年，中华书局，上海。

《汉语的词儿和拼写法（第一集）》，林汉达等著，1955 年，中华书局，北京。

《汉语的词类问题（第一集）》，贺重等著，1956 年，中华书局，北京。

《汉字的整理和简化》，丁西林等著，1956 年，中华书局，北京。

《汉族的共同语和标准音》，王力等著，1956 年，中华书局，北京。

《简化汉字问题》，吴玉章等著，1956 年，中华书局，北京。

《汉语的词类问题（第二集）》，高名凯等著，1956 年，中华书局，北京。

《拼音形声字批判》，曹伯韩等著，1956年，中华书局，北京。

《语言调查常识》，马学良等著，1956年，中华书局，北京。

《汉语的主语宾语问题》，吕冀平等著，1956年，中华书局，北京。

《北京话轻声词汇》，张洵如编，陈刚校订，1957年，中华书局，北京。

《语法论集（第一集）》，史存直等著，1957年，中华书局，北京。

《语法论集（第二集）》，高名凯等著，1957年，中华书局，北京。

《中国文法革新论丛》，陈望道等著，1958年，中华书局，北京。

《方言和普通话丛刊（第一本）》，陈慧英、白宛如等著，1958年，中华书局，北京。

《少数民族语文论集（第一集）》，袁家骅等著，1958年，中华书局，北京。

《潮州方言》，李永明著，1959年，中华书局，北京。

《方言和普通话丛刊（第二本）》，陈承融、王年芳著，1959年，中华书局，北京。

《少数民族语文论集（第二集）》，耿世明等著，1958年，中华书局，北京。

《汉语的动词范畴》，雅洪托夫著，陈孔伦译，1958年，中华书局，北京。

《语文短评选辑》，1959年，中华书局，北京。

《五四以来汉语书面语言的变迁和发展》，北京师范学院中文系汉语教研组编著，1959年，商务印书馆，北京。

《语法论集（第三集）》，1959年，中华书局，北京。

《常用词语例解》，燕天展编著，1959年，中华书局，北京。

《语言学名词解释》，北京大学语言学教研室编，1960年，商务印书馆，北京。

《现代汉语的句子形式主语》，鲁勉斋著，郑祖庆译，1961年，商务印书馆，北京。

《现代汉语语法讲话》，丁声树等著，1961年，商务印书馆，北京。

《语文教学问题》，1979年，中国社会科学出版社，北京。

《汉字信息处理》，1979年，中国社会科学出版社，北京。

《语法研究和探索》（一），1983年，北京大学出版社，北京。

《汉语析句方法讨论集》，1984年，上海教育出版社，上海。

《语法研究和探索》（二），1984年，北京大学出版社，北京。

《词语评改五百例》，1984年，语文出版社，北京。

《语法研究和探索》（三），1985年，北京大学出版社，北京。

《语法研究和探索》（四），1988年，北京大学出版社，北京。

《语法研究和探索》（五），1991年，语文出版社，北京。

《词语评改千例》，1992年，语文出版社，北京。

《语法研究和探索》（六），1992年，语文出版社，北京。

《语法研究和探索》（七），1995年，商务印书馆，北京。

《语法研究和探索》（八），1997年，商务印书馆，北京。

《语法研究和探索》（九），2000年，商务印书馆，北京。

《语法研究和探索》（十），2000年，商务印书馆，北京。

《语法研究和探索》（十一），2002年，商务印书馆，北京。

《语法研究和探索》（十二），2003年，商务印书馆，北京。

《语法研究和探索》（十三），2006年，商务印书馆，北京。

《语法研究和探索》（十四），2008年，商务印书馆，北京。

《语法研究和探索》（十五），2010年，商务印书馆，北京。

《语法研究和探索》（十六），2012年，商务印书馆，北京。

《语法研究和探索》（十七），2014年，商务印书馆，北京。

《语法研究和探索》（十八），2016年，商务印书馆，北京。

《语法研究和探索》（十九），2018年，商务印书馆，北京。

《语法研究和探索》（二十），2020年，商务印书馆，北京。

《语法研究和探索》（二十一），2022年，商务印书馆，北京。

《互动语言学与汉语研究》（第一辑），方梅主编，2016年，世界图书出版公司，北京。

《互动语言学与汉语研究》（第二辑），方梅、曹秀玲主编，2018年，社会科学文献出版社，北京。

《互动语言学与汉语研究》（第三辑），方梅、李先银主编，2020 年，北京语言大学出版社，北京。

《互动语言学与汉语研究》（第四辑），方梅、史金生主编，2023 年，社会科学文献出版社，北京。

3. 文集

《庆祝吕叔湘先生从事语言教学与研究六十年论文集》，1985 年，语文出版社，北京。

《中国语文 200 期纪念刊文集》，1989 年，商务印书馆，北京。

《文字编辑纵横谈》，1992 年，中国书籍出版社，北京。

《中国语文四十周年纪念刊文集》，1993 年，商务印书馆，北京。

《中国语文研究四十周年纪念文集》，刘坚、侯精一主编，1993 年，北京语言学院出版社，北京。

《庆祝中国社会科学院语言研究所建所 45 周年学术论文集》，1997 年，商务印书馆，北京。

《〈马氏文通〉与汉语语法学:〈马氏文通〉出版百年（1898—1998）纪念文集》，侯精一、施关淦主编，2000 年，商务印书馆，北京。

《庆祝〈中国语文〉创刊 50 周年学术论文集》，2004 年，商务印书馆，北京。

《语法研究和探索》（精选集），2011 年，商务印书馆，北京。

4. 索引

《语文教学篇目索引（1950—1980）》，1982 年，上海教育出版社，上海。

《中国语文索引（1952—1992）》［隋晨光（主编）、孔晓、丁欣兰］，1996 年，商务印书馆，北京。

《中国语文索引（1952—2002）》［隋晨光（主编）、孔晓、丁欣兰］，2004 年，商务印书馆，北京。

图书在版编目（CIP）数据

《中国语文》七十年纪念文集 / 张伯江，方梅主编
. -- 北京：社会科学文献出版社，2024.12
ISBN 978-7-5228-2849-7

Ⅰ. ①中… Ⅱ. ①张… ②方… Ⅲ. ①语文课－教学研究－中小学－文集 Ⅳ. ①G633.302-53

中国国家版本馆CIP数据核字（2023）第226784号

《中国语文》七十年纪念文集

主　　编 / 张伯江　方　梅

出 版 人 / 冀祥德
责任编辑 / 刘同辉
责任印制 / 王京美

出　　版 / 社会科学文献出版社 · 马克思主义分社（010）59367126
地址：北京市北三环中路甲29号院华龙大厦　邮编：100029
网址：www.ssap.com.cn
发　　行 / 社会科学文献出版社（010）59367028
印　　装 / 三河市东方印刷有限公司

规　　格 / 开　本：787mm×1092mm　1/16
印　张：18.5　字　数：293 千字
版　　次 / 2024年12月第1版　2024年12月第1次印刷
书　　号 / ISBN 978-7-5228-2849-7
定　　价 / 98.00元

读者服务电话：4008918866